ACHILLE VIALLATE

Professeur à l'École des Sciences politiques

ESSAIS

D'HISTOIRE DIPLOMATIQUE AMÉRICAINE

LIBRAIRIE ORIENTALE & AMÉRICAINE

E. GUILMOTO, Éditeur

6, Rue de Mézières, PARIS

ESSAIS
D'HISTOIRE DIPLOMATIQUE
AMÉRICAINE

Pb
4692

ACHILLE VIALLATE

Professeur à l'École des Sciences politiques.

ESSAIS

D'HISTOIRE DIPLOMATIQUE

AMÉRICAINE

Le Développement territorial des États-Unis.

Le Canal Interocéanique.

La Guerre Hispano-Américaine.

LIBRAIRIE ORIENTALE ET AMÉRICAINE

E. GUILMOTO, Éditeur

6, RUE DE MÉZIÈRES, PARIS

INTRODUCTION

Les deux événements capitaux, au point de vue international, de la politique américaine contemporaine sont, assurément, la guerre contre l'Espagne et l'achèvement par les États-Unis, sur un territoire leur appartenant, du canal de Panama, destiné à un rôle non moins important que le canal de Suez.

La question du canal interocéanique a, pendant trois quarts de siècle, occupé la diplomatie et les hommes d'État de l'Union. Elle a été, durant cinquante années, une cause fréquente d'embarras, de rivalité, presque de mésintelligence, entre les États-Unis et l'Angleterre. A trois époques, en 1850, en 1882, en 1900, elle a donné lieu à de laborieuses négociations entre ces deux puissances. Elle occupe une place capitale dans l'histoire diplomatique américaine.

La guerre d'Espagne a profondément modifié la

situation politique des États-Unis. Elle leur a assuré, par l'établissement de leur protectorat sur Cuba et par l'annexion de Porto-Rico, la prépondérance dans la mer des Antilles, et leur a permis ainsi de résoudre à leur satisfaction la question du canal interocéanique. Par la conquête des Philippines, par l'annexion des Havaï et de Tutuila, qu'elle a précipitée, elle leur a donné des positions stratégiques exceptionnelles dans le Pacifique. Elle a fait naître pour eux tout un ensemble de questions : constitutionnelles, administratives, politiques, dont ils n'avaient pas eu, jusqu'à ce jour, à se préoccuper. Enfin, et c'est le fait dominant de la guerre de 1898, elle a marqué définitivement le passage des États-Unis du rang de puissance purement américaine au rang de puissance mondiale.

Ces brèves explications suffisent pour justifier le choix particulier de ces questions, parmi celles qui, depuis la naissance des États-Unis, ont occupé la diplomatie américaine. L'une court, pour ainsi dire, au travers de toute leur histoire, leur attitude à son égard se modifie à mesure qu'ils se transforment, et que, sentant croître leurs forces, ils donnent l'essor à leurs ambitions. Aucune ne montre mieux les effets des changements considérables survenus au cours du dernier demi-siècle dans la puissance de l'Union. L'étude de l'autre permettra de se rendre compte du caractère véritable du dernier mouvement d'expansion des États-Unis. Elle montrera si l'acquisition des Philippines, qui peut avoir pour eux de si graves conséquences, a été préméditée, ou si elle n'a été que le résultat im-

prévu d'une guerre entreprise pour « délivrer les Cubains du joug espagnol ».

Il nous a paru qu'il y aurait quelque intérêt à faire précéder ces études d'une courte introduction sur le développement territorial des États-Unis. C'est le préambule naturel de l'exposé des événements qui ont amené leurs annexions récentes dans la mer des Antilles et dans le Pacifique, et jeté les fondements d'une « Plus-grande Amérique. »

Juin 1905.

ESSAIS

D'HISTOIRE DIPLOMATIQUE

AMÉRICAINE

LE DÉVELOPPEMENT TERRITORIAL
DES ÉTATS-UNIS

I

Le traité signé à Paris, le 3 septembre 1783, entre les représentants des « États-Unis d'Amérique » : John Adams, B. Franklin et John Jay, et le représentant de la Grande-Bretagne : D. Hartley, mettait fin à la lutte entreprise par les anciennes colonies anglaises pour conquérir leur liberté. S. M. Britannique reconnaissait formellement « les dits États-Unis », — New-Hampshire, Massachusetts, Rhode-Island, Connecticut, New-York, New-Jersey, Pensylvanie, Delaware, Maryland, Virginie, Caroline du Nord, Caroline du Sud, et Géorgie, — comme des États « libres, souverains et indépendants » (article premier). L'article deuxième du traité délimitait les frontières de la nouvelle puissance qui prenait place au rang des nations.

A l'est et à l'ouest, les États-Unis avaient des frontières naturelles : d'un côté, l'océan Atlantique; de l'autre, le Mississipi. Au nord, la chaîne des grands lacs formait également une frontière naturelle, mais celle-ci avait dû être prolongée à l'ouest et à l'est par des lignes conventionnelles. A l'ouest, cette ligne devait joindre l'extrémité du lac Supérieur à la source du Mississipi, en passant par le lac Long et le lac des Bois. A l'est, la frontière abandonnait la rivière Iroquois ou Saint-Laurent, au 45° de latitude Nord, pour rejoindre par une ligne brisée, dont l'infléchissement vers le nord donnait aux États-Unis le bassin du Penobscot, la rivière Sainte-Croix, qu'elle suivait de sa source à son embouchure, dans la baie de Fundy. Au sud, la frontière abandonnait le cours du Mississipi au 31° de latitude Nord, qu'elle suivait à l'est jusqu'à sa rencontre avec la rivière Apalachicola ou Catahouche. Elle descendait ensuite le cours de cette rivière, qu'elle quittait au point où elle recevait la rivière Flint, pour continuer en ligne droite jusqu'à la source de la rivière Sainte-Marie, dont elle suivait le cours jusqu'à son embouchure dans l'océan Atlantique.

Les frontières terrestres n'étaient indiquées, sur plusieurs points, faute d'une connaissance suffisante de ces régions, que d'une manière indécise, et leur détermination définitive donna lieu à de nombreuses et longues controverses entre les Etats-Unis et leurs voisins : au nord, les Anglais, maîtres du Canada, à l'ouest et au sud, les Espagnols, établis dans la Louisiane et aux Florides. La frontière du nord-est était confuse. La source du Mississipi se trouvant plus au sud que l'avaient supposé les négociateurs de 1783, il en résulta une lacune dans le tracé de celle du nord-ouest. L'Espagne contestait la frontière méridionale, qui empiétait, disait-elle, sur le territoire des Florides, et elle refusait d'accorder aux citoyens des Etats-Unis la libre navigation du bas Mississipi, jusqu'à la mer, sur cette partie du fleuve où ses deux rives étaient espagnoles.

Le territoire des Etats-Unis d'Amérique, tel que le délimitait le traité de 1783, et que le transmit, le 4 mars 1789, le gouvernement de la Confédération au gouvernement fédéral, avait une superficie de 2.143.820 kilomètres carrés : un peu plus que l'Autriche-Hongrie, l'Empire d'Allemagne, la France et la Suède réunis. Leur population, suivant le recensement de 1790, n'était que de 3.919.214 habitants (1). Elle résidait presque tout entière entre l'Atlantique et les Alleghanys (2) : « Une bande étroite de villes et de hameaux s'étendait, avec de nombreuses interruptions, le long de la côte, de la province du Maine à la Géorgie (3). » L'immense région à l'ouest des montagnes n'était guère mieux qu'un désert, où erraient les Indiens. Déjà, cependant, quelques hardis pionniers avaient franchi les Alleghanys. Un petit groupe de colons, venus de la Nouvelle-Angleterre, des États de Pensylvanie et de New-York, s'étaient établis au confluent des rivières Alleghany et Monongahela. Plus au sud, deux colonies, les seules encore importantes, avaient été fondées : le district de Kentucky, qui comptait 73.677 habitants, par des immigrants de la Virginie, et celui de Tennessee, qui en avait 35.691, par des immigrants venus des Caro-

(1) Dont 757.208 esclaves.
(2) Cette bande de terre avait une superficie d'environ 704.000 kilomètres carrés.
(3) Mac Master, *A History of the people of the United States*, vol. 1er, p. 3.

lines. La rivière Savannah marquait la limite extrême de la civilisation blanche.

Ce territoire était partagé entre les treize États, membres originaires de l'Union, et le domaine public cédé par eux au gouvernement de la Confédération, puis au gouvernement fédéral. De ces États, six seulement avaient en 1783 des frontières exactement délimitées (1). Les autres revendiquaient les territoires attribués par les chartes coloniales aux anciennes colonies britanniques, dont ils étaient issus. Le vague de ces chartes donna naissance à des conflits entre États, dont plusieurs prétendaient à des droits sur les mêmes portions de territoires. C'était une source de dangers pour l'Union. Le mal fut heureusement conjuré par la décision prise par ces États — de faire abandon au Congrès des terres de l'ouest, objet du litige (2). Le Congrès devait les administrer jusqu'au jour où elles seraient assez peuplées pour former à leur tour des États, qui viendraient prendre place, à côté de leurs aînés, dans l'Union.

(1) C'étaient les États de New-Hampshire, Rhode-Island, New-Jersey, Pensylvanie, Delaware et Maryland.

(2) Ces cessions s'élevèrent en tout à 1.052.000 kilomètres carrés. Elles s'échelonnèrent de 1781 à 1802 : New-York, 1er mars 1781 ; — Virginie, 1er mars 1784 ; — Massachusetts, 19 avril 1785 ; — Connecticut, 13 septembre 1786 ; — Caroline du Sud, 9 août 1787 ; — Caroline du Nord, 20 février 1790 ; — Géorgie, 24 avril 1802. Voir Shosuke Sato, *History of the land question in the United States ; John Hopkins University studies*, vol. IV, p. 298.

Des territoires ainsi cédés au gouvernement fédéral, les États suivants ont été formés : Tennessee, admis dans l'Union le 1er juin 1796 ; — Ohio, 29 novembre 1802 ; — Indiana, 11 décembre 1816 ; — Mississipi, 10 décembre 1817 ; — Illinois, 3 décembre 1818 ; — Alabama, 14 décembre 1819 ; — Michigan, 26 janvier 1837 ; — Wisconsin, 29 mai 1848 ; — et une partie du Minnesota, 11 mai 1858.

Dès leur naissance, les États-Unis se trouvèrent en contestation avec l'Espagne, au sujet de la fixation de leur frontière méridionale. Le traité de 1783 leur donnait pour limite, de ce côté, le 31° de latitude N. L'Espagne prétendait que ses possessions s'étendaient jusqu'au parallèle 32° 30'. Elle basait ses revendications sur le fait que, pendant vingt années, depuis 1763, date où les Florides étaient redevenues anglaises, ce parallèle avait été indiqué dans les commissions des gouverneurs britanniques comme la limite de la Floride occidentale (1). Elle se fondait, en outre, sur l'article secret annexé aux préliminaires de paix signés le 30 novembre 1782 entre les États-Unis et l'Angleterre, d'après lequel, au cas où cette dernière recouvrerait, à la fin de la guerre, la Floride occidentale, la frontière entre cette province et les États-Unis serait déterminée par une « ligne droite tirée de l'embouchure de

(1) Par une proclamation de 1763, les Florides avaient été divisées en deux provinces : la Floride occidentale et la Floride orientale, que séparait la rivière Apalachicola.

la rivière Yassous [ou Yazoo], au point où elle se jette dans le Mississipi, à la rivière Apalachicola », ligne qui n'était autre que le parallèle 32° 30'.

Pour affirmer ses prétentions, l'Espagne occupa un point ou deux du territoire contesté. Le traité du 27 octobre 1795 trancha enfin la question en faveur des États-Unis. L'Espagne accepta pour frontière septentrionale des Florides le tracé indiqué par le traité du 3 septembre 1783 (1).

La question de la navigation du Mississipi fut l'objet d'un différend non moins sérieux entre les deux voisins. Le gouvernement espagnol, désireux de faire du golfe du Mexique une mer fermée de la Floride au Yucatan, et de réserver à ses nationaux le commerce de cette région, refusait aux citoyens des États-Unis la libre navigation de la partie méridionale de ce fleuve, qui se trouvait entièrement en territoire espagnol. Les États-Unis invoquaient, pour en avoir l'usage, les traités de 1763 et de 1783. Le premier reconnaissait aux sujets de la Grande-Bretagne le droit « de naviguer sur le Mississipi, dans toute sa largeur et longueur, de sa source à la mer », droit que cette puissance avait transmis aux États-Unis par le traité de 1783, dont l'article 8 déclarait que « la navigation du Mississipi, de sa source à l'Océan, serait pour toujours libre et ouverte aux sujets de la Grande-Bretagne et aux citoyens des États-Unis ». Ce droit de navigation était vital pour les colons établis à l'ouest des Alleghanys : ils le revendiquaient comme « un droit naturel et inaliénable ». L'absence de routes aisées à travers ces montagnes faisait du

----

(1) Traité du 27 octobre 1795, article 2.

fleuve leur véritable voie de communication avec le monde extérieur, et ils ne supportaient pas l'idée que ce débouché pût leur être fermé. Dès le mois d'août 1790, Jefferson, alors secrétaire d'État, écrivait au représentant des États-Unis à Madrid, lui enjoignant de faire ses efforts pour convaincre le gouvernement espagnol de la nécessité de régler au plus tôt cette question. « Il est impossible, — disait-il, — de répondre de la patience de nos citoyens de l'ouest. » La libre navigation du Mississipi lui paraissait insuffisante. Il jugeait nécessaire pour les États-Unis d'avoir un port où pût s'effectuer, en sûreté et à l'abri de toute molestation, le transbordement des marchandises entre les navires de mer et les bateaux de rivière. L'île de la Nouvelle-Orléans lui paraissait désignée par la nature pour cet objet, mais il ne se dissimulait pas combien il serait difficile d'obtenir de l'Espagne une pareille concession.

Le traité du 27 octobre 1795 régla cette délicate question. L'Espagne reconnaissait aux États-Unis, pour frontière occidentale : « le milieu du canal ou lit de la rivière Mississipi, de la frontière septentrionale desdits États, au 31° de latitude N. » Elle donnait à leurs citoyens la libre navigation de ce fleuve « dans sa largeur entière, de sa source à l'Océan » (art. 4) et elle les autorisait « à déposer leurs marchandises et effets dans le port de la Nouvelle-Orléans, et à les exporter de là, sans payer d'autres taxes qu'un prix équitable pour la location des magasins. » Ce droit était accordé pour trois ans ; le roi d'Espagne s'engageait, au cas où il croirait ne pas devoir le continuer, à assigner aux citoyens des États-Unis, « sur une autre partie des rives du Mississipi, un établissement équivalent » (art. 22).

Vers la fin de l'année 1800, la rumeur se répandit aux États-Unis que la France ambitionnait reconstituer son empire colonial dans le Nouveau-Monde, et qu'elle dirigeait ses vues sur la Louisiane. Peu de temps après son installation comme président (4 mars 1801), Jefferson fut avisé par Rufus King, ministre des États-Unis à Londres, que le bruit courait dans les cercles officiels de cette ville que l'Espagne venait de rétrocéder, par un accord secret, ses possessions de la Louisiane à la France. Au printemps de 1802, on regardait en Amérique cette version comme certaine. La substitution de la France à l'Espagne, dans leur voisinage, était pour les États-Unis une question d'une gravité exceptionnelle : elle leur faisait présager de redoutables embarras pour l'avenir. « La cession de la Louisiane et des Florides par l'Espagne à la France est vivement ressentie par les États-Unis — écrivait Jefferson à Livingston, ministre des États-Unis en France. — Elle renverse toutes les relations politiques des États-Unis, et elle marquera une nouvelle époque dans notre existence. Il y a sur le globe un seul point dont le possesseur est notre ennemi naturel. C'est la Nouvelle-Orléans, où sont obligés de passer les produits des trois huitièmes de notre territoire pour trouver un marché, et avant longtemps cette région fournira plus de moitié de notre production, et renfermera plus de la la moitié de nos habitants. L'Espagne pourrait conserver cette place tranquillement pendant des années, — ses dispositions pacifiques, son état de faiblesse, l'induiraient à augmenter nos facilités, tellement que nous en sentirions à peine la possession par elle, et avant longtemps, peut-être, quelque circonstance pourrait se produire à la faveur de laquelle nous pourrions nous la faire céder contre quelque chose de plus grande valeur à ses yeux... Il n'en saurait être de même si elle tombait dans les mains de la France... La France et les États-Unis ne pourront demeurer longtemps amies, du jour où elles se trouveront placées dans une situation aussi irritante... Le jour où la France prendra possession de la Nouvelle-Orléans scellera l'union de deux puissances qui, alliées, peuvent s'assurer la possession exclusive de l'océan... De ce moment, nous contracterons mariage avec la nation et la flotte britanniques (1). »

Des instructions étaient envoyées au ministre américain à Madrid, Pinckney, pour tenter d'acquérir de l'Espagne, au cas où la cession ne serait pas encore consommée, les Florides et la Nouvelle-Orléans, contre payement d'une somme d'argent et l'engagement de lui garantir la possession de tout le territoire à l'ouest du Mississipi. En même temps, Livingston était avisé d'avoir à s'informer auprès du gouvernement français si la cession était effectuée et comprenait les Florides, et, au cas où il en serait ainsi, il avait l'ordre de faire des offres pour l'achat de ces provinces et de la ville de la Nouvelle-Orléans.

---

(1) Lettre du 18 avril 1802. Wharton, *op. cit.*, I, p. 554.

Madison, secrétaire d'État, écrivait le 1ᵉʳ mai 1802 à Livingston : « La possession par l'Espagne de l'embouchure du Mississipi pouvait être tolérée par les États-Unis... parce que sa puissance n'était pas de nature à faire nécessairement de sa domination sur ce territoire, quoique ennuyeuse et désavantageuse, un péril pour les États-Unis, mais si la France s'y établissait,... les pires résultats pourraient être appréhendés, et les États-Unis prendraient alors les mesures les plus rigoureuses, même si elles devaient conduire à la guerre, pour empêcher une telle calamité. » (Wharton, *op. cit.*, I, p. 554.)

Vers la fin de 1802, cette question, qui n'avait pas encore franchi les cercles officiels, commença à agiter la population américaine. Un ordre du roi d'Espagne, daté du 20 juillet 1802, informa l'intendant de la Louisiane de la cession de cette province à la France et lui ordonna de faire les préparatifs nécessaires pour en opérer la transmission. L'intendant proclama aussitôt la fermeture de la Nouvelle-Orléans comme place de dépôt pour les marchandises américaines, sans en indiquer une autre, et interdit tout commerce étranger avec ce port, sauf par navires espagnols. Les protestations du gouvernement américain obligèrent l'Espagne à rétablir le droit de dépôt (avril 1803). L'interruption ne fut que de courte durée, mais cette mesure avait provoqué une vive indignation de la part des populations de l'Ouest ; des réunions publiques furent tenues et des protestations adressées au Congrès. Jefferson obtint donc facilement de celui-ci, en janvier, l'ouverture d'un crédit de deux millions de dollars, pour lui permettre d'entamer des pourparlers avec le gouvernement français. En même temps, Monroë était nommé ministre plénipotentiaire pour seconder Livingston dans ces négociations. Lorsque Monroë arriva à Paris, il trouva des dispositions toutes différentes de celles auxquelles il s'attendait. Les troupes françaises envoyées pour prendre possession de la Louisiane étaient retenues par la révolte des noirs à Saint-Domingue, et Bonaparte sentait imminent le renouvellement des hostilités avec l'Angleterre. Celui-ci se résolut soudainement à abandonner la Louisiane : « Je considère déjà — disait-il — la colonie comme perdue, et il me semble que, dans les mains de cette puissance naissante, elle sera plus utile à la politique et même au

commerce de la France que si j'essaye de la conserver. »
Barbé-Marbois fut donc chargé de négocier la vente
immédiate de la Louisiane tout entière aux États-Unis.

Cette offre n'était pas sans embarrasser les envoyés
américains. Elle dépassait singulièrement leurs instructions. Il fallait pourtant se décider, sous peine de perdre
une occasion qui ne se représenterait plus. Le 30 avril 1803,
ils signèrent donc, avec Barbé-Marbois, un traité par lequel la France cédait aux États-Unis « pour toujours et
en pleine souveraineté, le territoire de la Louisiane », tel
qu'elle l'avait reçu elle-même de l'Espagne. Les États-Unis
devaient donner à la France, en compensation, une somme
de soixante millions de francs ; ils s'engageaient en outre
à payer à leurs nationaux, jusqu'à concurrence de vingt
millions de francs, les indemnités que ces derniers réclamaient au gouvernement français pour des dommages
subis pendant la guerre précédente.

Cette négociation souleva, aux États-Unis même, de
vives critiques. Le traité ne mentionnait pas les frontières
du territoire acheté. La France cédait ce qu'elle avait
acquis elle-même de l'Espagne ; or, le traité secret de
Saint-Ildefonse, par lequel l'Espagne avait rétrocédé la
Louisiane à la France, n'était pas plus explicite. « S. M.
Catholique, — disait l'article 3, — s'engage à rétrocéder
à la République française... la province de la Louisiane,
avec la même étendue qu'elle a actuellement entre les mains
de l'Espagne et qu'elle avait lorsque la France la possédait, et telle qu'elle doit être d'après les traités passés
subséquemment entre l'Espagne et d'autres États (1). »

(1) Traité secret conclu à Saint-Ildefonse, le 1er octobre 1800, entre la
France et l'Espagne, et confirmé par le traité de Madrid du 22 mars 1801.

N'y avait-il pas dans cette incertitude le germe de nombreux conflits pour l'avenir? L'annexion d'un territoire aussi vaste, qui allait plus que doubler l'étendue de l'Union, soulevait également de graves questions d'ordre constitutionnel et d'un caractère politique. La constitution n'avait pas prévu cette éventualité ; un acte de cette nature ne dépassait-il pas les pouvoirs octroyés au Congrès ? Certains, qui regardaient comme nécessaire l'acquisition de la Nouvelle-Orléans, redoutaient l'incorporation de la Louisiane : « La Louisiane, si nous la possédons, — disait M. White au Sénat, — sera colonisée par la même population qui, autrement, resterait sur notre territoire actuel. Ainsi, nos citoyens iraient s'établir à l'immense distance de deux ou trois mille milles de la capitale de l'Union, où ils sentiront à peine les rayons du gouvernement général ; leurs affections changeront d'objet ; ils nous regarderont de plus en plus comme des étrangers ; ils formeront de nouvelles relations commerciales, et nos intérêts deviendront distincts. Ces causes, jointes à d'autres que la sagesse humaine ne peut prévoir maintenant, conduiront avec le temps à une séparation, et je crains que notre frontière soit alors fixée plus proche de nos demeures que des eaux du Mississipi (1). » Les hésitations constitutionnelles, les appréhensions au sujet de l'avenir cédèrent devant l'utilité évidente pour l'Union d'assurer définitivement la sécurité de sa frontière occidentale, que rendrait toujours précaire la présence d'une nation étrangère sur la rive droite du Mississipi, et devant les perspectives de grandeur que pré-

____

(1) M. White, au Sénat, 8ᵉ Congrès, 1ʳᵉ session. *American history told by contemporaries*, III, p. 373.

sentait l'acquisition d'un aussi vaste territoire. Jefferson, le partisan le plus convaincu de l'interprétation stricte de la Constitution, n'hésita pas à faire fléchir ses principes : l'homme d'État domina le doctrinaire. Après avoir envisagé la nécessité de l'adoption d'un amendement constitutionnel pour légitimer cette action, craignant le délai qu'entraînerait pour la ratification du traité pareille formalité, il passa outre à ses scrupules, et se contenta de la ratification par le Sénat (1).

L'acquisition de la Louisiane devait entraîner fatalement celle des Florides. Leur position géographique ne permettait pas qu'elles pussent rester en dehors du territoire américain. Aussitôt après la conclusion du traité de cession de la Louisiane, Monroë fut envoyé en Espagne pour négocier avec cette puissance la cession des Florides. Sa mission n'aboutit pas. Le gouvernement espagnol refusa également de reconnaître la thèse américaine suivant laquelle la Floride occidentale, jusqu'à la rivière Perdido, était comprise dans la province de la Louisiane (2). Ce territoire devint bientôt le refuge des contrebandiers et des esclaves fugitifs des États américains voisins, population turbulente, que les autorités

(1) L'acquisition de 1803 ajoutait au territoire des États-Unis une étendue de 2.275.000 kilomètres carrés. Ce domaine a servi à former les États suivants : Louisiane (presque intégralement), admis dans l'Union le 30 avril 1812 ; — Missouri, 10 août 1821 ; — Arkansas, 15 juin 1836 ; — Iowa, 28 décembre 1846 ; — Minnesota, 11 mai 1858 ; — Kansas, 29 janvier 1861 ; — Nebraska, 1er mars 1867 ; — Colorado (en partie), 1er août 1876 ; — North Dakota, South Dakota, 3 novembre 1889 ; — Montana, 8 novembre 1889 ; — Wyoming, 7 juillet 1890 ; — le territoire d'Oklahoma, organisé le 2 mai 1890 ; — et le territoire Indien.

(2) L'Espagne prétendait que le territoire américain était réduit, à l'est du Mississipi, à une étroite bande de terre s'arrêtant au lac Pontchartrain.

espagnoles ne parvenaient pas à dominer. En 1810, cette population, mécontente du gouvernement espagnol, se révolta et essaya de former, sous le titre de « Territoire libre et indépendant de la Floride occidentale », un État qui devait s'étendre de la Nouvelle-Orléans à la rivière Pearl. Les révolutionnaires demandèrent peu de temps après leur annexion aux États-Unis. Le président Madison refusa d'accéder à leur demande, mais il résolut de brusquer la situation avec l'Espagne, et il ordonna au gouverneur de la Nouvelle-Orléans d'occuper le pays situé entre le Mississipi et la rivière Perdido, « pour assurer la tranquillité et la sécurité des territoires américains voisins », en attendant la fin de la controverse avec le gouvernement espagnol. La guerre européenne, dans laquelle les États-Unis, pris entre la France et l'Angleterre, étaient menacés de se voir entraînés malgré eux, rendait également cette occupation nécessaire comme mesure de prudence. En janvier 1811, le Congrès adopta, en session secrète, une résolution approuvant cette occupation, autorisant le président à prendre possession de la Floride orientale au cas où un gouvernement autre que le gouvernement espagnol se disposerait à l'occuper, et déclarant que les États-Unis ne pouvaient voir sans inquiétude les Florides passer en d'autres mains que celles de l'Espagne. L'année suivante, le Congrès divisa le pays occupé en deux parties : dont l'une, la partie occidentale, fut annexée au nouvel État de la Louisiane, et l'autre au territoire du Mississipi.

La guerre de 1814 avec l'Angleterre démontra aux États-Unis la nécessité de posséder les Florides. Pour empêcher les Anglais, qui avaient le consentement des

Espagnols, d'utiliser la ville de Pensacola comme base
d'approvisionnements, Jackson s'en empara (novembre
1814) ; il la rendit aux autorités espagnoles lorsque les
Anglais se furent rembarqués, et se retira à Mobile. La
question des Florides restait encore pendante entre l'Espagne et les États-Unis en 1818, quand une brusque invasion faite par les troupes de ces derniers en Floride orientale amena enfin la solution qu'ils désiraient depuis longtemps. Cette région était, pour les Indiens vivant dans les
territoires de Géorgie et d'Alabama, un refuge commode
après leurs fréquentes insurrections contre les troupes
américaines. En 1818, le général Jackson, poursuivant
une bande d'Indiens Séminoles, franchit la frontière ;
trouvant qu'ils étaient aidés par des blancs établis à
Saint-Marc et à Pensacola, il s'empara de ces deux places.
L'Espagne accepta enfin l'inévitable. Par un traité signé
à Washington le 22 février 1819, elle céda aux États-
Unis, « en pleine propriété et souveraineté, tous les territoires lui appartenant, situés à l'est du Mississipi, et
connus sous le nom de Floride orientale et occidentale »
(art. 2) (1). Les États-Unis s'engageaient (art. 11) à payer
les indemnités réclamées à divers titres par leurs nationaux à l'Espagne, jusqu'à concurrence de cinq millions
de dollars.

Le même traité fixait également (art. 3) les frontières
de la Louisiane au sud-ouest, restées jusqu'alors indécises. Les États-Unis prétendaient que la Louisiane

______

(1) Le territoire cédé aux États-Unis avait une superficie de 182.000 kilomètres carrés. Il a formé l'État de la Floride, admis dans l'Union le
3 mars 1845, et une petite partie des États d'Alabama, de la Louisiane et
du Mississipi.

s'étendait de ce côté jusqu'au Rio Grande. L'Espagne soutenait au contraire que la frontière laissait en dehors des possessions américaines la province du Texas. Désireux d'obtenir les Florides, les Américains diminuèrent leurs prétentions, et la frontière occidentale de la Louisiane fut définitivement marquée par une ligne qui, partant de l'embouchure de la Sabine, la suivait jusqu'à la rivière Rouge, et longeait ensuite celle-ci, jusqu'au 100° de longitude O. de Londres ; de ce point, la ligne allait rejoindre la rivière de l'Arkansas, qu'elle remontait jusqu'à sa source, pour suivre, au delà, le 42° de latitude N.

Le traité fut immédiatement ratifié par le Sénat. Le roi d'Espagne ne donna son consentement que le 24 octobre 1820, et les ratifications furent enfin échangées à Washington le 22 février 1821.

La colonisation n'avait pu marcher aussi vite que l'expansion territoriale. La population, malgré son accroissement, était encore bien faible pour s'attaquer à la mise en valeur d'un domaine aussi étendu que celui de l'Union. Le census de 1820 ne l'évaluait qu'à 9.633.822 habitants, dont 1.771.656 individus de couleur (1). Le territoire situé entre l'Océan et les Alleghanys était peuplé maintenant sans solution de continuité de l'État du Maine à la Floride, et la densité de la population dépassait 45 habitants par mille carré dans les États du Massachusetts et de Connecticut, ainsi que dans la portion orientale de la Pennsylvanie. Les communications avec l'ouest étaient facilitées par la construction de routes, notamment la

---

(1) La population du territoire de la Floride n'est pas comprise dans ces chiffres, mais elle était peu importante.

grande route de Cumberland, commencée dès 1806 ; et à quelques années de là, en 1820, l'ouverture du canal de l'Érié, unissant la rivière de l'Hudson aux grands lacs, allait offrir un moyen d'accès plus rapide et plus aisé que ceux existant jusqu'alors, aux riches plaines de l'Ohio. Déjà, d'ailleurs, la colonisation s'étendait jusqu'aux bords des lacs Ontario et Érié, et par les vallées de l'Ohio et du Tennessee, elle rejoignait au sud les établissements clairsemés de l'Alabama et du Mississipi, voisins de ceux importants déjà de la Louisiane. Quelques pionniers s'étaient même établis sur la rive droite du Mississipi, près de l'embouchure de l'Arkansas, et, plus au nord, les deux rives du fleuve étaient habitées entre l'embouchure de l'Ohio et celle du Missouri.

III

Le défaut de précision du traité de 1783 rendit très laborieuse la détermination de la frontière entre les États-Unis et les possessions britanniques.

Il fut tout d'abord impossible de déterminer avec certitude la rivière désignée par ce traité sous le nom de rivière Sainte-Croix, qui formait l'extrémité de la frontière du nord-est. Le traité conclu par Jay, à Londres, le 19 novembre 1794, décida (art. 5) que des commissaires seraient nommés par les deux pays pour trancher cette question. Les commissaires, désignés en 1796, se mirent d'accord après deux ans de travaux, et ils signèrent le 25 octobre 1798 une déclaration d'après laquelle « la Scudiac, et la branche septentrionale de cette rivière, est la rivière désignée dans le traité [de 1783] sous le nom de Sainte-Croix, et que son embouchure est à *Joes point* (1). »

(1) Une convention du 15 mars 1798 avait dispensé les commissaires de déterminer « la latitude et la longitude de la source » de la rivière devant être éventuellement désignée comme la rivière Sainte-Croix.

La détermination de la rivière Sainte-Croix effectuée, il fallait fixer le reste de la frontière. Des tentatives furent faites, mais sans résultat, en 1802, puis en 1807, pour conclure un accord qui permît de procéder de la même façon qu'en 1794. Lorsque, en 1814, les commissaires anglais et américains se trouvèrent réunis à Gand pour arrêter les termes de paix après la guerre qui venait de mettre aux prises une seconde fois la Grande-Bretagne et ses anciennes colonies, on pensa naturellement à régler de façon définitive les frontières contestées. Les articles 4, 5, 6, 7 et 8 du traité du 24 décembre 1814 décidèrent la formation de commissions mixtes, analogues à celle du traité de Jay, chargées de déterminer la ligne entière allant de la source de la rivière Sainte-Croix à l'extrémité nord-occidentale du lac des Bois, ainsi que la propriété des îles situées dans la baie de Passamaquoddy et de l'île de Grand-Menan (1).

Les commissaires nommés pour faire le partage de ces îles achevèrent leurs travaux en 1817, et signèrent, le 9 octobre, un règlement qui en répartissait la propriété entre les deux parties.

La fixation de la frontière du nord-est donna plus de peine. Les commissaires, nommés en 1816, se séparèrent le 13 avril 1822, sans avoir pu se mettre d'accord. L'admission du Maine, détaché du Massachusetts, comme État dans l'Union, le 3 mars 1820, fit désirer plus vivement, tout en la rendant plus difficile, la solution de cette question. Des disputes fréquentes s'élevèrent bientôt entre cet

---

(1) Pour les détails concernant ces règlements de frontières, voir John Bassett Moore, *History and digest of the international arbitrations to which the United States has been a party*, 6 vol., 1898; vol. Ier, pp. 1-236.

État et son voisin anglais, le New-Brunswick, à propos du territoire contesté. En 1826, Albert Gallatin, ministre des États-Unis à Londres, reçut des instructions l'autorisant à accepter de soumettre cette question à un arbitrage. Cette proposition fut agréée par l'Angleterre et une convention dans ce but signée le 29 septembre 1827. Le roi de Hollande fut choisi pour arbitre. Il rendit sa sentence le 10 janvier 1831, proposant une frontière nouvelle comme compromis. Le ministre des États-Unis à la Haye protesta aussitôt contre cette décision, l'arbitre ayant, suivant lui, outrepassé ses pouvoirs en fixant une ligne nouvelle. Les États de Massachusetts et du Maine s'élevèrent aussi contre la solution de l'arbitre. Le président Jackson était disposé cependant à l'accepter, mais le Sénat, auquel il soumit la question de l'acceptation ou du rejet, le 7 décembre 1831, opta pour le rejet en juin 1832. La question n'avait pas avancé, lorsque, en mars 1841, Webster devint secrétaire d'État. Il décida d'essayer une voie plus courte et fit savoir au ministre anglais à Washington qu'il était disposé à entamer des négociations directes sur ce point. Le gouvernement anglais y consentit au début de 1842. Webster fit alors nommer par les États de Massachusetts et du Maine des délégués autorisés à traiter avec le gouvernement fédéral au sujet des modifications éventuelles à apporter à leurs frontières.

Le traité signé à Washington le 9 août 1842 (1) fixa enfin définitivement la frontière du nord-est, de la source

(1) Ce traité est généralement désigné sous le nom de traité Ashburton-Webster, du nom des négociateurs.

de la rivière Sainte-Croix au Saint-Laurent (art. 1er) (1).
Il régla aussi la frontière septentrionale depuis ce dernier
point jusqu'à l'extrémité occidentale du lac des Bois
(art. 2), en se conformant aux conclusions auxquelles
avaient abouti en 1822 et en 1826 les commissaires nommés en vertu des articles 6 et 7 du traité de Gand.

Une convention signée à Londres le 20 octobre 1818
avait fixé la frontière entre l'extrémité occidentale du lac
des Bois et les Montagnes-Rocheuses. Celle-ci devait
suivre le 49° de latitude N. (art. 2), qui avait été adopté
en 1713, au traité d'Utrecht, pour séparer à partir du lac
des Bois, vers l'ouest, les possessions françaises et
anglaises.

La possession du territoire de l'Oregon, situé au nord
de la Californie, entre les Rocheuses et le Pacifique, sur
lequel l'Espagne et la Russie avaient prétendu des droits,
demeurait encore en litige entre l'Angleterre et les États-
Unis. Elle ne devait être réglée qu'en 1846.

Des Espagnols, remontant la côte au-dessus de la Californie, s'étaient aventurés, dès 1543, jusqu'au 54° de
latitude N. ; plus tard, ils avaient créé dans cette
région, mais beaucoup plus au sud que ce parallèle,
quelques petits établissements. De leur côté, en 1786, les
Anglais avaient occupé l'île de Vancouver.

En 1790, une discussion diplomatique s'éleva entre la
Grande-Bretagne et l'Espagne au sujet de la propriété de
ce territoire. La question fut provisoirement résolue par
la convention de Nootka : l'Espagne ne reconnaissait au-

---

(1) Le gouvernement fédéral donna à chacun des États du Maine et de
Massachusetts une somme de 150.000 dollars, à titre d'indemnité pour la
partie de territoire que ce règlement de frontière leur enlevait.

cun droit de souveraineté à sa rivale, mais seulement quelques droits spéciaux, tels que celui de naviguer sur les rivières qui l'arrosent et d'y pêcher, de commercer avec les indigènes, et d'élever les constructions temporaires nécessaires pour l'exercice de ces droits (1). En 1792, un Américain, le capitaine Gray, de Boston, naviguant dans ces parages, découvrit, par 46° 10′ de latitude N., l'embouchure d'une grande rivière, dont il put franchir la barre après beaucoup de difficultés. Il la remonta sur une longueur de trente milles, et lui donna le nom de son navire : *Columbia* (2). L'année suivante, la Compagnie anglaise de la Baie d'Hudson, qui étendait constamment ses territoires de chasse, atteignit la côte du Pacifique, mais elle resta au nord du 49°.

La découverte de Gray avait appelé l'attention aux États-Unis sur ces territoires du nord-ouest. En 1803, au moment où il négociait avec la France l'achat de la Louisiane, Jefferson demanda au Congrès un crédit pour une mission chargée d'explorer le bassin du Missouri, et de rechercher les voies d'accès entre ce bassin et celui de la Columbia.

Lorsque Lewis et Clark partirent, en 1804, la Louisiane était devenue américaine. Leur voyage dura deux ans ; ils descendirent la Columbia de sa source à son embouchure, et rapportèrent des renseignements intéressants concernant l'Orégon. En 1810, un Américain, John-Jacob Astor, forma une compagnie dans le but de faire le commerce des fourrures dans cette région, et l'année suivante il

____

(1) Voir Burgess, *The Middle period*, ch. XIV, Oregon ; — John W. Foster, *op. cit.*, pp. 303-313.

(2) Mac Master, *op. cit.*, I, p. 634.

fondait sur la rive méridionale de Columbia, à environ 9 milles du Pacifique, le petit établissement d'Astoria. Les Anglais s'en emparèrent en 1812, mais après la guerre ils le rendirent aux États-Unis. Ceux-ci revendiquaient maintenant, invoquant des droits de découverte et d'occupation, le territoire de l'Orégon, mais l'Angleterre opposait ses droits aux leurs. Faute de pouvoir s'entendre, les deux pays adoptèrent dans la Convention du 20 octobre 1818, qui délimitait la frontière entre leurs établissements du lac des Bois aux Rocheuses, un *modus vivendi* relativement au territoire contesté. Il fut décidé (art. 3) que « tout le territoire susceptible d'être revendiqué par les deux pays sur la côte nord-ouest de l'Amérique, à l'ouest des Montagnes-Rocheuses, avec ses ports, baies et criques, et la navigation de toutes les rivières, serait libre et ouvert pour une période de dix ans, aux navires, citoyens et sujets des deux puissances », sans préjudice des titres que chacune d'elles pourrait faire valoir lors du règlement définitif de la question.

L'année suivante, l'Espagne, qui ne s'était jamais sérieusement intéressée à l'Orégon et ne l'avait à aucune époque occupé, cédait aux États-Unis les droits qu'elle prétendait avoir sur cette région. La même convention (1) par laquelle elle faisait abandon à ces derniers des Florides réglait, nous l'avons vu, la frontière occidentale de la Louisiane, jusqu'alors contestée. La ligne frontière adoptée, qui, à partir de la source de l'Arkansas, devait suivre le 42° de latitude, était prolongée jusqu'à l'océan Pacifique, et l'Espagne faisait expressément abandon aux

____

(1) Convention du 22 février 1819.

États-Unis de « tous ses droits, revendications et prétentions à tous territoires à l'est et au nord » de cette ligne
(art. 3).

En 1821, un nouveau prétendant à ce territoire, de bien
peu de valeur encore, et si disputé cependant, entra en
scène : la Russie, qui possédait, dans l'Amérique du
Nord, l'Alaska, dont les frontières étaient indécises. Par
un ukase de cette année, l'empereur réclama la juridiction
sur le pays s'étendant au sud jusqu'au 51° de latitude (1).
Adams, à cette époque secrétaire d'État, protesta aussitôt
contre cette prétention, invoquant les droits des États-
Unis sur ce territoire en vertu de la découverte, de l'occupation et de leur traité de 1819 avec l'Espagne. Les
ministres anglais et américain à Saint-Pétersbourg re-
çurent l'ordre de s'entendre pour négocier et arriver, si
possible, à un règlement commun de la question. Mais
lorsque l'Angleterre vit que les États-Unis réclamaient la
propriété des terres au nord du 51°, elle donna l'ordre à
son agent de traiter séparément. La convention du 5-17
avril 1824 mit fin au désaccord entre les États-Unis et la
Russie : les deux puissances fixaient la limite de leurs établissements respectifs au parallèle 54°40' (art. 3) (2).

Pendant que ces négociations se poursuivaient à Saint-
Pétersbourg, les Américains essayèrent d'arriver à une
entente avec les Anglais. Ils proposèrent de prendre le
49° de latitude N. comme ligne de partage des territoires

___

(1) Par le même ukase, l'empereur de Russie prétendait en outre à la
juridiction exclusive dans ces parages, sur une étendue de 100 milles à
partir de la côte et des îles. Cette prétention souleva également des protestations de la part des États-Unis et de la Grande-Bretagne.

(2) L'Angleterre signa de son côté un traité avec la Russie, délimitant
la frontière entre les possessions britanniques et russes dans cette région.

contestés (1). L'Angleterre demandait davantage. Elle voulait que la frontière suivît la rivière Columbia, du point où elle franchit le 49° de latitude, jusqu'au Pacifique. Les pourparlers furent alors interrompus. En 1828, le ministre des États-Unis à Londres renouvela l'offre faite en 1827 ; il lui fut répondu par la même contre-proposition qu'à cette époque. L'année suivante, en désespoir de cause, l'accord d'octobre 1818 fut renouvelé pour une période indéterminée, étant entendu qu'il pourrait y être mis fin par la volonté de chacune des parties moyennant notification un an à l'avance (2). Lors des négociations entamées en 1842 pour régler la frontière du nord-est, Webster aborda dans un de ses entretiens avec le ministre anglais la question de l'Orégon ; mais celui-ci n'avait aucun pouvoir pour traiter ce point. Le secrétaire d'État en conclut que l'Angleterre désirait continuer le *modus vivendi* existant, pour donner le temps à la Compagnie de la Baie d'Hudson de coloniser le pays au nord de la Columbia, et acquérir ainsi des droits nouveaux. C'était bien là, en définitive, le fait qui permettrait de trancher la question. Mais l'accès de cette région n'était guère facile : le voyage était long et dangereux, il ne fallait pas moins de six mois pour se rendre du Missouri à la Columbia, et l'Orégon jouissait d'une détestable réputation, la partie septentrionale surtout : son nom était synonyme de désert et de solitude.

Tandis que Webster négociait avec Ashburton, en 1842, le bruit se répandit, parmi les rares colons américains

(1) C'eût été prolonger la ligne frontière adoptée en 1818, entre le lac des Bois et les Montagnes-Rocheuses.
(2) Convention du 6 août 1827, art. 1 et 2.

établis dans cette contrée éloignée, que les États-Unis étaient près d'abandonner ce territoire, regardé comme de peu de valeur. Aussitôt, un homme de décision et de grand courage, le Dr Marcus Whitman, représentant des missions américaines, qui, depuis 1835, vivait parmi les Indiens, prit le chemin de Washington pour renseigner les membres du gouvernement sur ce pays si mal connu. Il arriva en mars 1843 et apprit que la question était encore pendante. Pour la faire décider en faveur des États-Unis, il projeta d'emmener avec lui, à son retour, un parti important de colons, et il obtint l'appui du gouvernement. Au mois de juin, il repartait à la tête d'une colonne d'un millier d'individus, qu'il installait cinq mois après à Walla-Walla. Le mouvement décisif pour la possession de l'Orégon était accompli : les États-Unis avaient à présent une raison de fait importante à invoquer. Des motifs de politique intérieure les amenèrent à brusquer le règlement de cette question.

Désireux d'étendre le territoire de l'Union favorable au développement de l'esclavage, les États du Sud réclamaient depuis quelques années déjà l'annexion du Texas. Pour vaincre la résistance des États du Nord, les partisans de cette mesure eurent l'idée de lier celle-ci à l'occupation de l'Orégon, et pendant la campagne pour l'élection présidentielle de 1844, les démocrates adoptèrent pour mot d'ordre : « La réoccupation de l'Orégon et la réannexion du Texas. » Leur candidat, Polk, fut élu, et dans son adresse inaugurale, il revendiqua de nouveau le territoire de l'Orégon dans son intégralité. Cependant, sans égard à cette déclaration, désireux d'éviter un conflit avec l'Angleterre au moment où la guerre avec le Mexique paraissait imminente, il proposa au gouvernement anglais d'adopter pour frontière le 49ᵉ parallèle. Comme ses prédécesseurs, il essuya un refus. Il demanda alors au Congrès de l'autoriser à notifier la terminaison de l'accord renouvelé en 1827. Lorsque cette autorisation lui fut donnée, de nouveaux pourparlers étaient déjà engagés avec la Grande-Bretagne. Ils se terminèrent par le traité du 15 juin 1846, qui clôturait enfin la question de l'Orégon. Le 49° de latitude N., qui marquait la frontière du lac des Bois aux Montagnes-Rocheuses, la continuait jusqu'au Pacifique ; la frontière s'inclinait ensuite légèrement au sud, pour suivre le détroit de Fuca, laissant ainsi l'île de Vancouver, dont la plus grande partie était située au nord du 49°, à la Grande-Bretagne (1).

(1) Le territoire reconnu par ce traité aux États-Unis avait une étendue de 750.000 kilomètres carrés. Il a formé les États de l'Orégon, admis dans l'Union le 14 février 1859 ; — Washington, 11 novembre 1889 ; — Idaho, 3 juillet 1890 ; — et une partie de ceux de Montana et du Wyoming.

Une interprétation différente ayant été donnée par les États-Unis et la Grande-Bretagne relativement à la partie occidentale de la frontière, au delà du continent, cette question fut soumise, en vertu du traité conclu à Washington, le 8 mai 1871 (art. 34 et 35), à l'arbitrage de l'empereur d'Allemagne. La décision de l'arbitre, rendue en 1872, donna l'île San Juan et son groupe aux États-Unis.

IV

Par leur traité de 1819 avec l'Espagne, les États-Unis avaient renoncé à leurs prétentions sur la province du Texas, et accepté pour frontière de la Louisiane, de ce côté, la rivière Sabine et la rivière Rouge. Cet abandon avait soulevé de vives critiques dans les États du sud. Les citoyens de ces États regrettaient la perte d'un territoire propice à la culture du coton, leur principale richesse, et favorable à l'esclavage, auquel les conditions climatériques interdisaient toute expansion vers le nord.

En 1821, avant même que le traité de 1819 eût été ratifié, le Mexique se révoltait contre l'autorité espagnole et conquérait son indépendance, que les États-Unis reconnaissaient l'année suivante. Le traité du 12 janvier 1828 conclu par les États-Unis avec la nouvelle puissance délimitait la frontière de leurs territoires limitrophes : il reproduisait sans aucune modification la frontière fixée antérieurement entre les États-Unis et l'Espagne (traité du 22 février 1819, art. 3).

Le Texas devint membre du gouvernement fédéral

mexicain. Par sa situation géographique, il était cependant bien plus une dépendance des États-Unis que du Mexique. Aucune frontière naturelle n'opposait d'obstacle sérieux à l'immigration américaine au delà de la Sabine. Les colons du Sud, en quête de territoires où développer la culture du coton franchirent cette rivière, et au bout de peu de temps, la population d'origine espagnole qui s'était établie la première au Texas, se trouva submergée sous le flot des arrivants nouveaux, originaires des États-Unis. Vers 1830, ceux-ci étaient au nombre d'une vingtaine de mille. Ils avaient importé avec eux l'institution de l'esclavage ; leur refus de l'abandonner les mettait en conflit avec le gouvernement mexicain, qui avait aboli cette institution sur son territoire.

Les États du Sud ambitionnaient annexer cette province aux États-Unis. Les raisons politiques se joignaient aux raisons économiques pour faire désirer aux sudistes l'occupation de territoires nouveaux dans cette région. Le compromis de 1820 avait limité au parallèle 36° 20′ de latitude nord la partie de la Louisiane où pourrait être établi l'esclavage. Ainsi, les États libres avaient devant eux un espace immense où essaimer, tandis que celui laissé au développement des États esclavagistes était étroitement limité, et on pouvait prévoir le moment, qui approchait rapidement, où les États esclavagistes se trouveraient en minorité au Congrès : au Sénat, comme à la Chambre des représentants. Leur influence sur le gouvernement fédéral allait s'amoindrissant. Ils ne pouvaient la retenir qu'en obtenant l'entrée dans l'Union de nouveaux États esclavagistes comme eux.

Cette pression du Sud, luttant pour conserver d'abord

sa suprématie, puis pour conserver au moins l'égalité dans l'Union, fut la cause des annexions qui allaient compléter en quelques années le domaine continental des États-Unis.

En 1827, puis en 1829, les États-Unis proposèrent vainement au Mexique de lui acheter le Texas. En 1830, le gouvernement mexicain prohiba l'immigration américaine dans cette province. Cette mesure, jointe à l'impatience que leur causait la domination des fonctionnaires d'origine espagnole, provoqua la révolte des colons américains. En 1836, ils proclamèrent le Texas république indépendante et ils adoptèrent une constitution rétablissant l'esclavage. Les États-Unis reconnurent le nouvel État en 1837.

Les Texains ne désiraient cependant pas demeurer indépendants. A peine leur liberté conquise, ils demandaient à être admis dans l'Union. L'annexion elle-même n'eût sans doute rencontré qu'une faible opposition ; il en était autrement de l'extension de l'esclavage, qui en était la conséquence forcée. Admettre le Texas, c'était ajouter au territoire où existait cette institution un domaine considérable, assez grand pour former huit ou dix États de dimensions ordinaires. L'influence des États du Sud et des esclavagistes dans l'Union se trouverait fort accrue, résultat que ne pouvaient accepter bénévolement les États du Nord, dont la population était hostile au développement de l'esclavage. Le président Van Buren, redoutant cette opposition, n'accepta pas les premières propositions du Texas. Son successeur, Tyler, plus sympathique aux idées du Sud, consentit à reprendre les négociations et, en avril 1844, il présenta au Sénat un traité d'annexion. Le Sénat repoussa le traité, bien plus par esprit d'opposition au président, que par hostilité pour l'annexion elle-même. L'élection présidentielle, qui avait lieu cette année, permit d'ailleurs de soumettre la question au peuple. Habilement, pour entraîner les votes des États du Nord, les démocrates joignirent les deux questions du Texas et de l'Orégon. L'élection de leur candidat, Polk, fut considérée comme le consentement du pays à cette double extension de territoire. Sans attendre l'entrée en fonctions du nouveau président, les deux Chambres du Congrès adoptèrent au commencement de 1845 une résolution conjointe en faveur de l'annexion du Texas (1). Le président Tyler signa cette résolution le 3 mars, et le 29 décembre, le Texas était formellement admis comme État dans l'Union. Sa population était à cette époque d'environ 150.000 habitants.

Le Mexique, qui avait refusé de reconnaître l'indépendance du Texas, protesta contre son annexion par les États-Unis. Il eût cependant vraisemblablement accepté le fait accompli, sans une contestation à propos de la nouvelle frontière. Le Texas prétendait que son territoire s'étendait jusqu'au Rio Grande ; le Mexique soutenait que cette province était limitée à l'ouest par le Rio Nueces. La région désertique qui s'étend entre le Nueces

(1) Dans cette résolution, on avait répété la clause du compromis du Missouri, de 1820, suivant laquelle l'esclavage ne pouvait être étendu au delà du 36°30' de latitude nord. On présumait, en effet, que le territoire du Texas comprenait tout le pays s'étendant vers le nord, entre le Rio Grande et la frontière adoptée en 1819, c'est-à-dire jusqu'au 42°. C'était une étendue de plus de 1.013.000 kilomètres carrés. La majeure partie forma l'Etat du Texas ; le reste, acheté au Texas par le gouvernement fédéral, en 1850, pour 10 millions de dollars, forma de petites parties des Etats de Colorado et Kansas, et des territoires de New-Mexico et Oklahoma.

et le Rio Grande formait en réalité une véritable frontière naturelle ; mais, lors de l'achat de la Louisiane, en 1803, Laussat et Jefferson avaient émis l'opinion que la frontière occidentale de celle-ci s'étendait jusqu'au Rio Grande. Les États-Unis étaient donc tout disposés à appuyer les prétentions du Texas. La guerre avec le Mexique, commencée au printemps de 1846, se termina, après la prise de Mexico par les troupes américaines, par le traité de Guadalupe-Hidalgo, signé dans cette ville le 2 février 1848. Elle eut pour résultat une extension considérable de territoire pour les États-Unis. Non seulement le Mexique leur abandonnait la possession du Texas, mais il leur cédait encore les territoires de New-Mexico et de la Californie supérieure. La nouvelle frontière suivait le Rio Grande de son embouchure, dans le golfe du Mexique, à sa source, puis la limite méridionale de la province de New-Mexico jusqu'à son point de rencontre avec la rivière Gila. Cette rivière servait ensuite de frontière jusqu'à son confluent avec le Colorado, d'où une ligne droite tirée jusqu'au Pacifique, et aboutissant à une lieue marine au sud du port de San-Diego, séparait la Californie américaine de la Californie mexicaine, (art. 5). Le territoire ainsi acquis, en sus du Texas, avait une étendue de plus de 1.360.000 kilomètres carrés (1). En compensation de cette extension de frontières, les États-Unis consentaient à payer au Mexique la somme de quinze

---

(1) Ce territoire a servi à former les États de : Californie, admis dans l'Union le 9 septembre 1850 ; — Nevada, 31 octobre 1864 ; — Utah, le 4 janvier 1896 ; — le territoire d'Arizona, organisé le 14 février 1863 ; — et une partie de l'État de Colorado, admis le 1er août 1876, — et du territoire de New-Mexico, organisé le 9 septembre 1850 ; — ainsi qu'une petite partie de l'État de Wyoming.

millions de dollars, et s'engageaient à rembourser à leurs nationaux certaines indemnités que ceux-ci réclamaient au gouvernement mexicain (1).

Une difficulté s'éleva de nouveau entre les puissances limitrophes lorsque les commissaires chargés de délimiter la frontière méridionale de la province de New-Mexico attribuèrent au Mexique la vallée de la Mesilla. Le gouverneur américain du territoire nouvellement organisé de New-Mexico protesta contre cette attribution et prit possession du territoire contesté en attendant le règlement définitif. Le traité du 30 décembre 1853 désigné sous le nom d' « achat de Gadsden », du nom du négociateur américain, mit fin à ce nouveau différend. Le Mexique, moyennant le payement par les États-Unis d'une somme de dix millions de dollars, abandonnait à ces derniers un territoire de 94.000 kilomètres carrés, situé au nord de la frontière fixée par le traité de 1848 (2).

Le *Gadsden purchase* mit fin aux acquisitions successives de territoires contigus qu'avaient poursuivies les États-Unis pendant un demi-siècle, de 1803 à 1853, étendant rapidement leur domaine de l'Atlantique au Pacifique, et arrivant ainsi à presque quadrupler l'étendue de leur territoire initial. La population avait suivi une progression plus rapide encore : de 1790 à 1850, elle avait presque sextuplé ; à cette dernière date, elle était évaluée à 23.191.876 habitants (3). L'immigration, qui n'avait pris une sérieuse importance que depuis une quin-

---

(1) Le montant des indemnités s'éleva à environ 3.250.000 dollars.

(2) Cette acquisition a servi à former la partie méridionale des territoires actuels de New-Mexico et Arizona.

(3) Dont 3.638.808 individus de couleur.

zaine d'années, à la suite de l'application de la vapeur à la navigation maritime, n'avait apporté, dans les trente dernières années, que deux millions et demi d'étrangers. De ceux-ci, la grosse majorité, un peu plus d'un million, étaient venus d'Irlande, d'où la famine les avait chassés. Près de 600.000 venaient d'Allemagne. Le reste était formé de Français (121.000), d'Anglais et d'Écossais (67.000), de Suédois et de Norvégiens (14.000), etc. La civilisation avait marché vers l'ouest et elle avait débordé largement sur la rive droite du Mississipi, mais elle n'avait pas encore conquis la moitié du territoire de l'Union. A l'ouest, elle s'arrêtait à la frontière des États du Missouri et de l'Arkansas. Au nord, la moitié orientale des États de Wisconsin et d'Iowa était occupée par une population assez dense. Il en était de même au sud, pour le Texas, de la partie voisine du golfe du Mexique. La côte du Pacifique était encore presque déserte, sauf en deux points : dans l'Orégon, où une petite colonie était établie sur les rives de la Columbia, et en Californie, où la découverte récente des mines d'or appelait sur les rives du Sacramento une population hétéroclite, à la poursuite de la richesse rapide que semblait promettre aux audacieux ce nouvel eldorado.

V

La guerre de Sécession vint interrompre des pourparlers engagés par les États-Unis avec la Russie pour l'achat du territoire connu sous le nom d'Amérique russe, que possédait cette dernière sur le continent américain. Les Russes avaient découvert cette région dans le dernier quart du dix-septième siècle. En 1824, les États-Unis et la Russie s'étaient mis d'accord pour limiter respectivement leurs prétentions sur cette partie du continent au parallèle 54° 40'. Suivant un membre du cabinet du président Polk, la Russie, en 1845, aurait donné à comprendre aux États-Unis qu'elle leur abandonnerait ses possessions américaines s'ils persistaient à revendiquer vis-à-vis de la Grande-Bretagne leurs droits sur le territoire de l'Orégon tout entier. Elle eût ainsi coupé aux Anglais tout accès au Pacifique. Le gouvernement américain ne donna pas suite à cette proposition : en 1846, il signait avec l'Angleterre un compromis au sujet de l'Orégon. En 1859, la question fut reprise à la demande d'un sénateur de la Californie, et les États-Unis offrirent à la Russie cinq millions de dollars pour prix de ce territoire. Le gouvernement russe jugea la somme trop faible; cependant, il ne répondit pas par une fin de non-recevoir, et le ministre des Finances fut chargé de faire une enquête permettant d'établir une évaluation sérieuse. La guerre civile suspendit les négociations. Elles furent reprises après la paix, à la demande des habitants de la côte du Pacifique. Les pêcheurs américains, plus nombreux à mesure que se peuplait cette région, avaient trouvé des pêcheries profitables dans le bassin septentrional du Pacifique. Au commencement de 1866, la législature du territoire de Washington adressa une pétition au président Johnson, appelant son attention sur l'abondance de morues et de saumons qui fréquentaient les parages de l'Amérique russe, et lui demandant d'essayer d'obtenir de ce gouvernement l'autorisation pour les pêcheurs américains de visiter les ports et les havres de cette région pour se procurer du combustible, de l'eau et des vivres. En même temps, les Californiens réclamaient l'intervention du gouvernement pour leur obtenir le droit de faire le commerce des fourrures dans le même pays. Seward, alors secrétaire d'État, fit sonder la Russie sur ses intentions. Il ne rencontra chez elle aucune hostilité à l'idée d'une cession. L'Amérique russe n'avait jamais reçu d'organisation régulière. Depuis le commencement du siècle, son exploitation et son administration avaient été cédées à la Compagnie russo-américaine, qui jouissait du monopole du commerce des fourrures. Le gouvernement russe hésitait à renouveler la charte de cette compagnie, expirée en 1861. Il appréhendait d'autre part de se charger des frais d'une administration directe, d'autant qu'il lui paraissait difficile, en cas de conflit avec l'Angleterre, de conserver cette possession lointaine. Il lui semblait donc plus prudent de la vendre, et, entre deux acquéreurs possibles, les Anglais ou les Américains, il préférait ces derniers, avec lesquels il avait toujours entretenu des relations cordiales (1).

Le traité de cession fut signé à Washington le 30 mars 1867. La Russie abandonnait aux États-Unis tout le territoire actuellement possédé par elle sur le continent américain et les îles adjacentes, ce territoire s'étendant, à l'est, jusqu'aux possessions britanniques, dont la frontière était fixée par le traité anglo-russe du 28 février 1825 (traité de 1867, art. 1). Les États-Unis s'engageaient à payer une somme de 7.200.000 dollars en or (art. 6) (2).

L'Alaska, nom donné par les États-Unis à leur nouvelle possession, était demeuré, malgré son changement de maîtres, un territoire presque ignoré, et il le serait encore, sans les découvertes d'or qui, dans ces dernières années, ont appelé l'attention sur ce pays peu hospitalier. Il arriva que le Klondike, le premier point où eurent lieu les trouvailles importantes, était proche de la frontière qui sépare le Canada de l'Alaska ; de plus, l'accès le plus aisé de ce district canadien était par le canal de Lynn et la passe de Chilkoot. De ces deux causes, résulta un différend de frontières entre les puissances limitrophes. D'après le traité anglo-russe de 1825 (3), la frontière

---

(1) Voir John W. Foster, *op. cit.*, p. 404-409 ; et Frédéric Bancroft, *Life of Seward*, p. 474-479.

(2) Le territoire ainsi acquis avait une superficie de 1.558.000 kilomètres carrés.

(3) Reproduit dans l'art. 1er du traité de 1867 entre la Russie et les États-Unis.

commence au point le plus méridional de l'île du Prince de Galles, lequel est situé par 50° 40' de latitude N. ; de là, la ligne s'élève vers le nord, en suivant le canal de Portland, jusqu'au 56° de latitude; de ce point, elle suit le sommet des montagnes parallèles à la côte, jusqu'à son intersection avec le 141° de longitude O., qui sert de frontière jusqu'à l'océan Glacial arctique. Une convention signée le 30 janvier 1897, entre les États-Unis et l'Angleterre, avait pour but de délimiter exactement la partie de cette frontière située le long du 141° méridien ; le Sénat américain ne l'ayant pas ratifiée, elle est restée sans effet.

Un désaccord s'éleva également au sujet de la partie méridionale de la frontière. Le gouvernement canadien désirait fort posséder sur cette côte un port en eau profonde, et il prétendait que les villes de Skaguay et de Dyea, situées au sommet du canal de Lynn, devaient être soumises à sa juridiction. Le 20 octobre 1899, les États-Unis et la Grande-Bretagne conclurent une convention pour assurer un *modus vivendi*. Le 24 janvier 1903, les deux puissances signèrent un traité qui décidait de remettre à une commission arbitrale de six membres, trois membres pour chaque pays, la détermination de la frontière contestée. La commission rendit sa sentence le 20 octobre 1903. Elle a donné presque complètement satisfaction aux États-Unis, sans cependant adopter dans toute son étendue la frontière revendiquée par eux. Au nord, la frontière, contournant le canal de Lynn, laisse aux Américains les villes de Skaguay et de Dyea, fermant ainsi au Canada tout débouché direct vers la mer sur ce point. Au sud, les Américains demandaient que la frontière suivît le chenal sud du canal de Portland ; la commission a adopté pour tracé le chenal nord. Le Canada s'est ainsi vu attribuer les îles Wales et Pearse, qui couvrent Port-Simpson, tandis que les États-Unis conservent les îles de Kannaguhut et de Sitklau, beaucoup moins importantes comme étendue et au point de vue stratégique.

L'abolition de l'esclavage détruisit la cause principale de l'expansion des États-Unis vers le sud, et mit un terme aux nombreux projets d'annexion des provinces septentrionales du Mexique et de l'île de Cuba, qui virent le jour de 1850 à 1860 et auxquels l'administration de Buchanan s'était montrée favorable.

Cependant une nécessité nouvelle, dont le secrétaire d'État d'alors, William H. Seward, se fit l'ardent défenseur, donna naissance dans la période de 1865 à 1870, à toute une série de tentatives d'annexion. L'application de la vapeur à la navigation maritime rendait nécessaire, suivant Seward, l'acquisition de stations navales où les navires de guerre, aussi bien que les navires de commerce, pourraient en tout temps se réapprovisionner en charbon : « Il devient de plus en plus certain chaque jour que non seulement la guerre maritime dans l'avenir, mais aussi la navigation des navires de guerre en temps de paix, emploieront la vapeur. Cette nécessité n'occasionnera que peu ou même aucun inconvénient aux principales puissances maritimes de l'Europe, car ces puissances ont des possessions dans les diverses parties du globe, où elles peuvent établir des réserves de charbon et de provisions pour leurs vaisseaux. Nous sommes dans une situation différente. Nous n'avons aucune possession en dehors des limites des États-Unis.

La colonisation étrangère n'a jamais été favorisée par les hommes d'État de ce pays, soit en se basant sur des raisons générales, ou comme la trouvant en harmonie avec notre condition particulière. Aucun changement à cet égard ne paraît vraisemblable. Il nous est indispensable cependant d'avoir des stations de charbon sous notre drapeau pour l'observation et la police maritimes, et pour la guerre défensive aussi bien que pour la protection de notre commerce toujours croissant, alors que nous sommes en paix nous-mêmes (1). »

Un projet pour l'achat de l'île de Tigre, sur la côte du Pacifique, sur la route de Panama à San-Francisco, n'eut pas de suite. Seward s'attacha davantage à la réalisation de son idée dans le golfe du Mexique, où, pendant la guerre, le gouvernement fédéral avait été fort gêné par l'absence de toute base navale, alors que les croiseurs confédérés étaient accueillis avec sympathie dans les colonies européennes des Antilles.

Il jeta d'abord son dévolu sur les Antilles danoises, dont l'une, l'île de Saint-Thomas, possède un excellent port. Au commencement de 1866, il entama des pourparlers avec le ministre de Danemark, pour l'achat de ces îles par les États-Unis. Après d'assez longues négociations, un traité fut signé, le 26 octobre 1867, par les représentants des deux gouvernements. Le Danemark s'engageait à céder aux États-Unis les îles Saint-Thomas et Saint-Jean, contre le paiement d'une somme de sept millions et demi de dollars, à la condition que la population consultée se montrât favorable à ce changement de souveraineté. Le

(1) Lettre de William H. Seward à M. Adam, ministre des États-Unis à Londres, 25 avril 1866, *Coll. correspondence*, p. 14.

referendum, qui eut lieu en janvier 1868, fut en faveur des États-Unis, et le parlement danois ratifia le traité à la fin de ce mois. Le Sénat américain refusa d'en autoriser la ratification.

Seward ne fut pas plus heureux dans sa tentative d'annexion de Saint-Domingue. En janvier 1869, il avisait le président du Comité des Affaires étrangères de la Chambre des représentants que la République Dominicaine sollicitait son annexion par les États-Unis. Une résolution conjointe présentée à la Chambre à l'instigation de Seward, pour l'admission de Saint-Domingue dans l'Union, comme territoire, fut repoussée. Dans son message de décembre 1870, le président Grant conseilla de nouveau cette annexion, mais sa proposition ne trouva aucun écho au Congrès, et il ne fut plus question de ce projet.

VI

Les dernières années du dix-neuvième siècle ont témoigné un changement considérable dans la politique américaine. Les raisons de prudence qui avaient jusqu'alors fait repousser les annexions de territoires en dehors du continent ont été écartées, et l'année 1898 a vu les États-Unis, non seulement acquérir des positions stratégiques dans le golfe du Mexique et dans le Pacifique, mais encore se charger d'un domaine colonial.

La guerre contre l'Espagne, née de la question cubaine, a été l'occasion de ce changement de politique, mais des raisons profondes y poussaient depuis quelques années déjà. Le développement industriel considérable des États-Unis, surtout dans la dernière décade, les oblige maintenant à chercher des débouchés à l'extérieur pour leurs produits. Le marché national ne suffit plus à leur activité économique. Leurs intérêts débordent de plus en plus leur territoire. Il est donc nécessaire pour eux de prendre des mesures pour pouvoir les faire respecter le cas échéant. La reconstitution d'une marine de guerre, que l'on avait laissé tomber en ruines après la guerre de Sécession, a été, à partir de 1885, la première manifestation de cet état d'esprit. Décidés à prendre rang parmi les grandes puissances maritimes, les États-Unis ont été obligés d'adopter la politique conseillée par Seward au lendemain de la guerre de Sécession. Ils ont dû se préoccuper d'acquérir des bases navales dans les régions où leurs intérêts promettent de devenir particulièrement importants et où sera vraisemblablement appelée à agir leur marine. Ces régions sont, jusqu'à présent, la mer des Antilles et le Pacifique.

Dans la mer des Antilles, il leur fallait se prémunir en vue de l'importance nouvelle que donnera à cette région l'ouverture d'un canal interocéanique. La possession même de ce canal, qu'ils se sont assurée en 1903, était insuffisante pour la sécurité de leur commerce. Ils avaient besoin, afin qu'elle fût complète, d'acquérir des stations qui leur permissent de commander les routes conduisant de leurs ports de l'Atlantique et du golfe du Mexique au débouché du canal dans la mer des Caraïbes. Dans le Pacifique, où, depuis longtemps, les Etats-Unis aspirent à jouer un rôle prédominant, ils devaient également se mettre en quête de points où ils pourraient établir des stations navales.

L'archipel des Hawaï a été la première annexion extracontinentale des Etats-Unis. Ces îles, situées au milieu de l'océan Pacifique, à 2.000 milles environ de San-Francisco, avaient attiré de bonne heure leur attention. Dès 1820, des missionnaires américains s'y installaient : ils y trouvèrent un champ favorable pour leurs essais de conversion. Des commerçants les suivirent. Mais bientôt, ils furent en rivalité avec les représentants anglais et français, qui, arrivés après eux, cherchaient à supplanter leur influence auprès du souverain. En 1849, les Etats-Unis signèrent avec celui-ci un traité d'amitié, de commerce et de navigation (1). Ils étaient les premiers à reconnaître l'existence du gouvernement hawaïen et à traiter avec lui comme Etat indépendant. Les rivalités internationales ne tardèrent pas à éclater autour de ce trône qui semblait si facile à ébranler : l'Angleterre et la France eussent volontiers annexé ces îles, si bien placées pour une station navale. Les États-Unis ne désiraient alors ni les annexer, ni même accorder au souverain de Hawaï un protectorat dont ils appréhendaient les conséquences dans l'avenir, mais ils déclarèrent, à plusieurs reprises, qu'ils s'opposeraient à ce qu'une puissance européenne établît sa domination sur elles (2). Les intérêts américains dans les îles augmentaient d'ailleurs rapidement, et, en 1875, les États-Unis, dérogeant à leur politique habituelle, signèrent avec les Hawaï un traité de commerce accordant l'entrée en franchise réciproque à un grand nombre de produits des deux pays. Par le même traité, le souverain des Hawaï s'engageait à ne louer ou disposer de quelque autre façon d'aucun port ou d'aucune partie de son territoire, en faveur d'une autre puissance que les États-Unis (3). En 1884, cette convention était renouvelée pour une période de sept ans, avec clause de tacite reconduction. Cette fois, faisant un pas de plus, les Etats-Unis demandèrent un emplacement pour y créer un dépôt de charbon ; ils obtinrent le

____

(1) Traité du 20 décembre 1849.
(2) Voir Wharton, *op. cit.*, I, p. 417-436 ; et Callahan, *American relations in the Pacific and the Far East*, p. 114-134.
(3) Traité du 30 janvier 1875.

droit de s'établir à l'embouchure de la Pearl River, qui forme un excellent port naturel, dans l'île d'Oahu (1). Dans les îles mêmes, leur influence allait d'ailleurs croissant; la plupart des plantations de cannes à sucre, la culture principale, appartenaient à des Américains. Ceux-ci redoutaient l'instabilité d'un simple traité de commerce. Son abrogation, toujours à redouter, les obligerait à payer pour leurs produits un droit élevé à leur entrée sur le territoire des États-Unis, leur marché naturel : ils désiraient l'annexion qui devait les mettre à l'abri d'une pareille éventualité. Dans ce but, ils provoquèrent, en 1893, une révolution dans l'île, s'emparèrent du pouvoir et, après avoir installé un gouvernement provisoire, ils envoyèrent des commissaires à Washington chargés de négocier un traité d'annexion. Le président Harrison se prêta à leur désir, mais, avant que le Sénat eût examiné le traité, le président Cleveland arrivait au pouvoir. Adversaire de la politique d'expansion, M. Cleveland retira le traité et refusa de reconnaître le protectorat qu'avait proclamé, sans instructions, le ministre américain. Les chefs du mouvement à Hawaï se refusèrent à rétablir la reine sur le trône ; ayant dissous le gouvernement provisoire, ils proclamèrent la république. Le mouvement pour l'annexion fut repris en 1897, à l'arrivée de M. Mac-Kinley à la présidence ; le 16 juin, celui-ci envoyait au Sénat un nouveau traité d'annexion. La mesure rencontra une vive opposition, et il ne fallut rien moins que la guerre avec l'Espagne pour la faire aboutir. L'intérêt stratégique qu'offrait pour les États-Unis la possession de ces îles, au

(1) Traité du 6 décembre 1884, ratifié le 9 novembre 1887.

moment où ils venaient de s'emparer des Philippines, fit fléchir le Congrès, qui adopta une résolution conjointe, acceptant l'offre de cession des Hawaï. Le président approuva la résolution le 7 juillet 1898, et, le 12 août, la souveraineté des îles était transférée aux États-Unis. Elles forment aujourd'hui un « territoire » de l'Union.

La guerre contre l'Espagne s'est terminée par une acquisition considérable de territoires pour les Etats-Unis. Par le traité de Paris du 10 décembre 1898, l'Espagne abandonnait sa souveraineté sur Cuba, et elle cédait aux Etats-Unis : l'île de Porto-Rico et les autres îles espagnoles des Indes occidentales, ainsi qu'une île dans les Ladrones, au choix des États-Unis (1). Un différend s'éleva, lors de la discussion du traité, entre les commissaires, au sujet des Philippines. Les Espagnols prétendaient que le protocole de paix laissait intacte leur souveraineté sur ces îles ; les Américains soutenaient, au contraire, qu'ils avaient perdu cette souveraineté, et que les termes employés, et prêtant à discussion, avaient été choisis simplement parce que, à ce moment, les Etats-Unis ne savaient encore ce qu'ils feraient de leur conquête. L'Espagne proposa de soumettre le litige à un arbitrage. Les vainqueurs s'y refusèrent, et ils exigèrent la cession de l'archipel des Philippines, consentant seulement à payer à l'Espagne, à titre de compensation, une somme de 20 millions de dollars.

Fidèles à leur promesse, les Américains ont aidé à la création d'une République cubaine, mais cette république a dû se soumettre au protectorat des Etats-Unis. Le

______

(1) Les États-Unis ont pris l'île de Guam.

22 mai 1904, les deux gouvernements ont signé une convention par laquelle Cuba s'interdit de conclure aucun traité de nature à porter atteinte à son indépendance, et donne aux Etats-Unis le droit d'intervention armée pour assurer l'indépendance de l'île, le maintien de l'ordre et la sécurité. Par un accord du 16 février 1903, le gouvernement cubain avait déjà autorisé les États-Unis à établir des stations navales à Bahia-Honda et à Guantanamo.

En 1899, les Etats-Unis firent une nouvelle acquisition dans le Pacifique. Depuis 1870 environ, les Américains avaient acquis des intérêts assez importants dans les îles Samoa. Ils n'avaient jamais eu cependant la prédominance dans ces îles, et tout ce qu'ils avaient pu faire jusqu'à ces derniers temps était de tenir en échec leurs rivaux Anglais et Allemands. En juin 1889, les trois puissances intéressées signèrent un accord déclarant la neutralité des îles, et organisant un tridominium pour y assurer la tranquillité, fréquemment troublée par les révoltes des indigènes, et un gouvernement stable. Cet arrangement ne produisit pas tous les résultats que les contractants en espéraient. En août 1898, à la mort du roi Maliétoa, qu'avaient reconnu les puissances, une crise plus grave que les précédentes nécessita un accord nouveau. Le gouvernement à trois avait prouvé son inefficacité; il fut aboli et on procéda au partage des îles. L'Angleterre, en échange de l'annexion des îles Tonga, renonça à ses droits sur les Samoa; l'Allemagne reçut, dans ce dernier archipel, les îles Upolu et Savaii, et les Etats-Unis eurent pour leur part l'île de Tutuila, où ils avaient obtenu depuis 1878 (1)

____

(1) Traité du 17 janvier 1878, art. 2.

le droit d'établir un dépôt de charbon, et les autres îles
du groupe samoan, situées à l'est du 171° de longitude
est de Greenwich (1). L'île de Tutuila renferme l'excellent
port naturel de Pago-Pago, qui permettra aux Américains
d'avoir une station navale de premier ordre dans le Pacifique sud (2).

Enfin, par le traité du 18 novembre 1903 avec la République de Panama, les Etats-Unis ont acquis en toute
souveraineté une zone de territoire de 10 milles de large,
à travers l'isthme joignant la mer des Antilles et le Pacifique, entre Panama et Colon, pour la construction d'un
canal interocéanique. Le traité leur cède également la
propriété de toutes les îles situées dans une zone de
3 milles au delà de la limite moyenne des basses eaux,
aux deux débouchés du canal, et du groupe de petites îles
voisines dans la baie de Panama (Perico, Naos, Culebra
et Flamenco). Ces avantages ont été obtenus par les
États-Unis moyennant le paiement d'une somme de
18 millions dollars–or, et l'engagement d'acquitter une
redevance annuelle de 250,000 dollars (3). Les États-
Unis se sont en outre engagés à garantir et à maintenir
l'indépendance de la République de Panama, qui a promis

---

(1) Traité du 14 novembre 1899.

(2) La superficie du territoire insulaire acquis depuis 1899 est évaluée à :

Iles Hawaï	17.500	kilomètres carrés.
Porto Rico	9.150	—
Îles Philippines	317.800	—
Ile de Guam	450	—
Tutuila et groupe samoan	14.900	—
	359.800	kilomètres carrés.

(3) Le paiement de la redevance doit commencer neuf ans après
l'échange des ratifications du traité. La redevance durera autant que la
convention.

de leur louer, sur les côtes du Pacifique et des Caraïbes, le terrain nécessaire pour établir des stations navales. La jeune république est, en réalité, de même que Cuba, sous le protectorat américain (1).

(1) Les États-Unis possèdent un certain nombre de petites îles éparpillées dans l'océan Pacifique, dont quelques-unes ne sont guère qu'un amas de rochers ou des récifs de corail.

En janvier 1899, le drapeau américain a été hissé sur l'île de Wake, située à mi-chemin sur la route des Hawaï à Hong-Kong. Des autres îles du Pacifique appartenant aux États-Unis, annexées à différentes époques, les principales pour la plupart inhabitées, sont : les îles Christmas, Gallego, Starbuck, Penrhyn, Phœnyx, Palmyra, Howland, Baker, Johnston, Gardner, Morell, Marcus et Midway. — Les îles Midway sont occupées par une colonie de télégraphistes chargés d'assurer le poste de relais de la ligne télégraphique sous-marine qui relie les Philippines aux États-Unis, et par un détachement de soldats d'infanterie de marine ; en tout, une quarantaine de personnes.

VII

Par ces acquisitions considérables, effectuées dans une courte période de moins d'un siècle et quart, les Etats-Unis ont plus que quadruplé l'étendue de leur domaine territorial. Il était de 2.353.000 kilomètres carrés en 1783, il dépasse aujourd'hui 9.955.000 kilomètres carrés, dont la plus grande partie. 8.038.000 kilomètres carrés (1), forme un immense territoire continental, qui s'étend sans solution de continuité de l'Atlantique au Pacifique, et des grands lacs au golfe du Mexique. Quant à la population, elle a plus que vingtuplé, si on y comprend les habitants des possessions extracontinentales. Le *census* de 1900 a donné, pour le territoire continental, un chiffre d'un peu plus de 76 millions d'habitants (2); en y ajoutant les chiffres relatifs aux Philippines, aux Hawaï et à Porto Rico, on arrive à un total dépassant 85 millions (3).

(1) Evaluations du commissaire du *General land office* pour le territoire continental, et du surintendant du *Coast survey* pour le territoire insulaire, données par Foster, *op. cit.*, p. 410.

(2) Le bureau de statistique évaluait, pour 1904, à 81.752.000 habitants la population du territoire continental.

(3) Le recensement effectué en 1904, donne pour la population des Phi-

L'expansion territoriale des États-Unis s'arrêtera-t-elle là, ou peut-on prévoir que leur politique les entraînera encore à des annexions nouvelles?

Il est une région où leur action politique les entraînera certainement à toute une série d'interventions. C'est celle que baigne la mer des Antilles. Dominés par l'idée d'assurer à leurs flottes, contre toute éventualité, la libre circulation du canal interocéanique, les États-Unis veulent écarter toute occasion qui permettrait aux puissances européennes d'acquérir de nouvelles bases navales dans cette région. L'Allemagne est la nation dont ils suspectent le plus les desseins à cet égard : venue trop tard à la politique coloniale, elle n'a aucune colonie dans les Antilles, et elle désirerait vivement posséder une station sur la route conduisant au canal. Le mauvais gouvernement des républiques latines, l'insouciance dont elles témoignent pour les droits de leurs créanciers et des étrangers établis sur leur territoire sont à cet égard une source permanente de dangers. Ces républiques peuvent être la cause, presque à tout moment, d'une intervention européenne, qui pourrait avoir pour conséquence la saisie, comme garantie, de quelque point stratégique important. Sans doute, cette saisie ne devrait avoir, au dire des intéressés, qu'un caractère provisoire, mais il est toujours imprudent d'exciter des convoitises, et l'opinion américaine supporterait mal, à présent, une pareille situation. Elle hésite encore, il est vrai, à accepter les conséquences nécessaires de cette répugnance. Si les États-Unis ne veulent pas permettre aux puissances européennes créancières de ces états d'user

lippines 7.635.426 habitants; les derniers recensements donnent pour Porto Rico, 953.000 ; les Hawaï, 154.000 ; et l'Alaska, 63.000.

du seul moyen capable de faire respecter leurs droits, il leur faut nécessairement accepter d'exercer eux-mêmes une surveillance sur ces républiques indisciplinées. Le président Roosevelt n'a pas hésité à déclarer à ses compatriotes qu'il leur faudra s'y résigner. Son attitude vis-à-vis de la république dominicaine a soulevé de vives critiques aux États-Unis. Le traité conclu par lui au début de 1905 avec cette république, par lequel le gouvernement américain devait se charger de l'administration des douanes dominicaines, pour en distribuer les revenus entre les nations créancières, n'a pas encore été ratifié par le Sénat. Il serait fort étonnant, cependant, que ce corps ne finisse pas par en autoriser la ratification. Le désir des Américains d'étendre leur suprématie politique dans la région des Antilles est trop grand, et il est fondé sur des raisons politiques trop sérieuses, pour qu'ils ne se résignent pas à accepter les charges qu'elle entraînera pour eux. Il est peu probable qu'ils annexent purement et simplement ces territoires. Leur bon sens leur montre les dangers d'une semblable expansion. Ils procéderont vraisemblablement à l'égard de ces républiques comme ils ont procédé vis-à-vis de Cuba, se contentant de leur imposer, avec leur protectorat, une surveillance assez étroite, et leur demandant de leur céder les points de leur territoire susceptibles d'être utilisés comme bases navales.

A l'égard des possessions européennes dans les Antilles, ils s'efforceront d'en obtenir la cession, et on peut être assuré qu'ils ne considéreront leur tâche achevée dans cette région, que lorsque tout drapeau européen en aura disparu. Au commencement de 1897, des pourparlers avaient été de nouveau engagés avec le gouvernement danois, pour l'achat de ses colonies des Antilles. La guerre d'Espagne fit abandonner momentanément le projet, le Danemark ayant cru, par courtoisie pour cette puissance, devoir interrompre les négociations. Reprises après la guerre, elles aboutirent à un traité signé le 24 janvier 1902, qui faisait passer les trois îles danoises sous la souveraineté américaine, moyennant le paiement de cinq millions de dollars. Le Sénat américain approuva ce traité le 17 février. La chambre basse du Parlement danois l'accepta également, mais il fut repoussé par la chambre haute. On a attribué cet échec, non sans apparence de raison, aux intrigues allemandes.

Il est vraisemblable aussi que les États-Unis travailleront à augmenter le nombre de leurs stations navales dans les autres mers. Leur décision arrêtée de devenir une grande puissance navale les leur rend nécessaires. Le bruit avait couru, sous la présidence de M. Mac-Kinley, que le gouvernement américain avait entamé des pourparlers avec la république de l'Équateur, pour l'achat d'une île du groupe des Galapagos, dans le Pacifique, à proximité du débouché du canal interocéanique, et avec le Portugal pour l'acquisition d'une des Açores, dans l'Atlantique. Ces négociations, si elles ont vraiment eu lieu, n'ont pas abouti, mais les États-Unis ne laisseront certainement pas échapper les occasions qui pourront s'offrir de réaliser leurs desseins.

Quant à l'acquisition de possessions coloniales proprement dites, rien n'indique, à l'heure actuelle, qu'ils désirent des agrandissements de territoire sous cette forme. L'annexion des Philippines a été une conséquence imprévue de la guerre contre l'Espagne, et les Américains s'efforcent de bonne foi d'apprendre aux Philippins à se gouverner eux-mêmes. Ils aspirent à leur donner, au plus tôt, un régime analogue à celui dont jouit Cuba. La réussite de ce plan paraît cependant fort douteuse ; de longtemps, en tous cas, ils ne pourront abandonner l'administration directe de l'archipel.

LES ÉTATS-UNIS ET LE CANAL
INTEROCÉANIQUE

I

Pendant ses trois cents ans de domination sur l'Amérique centrale, l'Espagne avait vainement cherché à établir une communication maritime entre les deux océans, dans cette région où la bande de terre qui les sépare est le plus étroite. Les nombreuses explorations faites durant cette longue période avaient amené la découverte, le long de l'isthme qui joint l'Amérique du Nord et l'Amérique du Sud, de huit passages ou routes : la route de Tehuantepec, par l'isthme de ce nom, dans la partie la plus resserrée du Mexique ; — la route de Honduras, de la baie de ce nom, dans la mer des Caraïbes, à la baie de Fonseca sur le Pacifique ; — la route de Nicaragua, par la rivière San Juan et le lac de Nicaragua ; — la route de Chiriqui, de la la-

gune de ce nom, sur le versant atlantique, au golfe de
Dolce sur le Pacifique ; — la route de Panama, unissant
les villes de Colon et de Panama, en franchissant ou traversant le massif de la Culebra ; — la route de San Blas,
du golfe de ce nom, dans la mer des Caraïbes, à l'embouchure du rio Chepo sur le Pacifique ; — la route Calédo-
nienne, à travers l'isthme de Darien ; — enfin les diverses
routes de l'Atrato, du nom du fleuve dont elles devaient
emprunter le cours sur un trajet plus ou moins long. Après
de nombreuses études faites au cours du dix-neuvième
siècle, la conclusion s'imposa que, seules, les routes de
Nicaragua et de Panama pouvaient être regardées comme
utilisables.

A la fin du dix-huitième siècle, le baron de Humboldt,
visitant la Nouvelle Espagne, déplorait le manque de connaissances nécessaires pour aborder sérieusement l'étude
de cette question. Il n'y avait pas, de Grenade à Mexico
une seule montagne, plaine ou ville, dont l'élévation au-
dessus de la mer fût connue. A la suite de recherches
personnelles, il se prononça cependant en faveur de la
route de Nicaragua. L'autorité qui s'attachait à ses travaux et à son nom semble avoir secoué l'inertie espagnole.
En avril 1814, les Cortès décidaient la construction d'un
canal à travers l'isthme pour les navires du plus fort tonnage, et invitaient les capitalistes à constituer une société
pour entreprendre cette œuvre grandiose. La décision des
Cortès n'eut aucun résultat. Il ne devait pas être donné
à l'Espagne de réaliser cette entreprise : moins de dix ans
après le décret de 1814, elle avait perdu toute autorité sur
ses anciennes provinces de l'Amérique centrale, devenues
indépendantes.

La constitution de petits États, faibles et pauvres, dans la région où devait être construit le futur canal interocéanique, allait compliquer la question. Ces États ne pouvaient songer à réaliser avec leurs seules ressources une pareille entreprise ; d'autre part, leur instabilité politique effrayait les capitalistes étrangers, et ils ne pouvaient attirer ceux-ci qu'en acceptant de limiter leur liberté par des traités conclus avec une ou plusieurs grandes puissances particulièrement intéressées à l'ouverture du canal.

Au cours du dix-huitième siècle, l'Angleterre, consciente de l'importance qu'aurait au point de vue politique cette voie maritime, avait disputé à l'Espagne la possession de l'isthme américain. Ses efforts avaient échoué. Après les grandes luttes de la Révolution et de l'Empire, qui lui assurèrent le domaine de la mer, son attention se tourna de nouveau du côté de l'Amérique centrale. Elle essaya inutilement encore de se rendre maîtresse du territoire où l'on présumait que serait construit le futur canal. Un nouvel adversaire se dressa devant elle : les jeunes États-Unis d'Amérique, qui, après l'avoir contrainte à renoncer à son idée de suprématie, devaient, un demi-siècle plus tard, obtenir d'elle la reconnaissance de cette suprématie pour eux-mêmes.

Les États-Unis ne s'intéressèrent à la question du percement de l'isthme américain qu'après l'indépendance des anciennes colonies espagnoles. Jusqu'à ce moment, ils y étaient demeurés complètement étrangers. Leurs acquisitions de la Louisiane, puis de la Floride, leur avaient cependant donné un littoral important sur le golfe du Mexique, et ils revendiquaient sur le Pacifique le territoire de l'Oré-

gon, arrosé par la rivière Columbia, mais l'Orégon était à
peu près désert, et leur développement économique était trop
peu avancé encore, pour les pousser à chercher, par l'ouverture de nouvelles voies commerciales, des débouchés à
l'extérieur pour leurs produits. Pourtant, les changements
politiques survenus dans l'Amérique centrale appelèrent
l'attention des Américains sur la question des communications interocéaniques. Peu de temps après la formation de
la République fédérale des provinces unies de l'Amérique
centrale (1), une société américaine, ayant à sa tête un
nommé Aaron H. Palmer, de New-York, fit au nouvel
État des propositions en vue de la construction d'un canal
pour unir les deux océans. Ces ouvertures furent favorablement accueillies, mais, consciente sans doute de sa
faiblesse, et désireuse de trouver pour l'avenir un appui
contre les coalitions que l'ouverture du canal ne pourrait
manquer de susciter, la République centrale chercha à obtenir, avant de rien décider, la coopération du gouvernement américain. Elle dépêcha à cet effet un envoyé extraordinaire à Washington, qui remit le 8 février 1825 une
Note au secrétaire d'État, Henry Clay. Cette Note assurait
le secrétaire d'État que « rien ne serait plus agréable à la
République que la coopération de cette nation généreuse,
dont la noble conduite a été un exemple et une protection
pour toutes les Amériques, et qu'elle serait hautement sa-
tisfaite de la voir participer non seulement au mérite de
l'entreprise, mais aussi aux grands avantages qui doivent
résulter de ce canal de communication, au moyen d'un
traité qui peut en assurer perpétuellement la possession

(1) Cette République fédérale fut formée en 1823, par l'union des Etats
de Guatemala, San Salvador, Honduras, Nicaragua et Costa-Rica.

aux deux nations (1). » Henry Clay avait montré depuis le début de la révolution des colonies espagnoles un grand intérêt pour les questions sud-américaines. Il avait été un des plus ardents partisans de la reconnaissance des nouvelles Républiques par les États-Unis avant toute autre puissance européenne, et il eût voulu voir son pays adopter dès ce moment une politique qui l'eût placé à la tête des jeunes nations du nouveau monde, faisant de lui leur protecteur et leur guide. Clay répondit favorablement à la communication de la République centrale. Il assura son envoyé « du profond intérêt pris par le gouvernement des États-Unis à l'exécution d'une entreprise si hautement calculée pour exercer une influence considérable sur les affaires du monde ». Il l'informait en même temps que le Président avait décidé de charger le représentant des États-Unis d'étudier avec le plus grand soin les facilités offertes par la route du Nicaragua. Ces instructions ne furent cependant adressées au chargé d'affaires américain, M. Williams, qu'en février 1826, et il ne semble pas que les informations désirées aient jamais été envoyées à Washington (2).

Quelques mois avant, le gouvernement des États-Unis avait été invité à se faire représenter à un Congrès qui devait se tenir à Panama dans le courant de 1826. A ce Congrès, où se réuniraient les délégués des jeunes nations issues des anciennes colonies espagnoles, devaient être discutées les principales questions présentant un intérêt commun pour les puissances américaines. Après un long débat au Sénat, l'envoi de représentants des États-Unis

____

(1) Cité par Keasbey, *op. cit.*, p. 142.
(2) *Isthmian canal Com. rep.*, p. 38.

fut décidé. Dans les instructions générales, datées du 8 mai 1826, données par Clay aux envoyés américains, le secrétaire d'État envisageait parmi les questions susceptibles d'être discutées au Congrès la construction d'un « canal en un point quelconque de l'isthme qui joint les deux Amériques, pour unir les océans Atlantique et Pacifique ». « Ce vaste projet, — disait Clay, — s'il est jamais accompli, intéressera à un plus ou moins grand degré toutes les parties du monde. Mais c'est ce continent qui en tirera probablement le plus grand bénéfice, et il profitera à la Colombie, au Mexique, à la République centrale et aux États-Unis, plus qu'aux autres nations américaines. Ce qui doit être avantageux à toute l'Amérique doit être réalisé par des moyens communs et des efforts unis, et ne doit pas être abandonné aux efforts isolés d'une seule nation. Dans l'état actuellement limité de nos connaissances quant à la possibilité et au coût probable de l'entreprise, il ne serait pas sage de faire plus que de prendre quelques arrangements préliminaires... Si l'œuvre est jamais réalisée de façon à admettre le passage des grands vaisseaux d'océan à océan, les avantages ne doivent pas être exclusivement appropriés par une seule nation, ils doivent être étendus à toutes les parties du globe contre le payement d'une compensation équitable ou de péages raisonnables. Ce qui est le plus désirable, à présent, c'est de recueillir les renseignements nécessaires pour se former un jugement correct quant à la possibilité et au coût probable de l'entreprise par les routes qui offrent les plus grandes facilités (1). » Clay ne dit rien des précautions qui devraient

______

(1) *International american Conference,* 1889. Reports, t. IV, Historical appendix, p. 143.

être prises, le canal achevé, pour en assurer le libre usage, en tout temps, à toutes les nations. Cependant, les idées générales qui se dégagent des quelques lignes citées plus haut, et la faible puissance à l'époque des États-Unis relativement aux nations européennes, permettent de croire qu'il n'eût pas songé à faire assumer par les États-Unis seuls la surveillance du canal, et que, dans l'intérêt même de ces derniers, il eût acquiescé à une entente des grands États intéressés pour en assurer la neutralisation. La politique récemment proclamée par Monroë dans son Message de décembre 1823 n'eût pas été alors un obstacle à cette solution ; la « doctrine » qui devait subir dans les trois quarts de siècle suivants une si profonde transformation n'était pas encore cristallisée, et les contemporains étaient loin de lui attribuer l'importance et l'étendue que lui donnent les Américains de nos jours. Les Commissaires des États-Unis n'arrivèrent d'ailleurs pas à temps pour assister aux quelques réunions préliminaires que tint le Congrès de Panama, et dans lesquelles la question du canal ne fut même pas abordée. Une épidémie de fièvre jaune obligea le Congrès à se séparer prématurément. Ses membres se donnèrent rendez-vous à quelque temps de là : ils ne se réunirent plus.

La République centrale, désireuse de voir réaliser une œuvre qui lui donnerait une importance politique nouvelle et lui procurerait de sérieux avantages financiers, se décida, devant l'hésitation du gouvernement des États-Unis à lui prêter son appui, à agir seule. Le 16 juin 1826, elle fit savoir qu'elle recevrait des propositions pour la construction d'un canal interocéanique. Des offres furent faites de deux côtés : par des capitalistes anglais, soutenus par la maison de banque Barclay, Richardson and C°, de Londres, et par le groupe américain ayant à sa tête Aaron H. Palmer. Les Américains obtinrent la concession, mais ils ne purent réunir le capital nécessaire pour l'entreprise et ils ne commencèrent même pas l'exécution de leur contrat (1).

Quelques années plus tard, une offre nouvelle était faite à la République centrale. Le Roi de Hollande, que sa possession de la Guyane obligeait à se tenir au courant des événements de l'Amérique espagnole, avait envoyé un délégué au Congrès de Panama pour en suivre les travaux. Ce délégué, le général Werweer, eut son attention attirée par le projet de canal ; il l'étudia quelque peu sur place, et à son retour en Hollande il réussit à former une Compagnie, à la tête de laquelle le Roi lui-même accepta d'être placé, pour le percement de l'isthme par la voie de Nicaragua. Le 18 décembre 1830, le général obtenait de la République une concession donnant à la Compagn e hollandaise, non seulement un droit exclusif de transit à travers le territoire de l'Amérique centrale, mais encore le monopole du cabotage (2). Ces avantages considérables provoquèrent des protestations de la part des États-Unis. Le ministre américain à Guatemala reçut l'ordre de s'assurer de la réalité des faits et de signifier au gouvernement que les États-Unis se considéraient comme ayant droit, relativement au passage à travers le canal et à l'utilisation des points terminaux, à tous les avantages accordés aux autres nations (3). Une déclaration analogue

(1) Keasbey, *op. cit.*, p. 143 ; *Canal Com.*, p. 39.
(2) Keasbey, *op. cit.*, p. 149.
(3) *Canal Com.*, p. 39.

fut faite au gouvernement hollandais ; en même temps, et pour plus de prudence, le ministre américain à la Haye recevait l'ordre de s'assurer, soit pour des souscripteurs américains, soit même pour le gouvernement, la majorité des actions de la Compagnie hollandaise. Les États-Unis s'étaient émus trop vite ; le projet hollandais n'aboutit pas plus que le précédent.

Il semble que l'attitude du gouvernement américain à cette occasion donna un nouvel espoir à la République centrale de voir son puissant voisin s'intéresser activement au projet de percement de l'isthme. Peu de temps après l'échec de la tentative hollandaise, elle offrit aux États-Unis un droit de priorité pour la construction du canal. En réponse à cette offre, le Sénat américain adopta le 3 mars 1835 une résolution priant le Président des États-Unis « d'étudier l'utilité qu'il y aurait à ouvrir des négociations avec les gouvernements des autres nations et en particulier avec les gouvernements de l'Amérique centrale et de la Nouvelle-Grenade, dans le but de protéger efficacement par des conventions convenables les individus ou les compagnies qui peuvent vouloir entreprendre l'ouverture de communications entre les océans Atlantique et Pacifique par la construction d'un canal à travers l'isthme qui joint l'Amérique du Nord et du Sud, et d'assurer pour toujours par ces stipulations *le droit libre et égal pour toutes les nations d'utiliser ce canal* contre le payement des taxes raisonnables qui pourront être établies pour rémunérer les capitalistes qui s'engageront dans une semblable entreprise et réaliseront cette œuvre (1). » Pour se conformer à cette résolution, le Pré-

(1) *Messages*, t. IV, p. 512.

sident Jackson chargea M. Charles Biddle de faire une enquête sur les différentes routes proposées et de se procurer les renseignements nécessaires pour permettre au gouvernement américain de se faire une opinion sur la possibilité de l'entreprise. Jackson rendit compte au Sénat du résultat de cette mission dans un Message du 9 janvier 1837 : l'enquête était tout à fait défavorable. « L'agent, — dit Jackson, — est rentré aux États-Unis en septembre dernier, et, bien que les renseignements réunis ne soient pas aussi nombreux que nous aurions pu le désirer, ils sont cependant suffisants pour montrer que la probabilité d'une prompte exécution d'aucun des projets mis en avant pour mettre en communication les deux océans n'est pas si grande qu'elle puisse rendre utile l'ouverture dès à présent de négociations à ce sujet avec les gouvernements étrangers (1). »

L'année suivante, en janvier 1838, la question fut de nouveau soumise au Congrès. Le maire de New-York, Aaron Clark, auquel s'étaient joints quelques citoyens importants de cette ville et de Philadelphie, adressa un Mémoire à la Chambre des représentants, exposant l'importance nationale d'une voie d'eau navigable entre l'Atlantique et le Pacifique, et recommandant l'ouverture de négociations avec la Nouvelle-Grenade, l'Amérique centrale et les grandes puissances d'Europe dans le but d'arriver à une entente générale pour réaliser ce grandiose projet. Il demandait que, en attendant le résultat des négociations, les États-Unis entreprissent les études préliminaires. Ce Mémoire, envoyé au Comité des routes et

____

(1) *Messages*, t. III, p. 272.

canaux, donna lieu à un rapport, dont l'auteur reconnaissait pleinement la valeur d'un canal interocéanique pour les États-Unis. La Chambre, acceptant les conclusions du rapporteur, vota le 2 mars 1839 une résolution analogue en substance à celle adoptée par le Sénat en 1835. De nouveau, le Président d'alors, Van Buren, envoya un agent, M. John L. Stephens, dans l'isthme. Celui-ci recommanda la route du Nicaragua comme la plus facile, mais il déclara qu'il lui semblait peu sage de s'engager dans une pareille entreprise à un moment où tous les États de l'Amérique centrale étaient en proie à des troubles politiques violents. Il ne fut donc donné aucune suite aux projets de négociations, et l'idée du canal disparut de nouveau pour un temps des discussions politiques.

En fait, rien dans la situation des États-Unis ne leur rendait encore nécessaire l'ouverture d'un canal interocéanique. Tous leurs intérêts demeuraient concentrés à l'est des Rocheuses ; leur seule possession sur le Pacifique était le territoire de l'Orégon, qui commençait à peine à être colonisé. En 1846, cependant, l'initiative d'un agent amena la conclusion du premier traité signé par les États-Unis contenant une clause relative à la protection du futur canal.

Les États-Unis avaient conclu en 1824 un traité de paix, d'amitié et de commerce avec la République de Colombie. Tandis que les clauses relatives à la paix et à l'amitié entre les deux puissances étaient perpétuelles, les clauses relatives au commerce et à la navigation étaient limitées à une période de douze années. En 1831, la République de Colombie s'était divisée en trois Républiques indépendantes : la Nouvelle-Grenade, le Vénézuéla et l'Équateur. En 1845, le chargé d'affaires des États-Unis à Bogota, M. Benjamin A. Bidlak, fut chargé de négocier un nouveau traité de paix, d'amitié, de navigation et de commerce avec la Nouvelle-Grenade. Cette République possédait dans son territoire l'isthme de Panama que son peu de largeur faisait considérer comme un des endroits favorables pour la construction d'un canal interocéanique. Soit prévision de la part du représentant américain, soit plutôt désir du gouvernement de la Nouvelle-Grenade de s'assurer, ainsi que l'avait recherché la République centrale, l'appui d'une nation puissante, les négociateurs insérèrent dans le traité un article spécial par lequel la Nouvelle-Grenade assurait aux États-Unis le droit de transit à travers l'isthme, par tout moyen de communication susceptible d'être construit, à charge par eux de garantir la parfaite neutralité de l'isthme, et les droits de souveraineté et de propriété de la Nouvelle-Grenade sur ce territoire.

La partie relative à l'isthme de Panama dans le traité du 12 décembre 1846 entre la Nouvelle-Grenade (1) et les États-Unis est ainsi conçue : « Article 35, § 1. Pour la meilleure interprétation des articles précédents, il est et il a été stipulé entre les Hautes Parties contractantes que les citoyens, les vaisseaux et les marchandises des États-Unis jouiront dans les ports de la Nouvelle-Grenade, y compris ceux de la partie du territoire grenadin généralement désigné sous le nom d'isthme de Panama, de son extrémité méridionale jusqu'à la frontière de Costa-Rica, de toutes les exemptions, privilèges et immunités concer-

____

(1) En 1862, la Nouvelle-Grenade a pris le nom d'Etats-Unis de Colombie.

nant le commerce et la navigation, dont jouissent maintenant ou dont pourront jouir à l'avenir les citoyens grenadins, leurs vaisseaux et marchandises ; et que cette
égalité de faveur sera étendue aux passagers, aux correspondances et aux marchandises des États-Unis dans leur
transit à travers ledit territoire, d'une mer à l'autre. Le
gouvernement de la Nouvelle-Grenade garantit au gouvernement des États-Unis que le droit de voie ou de
transit à travers l'isthme de Panama au moyen de tous
modes de communication qui existent maintenant, ou qui
peuvent être construits dans l'avenir, sera ouvert et libre
au gouvernement et aux citoyens des États-Unis, et pour
le transport de tous produits agricoles, manufacturés ou
marchandises, de commerce légitime, appartenant aux
citoyens des Etats-Unis ; qu'aucuns autres péages ou
droits ne seront imposés ou perçus sur les citoyens des
États-Unis, ou les marchandises leur appartenant passant
sur toute route ou tout canal qui pourront être construits
par le gouvernement de la Nouvelle-Grenade ou par son
autorité, que ceux qui seront, dans les mêmes circonstances, imposés et perçus sur les citoyens grenadins ; que
tous produits agricoles, manufacturés ou marchandises
appartenant aux citoyens des États-Unis, passant ainsi
d'une mer à l'autre, dans l'une ou l'autre direction, à destination d'un autre pays étranger, ne seront soumis à aucun
droit d'importation ; ou, s'ils ont payé ces droits, ils pourront se les faire rembourser à leur exportation ; les citoyens
des États-Unis ne seront soumis, non plus, à aucun des
impôts, péages ou droits auxquels les citoyens indigènes
ne seront pas assujettis en traversant ledit isthme. Et,
afin de s'assurer à eux-mêmes la jouissance constante et

tranquille de ces avantages, et comme compensation spéciale auxdits avantages, et pour les faveurs qu'ils ont acquises par les articles 4, 5 et 6 de ce traité, les États-Unis garantissent, positivement et efficacement, à la Nouvelle-Grenade, par la présente stipulation, la parfaite neutralité de l'isthme ci-dessus mentionné, afin que le libre transit de l'une à l'autre mer ne puisse être interrompu ou entravé dans l'avenir, tant que ce traité existe ; et, en conséquence, les États-Unis garantissent ainsi, de la même manière, les droits de souveraineté et de propriété que la Nouvelle-Grenade a et possède sur ledit territoire. »

Cette protection accordée par les États-Unis à une autre puissance, et qui pouvait les entraîner dans des complications imprévues pour tenir leurs engagements, était en contradiction complète avec la politique suivie par eux jusqu'alors et regardée comme la meilleure par leurs hommes d'État. La dérogation qu'apportait à la politique traditionnelle le nouveau traité n'était d'ailleurs pas le fait du gouvernement. Le Président Polk, en transmettant le traité au Sénat, déclara que le chargé d'affaires américain avait agi en ce qui concernait cette clause « sous sa propre responsabilité et sans instructions (1). » Polk conseillait cependant au Sénat de ratifier le traité dans son intégralité. Les États-Unis avaient un intérêt évident à voir exécuter le canal, mais la garantie de la neutralité de l'isthme était indispensable pour inciter les capitalistes à entreprendre une telle œuvre. Les États-Unis ayant déjà

____

(1) Message du Président Polk au Sénat, 10 février 1847, *Messages*, t. IV, p. 511. Le traité était conclu pour une période de vingt ans, avec clause de tacite reconduction.

déclaré que le droit de passage libre et égal à travers l'isthme devait appartenir à toutes les nations, le traité n'innovait rien à cet égard ; or, le seul moyen d'assurer ce droit était d'obtenir des grandes puissances commerciales la garantie que l'isthme serait territoire neutre. « Si les États-Unis, comme la principale des nations américaines, acquiesçaient les premiers à consentir une semblable garantie, on ne peut douter, — et le gouvernement de la Nouvelle-Grenade l'espère, — que des garanties analogues seront données à cette République par la Grande-Bretagne et la France. » Quant à la garantie ayant pour objet la souveraineté de la Nouvelle-Grenade sur l'isthme, Polk ajoutait : « C'est une conséquence naturelle de la garantie de la neutralité de l'isthme, et il ne semble pas y avoir d'autre moyen pratique d'assurer la neutralité de ce territoire (1). »

Le Sénat se rangea à l'avis du Président, et autorisa la ratification du traité le 10 juin 1848.

Entre temps, la Nouvelle-Grenade avait accordé, le 10 mai 1847, à une Société française, la « Compagnie de Panama », représentée par un nommé Mateo Klein, le privilège exclusif de construire et d'exploiter, pendant une durée de 99 ans, un chemin de fer destiné à relier, à travers l'isthme, les deux océans. La Compagnie n'ayant pas réuni les capitaux nécessaires à son entreprise, son privilège expira en juin 1848. En décembre de la même année, le gouvernement grenadin transféra ce privilège, avec quelques modifications dans le contrat, à la Compagnie du chemin de fer de Panama, organisée par des

____

(1) Message de Polk, 10 février 1847.

citoyens des États-Unis. Cette dernière Société se fit incorporer en 1849 par la législature de l'État de New-York. Elle mena rondement les travaux, et le 27 janvier 1855 le premier train de passagers circulait sur la ligne complètement achevée (1).

La guerre contre le Mexique, qui se termina par la défaite de celui-ci, permit aux États-Unis d'étendre leur territoire au Sud-Ouest jusqu'au Pacifique, et de prolonger très loin vers le Sud leur littoral sur cet océan. Les commissaires envoyés vers la fin de la guerre par le Président au quartier général mexicain, alors établi en vue de Mexico, pour traiter de la paix, avaient pour mission d'exiger du pays vaincu la cession des provinces de New-Mexico et de la Haute et Basse-Californie. L'annexion de ces territoires devait, naturellement, rendre plus désirable pour les États-Unis l'ouverture de voies de communication rapides à travers l'isthme, seul moyen, en l'absence de chemins de fer transcontinentaux, à la construction desquels on ne pensait pas encore, de faciliter les rapports entre les États de l'Atlantique et les territoires de l'Union à l'Ouest des Rocheuses. Polk, enhardi par le traité récemment conclu avec la Nouvelle-Grenade, donna l'ordre aux plénipotentiaires de demander au Mexique d'accorder aux États-Unis « le privilège du droit de transit à travers l'isthme de Téhuantepec »; ils étaient autorisés à offrir, en échange de ce droit, le doublement de l'indemnité, — dix millions de dollars, — que les États-Unis consentaient à payer pour les territoires dont ils exigeaient la cession. Le Mexique s'étant refusé à accorder

____

(1) *Canal Com.*, p. 50 et 193. Le privilège de la Compagnie était d'une durée de 99 ans, à dater du 16 août 1867.

le privilège de transit, le traité de Guadelupe Hidalgo fut signé (2 février 1848) et ratifié sans cette clause. Le gouvernement américain ne paraît pas avoir insisté particulièrement pour en obtenir l'insertion (1).

(1) *Messages*, t. IV, p. 538.

II

Depuis l'époque où Clay avait discuté officiellement, pour la première fois, la politique des États-Unis à l'égard du futur canal interocéanique, les diverses administrations qui s'étaient succédé avaient conservé sur ce sujet les mêmes sentiments. Les hommes d'État américains déclaraient que le canal ne devait pas être construit en vue du bénéfice exclusif d'une seule nation, qu'il devait profiter à toutes, et, dans ce but, être placé sous leur protection commune, ce moyen étant le seul capable de leur assurer en tous temps des avantages égaux. Cette politique se heurta en 1848 à la politique de l'Angleterre, qui tenta de réaliser vers cette époque son dessein poursuivi de longue date de s'emparer des points terminus de la route du Nicaragua, regardée jusqu'alors comme la plus favorable pour la construction d'un canal.

Les visées de l'Angleterre sur l'Amérique centrale remontent à la fin du dix-septième siècle. Depuis cette époque jusqu'au milieu du dix-neuvième siècle, elle s'efforça à plusieurs reprises de s'établir dans cette

région d'une si grande importance au point de vue économique et militaire. La conquête de la Jamaïque en 1655 lui
avait donné dans les Antilles une puissante base navale,
d'où elle pouvait à loisir surveiller les colonies espagnoles,
et qui lui permettait de soutenir, quand elle le jugeait utile,
les boucaniers, établis sur les côtes de l'Amérique centrale
ou dans les îles voisines, d'où ils harcelaient sans re-
lâche le commerce de l'Espagne avec ses colonies. Vers
la fin du dix-septième siècle, un Écossais, William Paterson, résolut de donner à la Grande-Bretagne la possession de l'isthme américain. « Cette porte des mers, cette clé
de l'univers, — écrivait-il, — permettra à ses possesseurs
de dicter la loi aux deux océans et de devenir les arbitres
du monde commercial. » Paterson créa dans ce but la
Compagnie de Darien, et envoya, en 1698, une expédition de 1.200 hommes destinée à fonder une colonie dans
l'isthme. Les colons s'établirent un peu au Nord du golfe
de Darien, au fond d'une baie qu'ils appelèrent baie de
Calédonie; mais la maladie décima au bout de peu de
temps la petite troupe qui, attaquée par les forces espagnoles, dut capituler.

Les colonies de boucaniers anglais installées plus au
Nord, dans la presqu'île de Yucatan, furent plus heu-
reuses. Elles échappèrent aux tentatives des Espagnols
pour les déloger et servirent de base, au siècle suivant, à
l'établissement d'une colonie anglaise permanente. Ces
boucaniers trouvèrent dans la région un travail rémuné-
rateur. Ils abandonnèrent la piraterie pour se livrer à
l'exploitation des bois d'acajou et de teinture, abondants
le long de cette côte marécageuse. Fixés sur le sol, ils
entrèrent en rapports avec les peuplades indiennes vivant

près de la côte ; une des principales parmi celles-ci, et dont le nom devait revenir souvent par la suite dans les démêlés entre les États-Unis et l'Angleterre à propos du canal interocéanique, était désignée sous le nom de peuplade des Mosquitos. Son territoire primitif semble avoir été limité entre le cap Honduras et le cap Gracia de Dios, bien que les autorités anglaises aient prétendu qu'il allait jusqu'à la rivière San Juan. En 1748, des troupes anglaises envoyées de la Jamaïque, auxquelles se joignirent les colons anglais du continent et leurs alliés indiens, s'emparèrent des forts élevés par les Espagnols à l'embouchure de la rivière San Juan, qui sert de déversoir au lac de Nicaragua sur le versant Atlantique. Le traité d'Aix-la-Chapelle rendit ces conquêtes inutiles ; les Anglais durent restituer à l'Espagne les places enlevées. Pourtant, les coupeurs de bois demeurèrent sur le continent, et, en octobre 1749, le Roi d'Angleterre nomma le capitaine Hodgson « pour réglementer et surveiller l'établissement de la côte de Mosquito, qui a subsisté plusieurs années sous la protection de nos amis et alliés les Indiens mosquitos ». Le capitaine était placé sous les ordres du gouverneur de la Jamaïque. Les autorités espagnoles adressèrent des remontrances à la Grande-Bretagne à propos de cette nomination ; elles affirmèrent le droit de l'Espagne sur ce territoire et menacèrent d'expulser les Anglais (1). En 1754, les Espagnols essayèrent en

____

(1) Les Anglais basaient leurs revendications sur ces établissements sur l'article 7 du traité de Madrid, conclu par eux avec l'Espagne en 1670. Par cet article, l'Espagne reconnaissait au roi de Grande-Bretagne et à ses héritiers le droit « de garder et de jouir à perpétuité, avec les droits absolus de souveraineté, domination, possession et propriété, de toutes les terres, régions, îles, colonies et places situées dans les Indes occidentales ou *toute partie de l'Amérique* que ledit Roi de Grande-Bretagne ou

effet, mais inutilement, de chasser les coupeurs de bois
de Belize, ainsi que ceux établis sur le rivage des Mosquitos et dans les îles de la Baie. Le traité de Paris,
de 1763, définit de nouveau les droits des Espagnols et
des Anglais dans l'Amérique centrale ; l'article 17 disait
expressément : « S. M. britannique devra faire démolir
toutes les fortifications que ses sujets auront érigées dans
la baie de Honduras et dans les autres places du territoire appartenant- à l'Espagne dans cette partie du
monde... » ; par contre, le droit était donné aux Anglais
de couper du bois « sur les côtes et territoires appartenant à l'Espagne ». Conformément à ce traité, les Anglais
détruisirent les fortifications élevées par eux sur la côte
des Mosquitos et ils retirèrent leurs troupes. Ils n'abandonnèrent pourtant pas le dessein de s'établir dans cette
région. En 1780, pendant la guerre d'Amérique, une expédition commandée par Nelson, alors simple capitaine de
frégate, tenta de s'emparer du cours de la San Juan. L'entreprise échoua, et le traité de Versailles de 1783 régla
une fois encore les droits des Anglais établis dans l'isthme
américain. « L'intention des deux Hautes Parties contractantes étant, — dit l'article 6, — de prévenir autant que
possible toutes les causes de plainte et de mésintelligence
occasionnées jusqu'ici par l'abattage de bois de teinture
et de campêche, et plusieurs établissements anglais s'étant
formés et étendus sous ce prétexte sur le continent espagnol », les contractants délimitaient autour de Belize un

ses sujets ont et possèdent à présent ». L'Espagne prétendait, au contraire
des Anglais, que les mots « ou toute partie de l'Amérique » ne pouvaient
s'appliquer à l'Amérique centrale, où les Anglais n'avaient jamais eu
d'établissement fixe, le commerce des coupeurs de bois du Yucatan
ayant toujours été déclaré illicite par les autorités espagnoles.

territoire dans l'étendue duquel les sujets anglais auraient le droit d'exploiter ces bois, « étant entendu que ces stipulations ne seront pas considérées comme dérogeant en quelque manière que ce soit aux droits de S. M. catholique ». Il était stipulé, en outre, que, dans les dix-huit mois suivant la date de la ratification du traité, les Anglais devraient se retirer sur le territoire dont les limites étaient fixées par l'article 6. Les colons anglais de la côte des Mosquitos et des îles de la Baie restèrent cependant où ils étaient, prétendant que le territoire qui leur était laissé par le traité de 1783 était trop restreint. Incapable d'exiger l'accomplissement du traité, l'Espagne dut se résigner, et, en 1786, elle conclut avec l'Angleterre un nouvel accord. Le territoire attribué aux coupeurs de bois était étendu, sans que leurs droits fussent augmentés ; par contre, il était de nouveau stipulé que les colons anglais se retireraient dans les limites de ce territoire et que « S. M. britannique, loin d'offrir le moindre secours, ou quelque protection », à ceux de ses sujets qui persisteraient à demeurer en dehors des limites fixées, « les désavouera de la manière la plus solennelle, comme elle fera également pour tous ceux qui pourront dans l'avenir tenter de s'établir sur le territoire appartenant à l'Espagne » (1).

A partir de cette date, tant que l'Espagne resta souveraine, l'Angleterre s'abstint de revendiquer aucun droit sur les territoires de l'Amérique centrale, mais la question se posa de nouveau après la révolte des colonies espagnoles. La Grande-Bretagne considéra que les anciens

(1) Sur tout ce différend, v. une longue lettre très intéressante de Abbott Lawrence, ministre des États-Unis à Londres, à Clayton, secrétaire d'État, du 19 avril 1850. *Coll. correspondence*, p. 214-229. V. aussi Keasbey, *op. cit.*, p. 88-112.

traités conclus avec l'Espagne ne la liaient pas vis-à-vis des nations nouvellement formées, et elle procéda à l'égard de chacune d'elles d'une manière différente, suivant ses visées. Dans le traité conclu avec le Mexique, le 26 décembre 1826, elle accepta l'insertion intégrale du traité de 1786 relatif à l'établissement de Belize. La chose était de peu d'importance : une faible portion de cet établissement était en territoire mexicain, les empiétements des Anglais s'étant faits principalement au Sud, sur le territoire du Guatemala, membre de la République de l'Amérique centrale. Par contre, dans le traité reconnaissant l'indépendance de cette République, aucune mention ne fut faite des anciens traités avec l'Espagne. La question des droits des colons de Belize resta ainsi en suspens. Il en fut de même pour la région des Mosquitos : la République centrale revendiquait, au nom du Nicaragua, et comme héritière de l'Espagne, la souveraineté sur cette région, tandis que l'Angleterre prétendait que les Indiens vivant sur cette côte constituaient une nation indépendante. En fait, les colons anglais s'y considéraient comme définitivement établis, et ils maniaient à leur guise les pseudo-souverains des Mosquitos, simples fantoches entre leurs mains. En 1835, le colonel Macdonald décida de profiter des embarras de la République de l'Amérique centrale, pour faire de l'établissement de Belize une colonie anglaise régulière. Il convoqua dans ce but une assemblée législative des colons blancs. L'assemblée décida de substituer au nom de Belize celui de Honduras britannique, et, conformément à ses délibérations, le colonel Macdonald informa l'État de Guatemala, devenu indépendant par suite de la chute de la République centrale, que les Anglais revendiquaient comme leur appartenant le territoire s'étendant entre le Rio Hondo et le Rio Sarstoon. En 1840, Macdonald proclama la mise en vigueur des lois anglaises dans le Honduras britannique, l'île de Roatan, et la Mosquitia. La métropole, avant de ratifier ces actes, envoya des agents dans l'isthme. En 1846, cependant, la colonie de Honduras fut formellement établie, et, l'année suivante, Palmerston informa les États de l'Amérique centrale que « les droits du roi des Mosquitos seraient reconnus comme s'étendant du cap Honduras à l'embouchure de la San Juan ». Ces États, en particulier le Nicaragua, protestèrent vivement contre de pareilles prétentions. Pour y mettre fin, les Anglais débarquèrent le 1er janvier 1848 des marins dans le port de San Juan, et, après avoir chassé les quelques fonctionnaires nicaraguéens qui s'y trouvaient, ils élevèrent le drapeau mosquito. Les navires anglais partis, les Nicaraguéens vinrent réoccuper San Juan, mais ils en furent chassés de nouveau en février, et, le 27 mars, le Nicaragua dut signer un traité par lequel il abandonnait pour toujours au roi des Mosquitos les droits que l'Angleterre avait revendiqués pour lui sur San Juan.

L'occupation par l'Angleterre, au nom des Mosquitos, du port de San Juan, ou Greytown ainsi que les Anglais l'avaient rebaptisé, éveilla de suite les susceptibilités des États-Unis, dont l'attention était tournée à cette époque vers l'isthme. La découverte de l'or en Californie, au lendemain de l'annexion, en appelant un grand nombre d'émigrants dans cette région, faisait désirer plus que jamais la construction d'un canal unissant les deux océans. Mais qu'adviendrait-il si le débouché du canal du côté de l'Atlantique était entre les mains d'une grande puissance

navale, qui pourrait ainsi le fermer ou l'ouvrir à son gré ?
Que ce fût là le dessein de l'Angleterre, c'est de quoi ne
doutaient pas les hommes d'État américains. Buchanan,
alors secrétaire d'État, disait à ce sujet, dans ses instructions à un nouveau chargé d'affaires des États-Unis au
Guatemala, M. Hise : « Le but de l'Angleterre en faisant
cette acquisition [San Juan] est facile à comprendre, si on
regarde la politique qu'elle a uniformément poursuivie à
travers son histoire : s'emparer de tous les points commerciaux de quelque valeur dans le monde, toutes les fois
que les circonstances le lui ont permis. Son dessein est
probablement d'obtenir les moyens de commander la
route favorable à la construction d'un chemin de fer et
d'un canal entre l'Atlantique et le Pacifique, par la voie
du lac Nicaragua. » Cette action de l'Angleterre était, en
même temps qu'un danger pour les États-Unis, une violation de la doctrine de Monroë. Toutefois, avant de décider la conduite à suivre, le gouvernement américain
voulait s'enquérir de la réalité et de l'importance des faits :
« Le gouvernement des États-Unis n'a pas encore arrêté
la conduite qu'il adoptera à l'égard des empiétements du
gouvernement britannique en sa qualité de protecteur du
roi et du royaume des Mosquitos, mais vous devrez vous
procurer toutes les informations en votre pouvoir sur la
nature et l'étendue de ces empiétements, et les communiquer le plus promptement possible à ce département.
Nous sommes également désireux de connaître l'importance de la tribu des Mosquitos, le degré de civilisation
qu'ils ont atteint, et toutes choses les concernant » (1)...

(1) Instructions de M. Buchanan, secrétaire d'État, à M. Hise, chargé

Retenu par la maladie, Hise attendit quelques mois avant de rejoindre son poste. Entre temps, une Société américaine s'était formée en vue de la construction d'une voie de communication entre les deux océans. Cette Société obtint du Nicaragua, le 17 mars 1849, une concession. Influencé peut-être par ce fait, Hise, oubliant les instructions strictes qu'il avait reçues, signa le 21 juin 1849 une convention avec l'État de Nicaragua en vue « d'ouvrir et d'établir à travers le territoire dudit État un passage et une communication entre la mer des Caraïbes et l'océan Pacifique pour faciliter le commerce entre les deux océans et produire d'autres grands résultats... » Par ce traité, le Nicaragua accordait « aux États-Unis d'Amérique, ou à une Compagnie de citoyens de ce pays, le droit et le privilège exclusifs » de construire sur son territoire des canaux, chemins de fer ou toute autre espèce de routes pour ouvrir un passage ou une voie de communication « soit par terre seule, soit par eau seule, soit par terre et par eau » pour le transit de navires aussi bien que de véhicules quelconques entre la mer des Caraïbes et le Pacifique (art. 1er). Le gouvernement des États-Unis recevait le droit « d'ériger tels forts et fortifications aux extrémités et le long de la ligne de ces travaux, et d'armer et occuper lesdits de telle manière et avec autant de troupes qu'il peut trouver nécessaire pour leur protection et leur défense, et aussi pour la préservation de la paix et de la neutralité des territoires du Nicaragua, auquel appartiennent des droits égaux comme inhérents à sa souveraineté » (art. 5). Le canal et ses terminus devaient être fermés

d'affaires au Guatemala, 3 juin 1848, citées par G. Ticknor Curtis, *Life of James Buchanan*, p. 621-623.

aux navires de guerre et marchands d'une nation en guerre
avec l'une des parties contractantes, ainsi qu'aux navires
neutres transportant de la contrebande de guerre aux
ennemis de l'une des parties contractantes, ou à des
nations ou États en guerre avec d'autres nations (art. 6).
En échange des avantages qu'ils obtenaient, les États-
Unis s'engageaient « à protéger et défendre l'État de
Nicaragua dans la possession et l'exercice de la souveraineté et domination de tout le pays, côtes, ports, lacs,
rivières et territoires qui peuvent être légitimement sous
la juridiction et dans les justes et vraies limites et frontières dudit État... » (art. 12)(1).

Ce traité ignorait complètement les revendications de la
Grande-Bretagne, ainsi que la convention du 27 mars 1848
conclue par celle-ci avec le Nicaragua. La ratification de la
convention Hise eût certainement donné naissance à un
conflit entre l'Angleterre et les États-Unis, mais elle ne
fut même pas transmise au Sénat. Un changement d'administration avait eu lieu pendant l'absence de M. Hise. Le
Président Polk avait fait place au Président Taylor, et ce
dernier avait nommé, le 2 avril 1849, un nouveau chargé
d'affaires au Guatemala, M. George Squier, en remplacement de M. Hise (2). M. Squier avait reçu l'ordre de
négocier avec le Nicaragua un traité ayant en vue la protection du futur canal par les deux gouvernements, traité
auquel les autres États devaient être appelés ensuite à
donner leur adhésion. En recevant, en septembre, communication du traité conclu par M. Hise, le Président eut

(1) Le texte de ce traité est donné dans *Coll. correspondence*, p. 187-195.
(2) Message annuel de Zachary Taylor, 4 décembre 1849, *Messages*,
t. V, p. 15.

une réelle surprise ; le trouvant contraire à la politique générale des États-Unis, il décida de ne lui donner aucune suite. M. Squier, conformément à ses instructions, négocia avec le Nicaragua un nouveau traité, qui fut signé en août 1849. Ce traité ne donnait aucun monopole ou avantage exclusif aux États-Unis relativement à l'usage du canal ; il leur assurait simplement le droit de transit. En retour, les États-Unis s'engageaient à garantir la neutralité du canal et promettaient de défendre la souveraineté du Nicaragua sur les territoires limitrophes du canal et sur les deux ports terminus ; une clause du traité réservait des avantages analogues aux nations qui traiteraient avec le Nicaragua aux mêmes conditions que les États-Unis. Le traité ne faisait en somme que reprendre les principes du traité de 1846 avec la Colombie. Il soulevait cependant une difficulté. En présentant le traité au Sénat pour obtenir l'adhésion de ce corps, M. Taylor la faisait remarquer : les États-Unis reconnaissaient la souveraineté du Nicaragua sur les ports terminus du canal ; or, l'un de ceux-ci, San Juan, était au pouvoir de la Grande-Bretagne, qui niait les droits du Nicaragua sur lui : c'était là une source certaine de conflits (1).

Les Anglais, en possession du débouché du futur canal du côté de l'Atlantique, songeaient à s'emparer également de son débouché sur le Pacifique. Suivant les projets de l'époque, le canal devait se terminer de ce côté dans la baie de Fonseca, qui appartenait au Honduras. Au début de 1846, la Grande-Bretagne adressa des réclamations à ce pays au sujet d'une ancienne dette due pour des dom-

(1) V. au sujet de ces deux traités le Message de M. Taylor au Sénat, du 19 mars 1850, *Messages*, t. V, p. 33-40.

mages causés à des citoyens anglais. Quand il eut connaissance de ces faits, Squier, comprenant le but que poursuivait l'Angleterre, essaya de la devancer. Il se rendit donc, quoique sans instructions, au Honduras et y signa, le 28 septembre 1846, un traité par lequel ce pays accordait aux États-Unis le droit d'établir une station navale dans l'île de Tigre, située dans la baie de Fonseca, et d'élever des fortifications sur les rives de la baie. L'île de Tigre devait être cédée aux États-Unis en attendant la ratification du traité, pour laquelle un délai de dix-huit mois était stipulé. Dès qu'ils eurent connaissance de cette convention, les Anglais, sans plus attendre, s'emparèrent de l'île de Tigre — 16 octobre — comme gage de leur dette, malgré les protestations de Squier et sa déclaration que l'occupation serait regardée par son gouvernement comme un acte d'agression de la part de la Grande-Bretagne (1). Cette situation difficile devait se dénouer heureusement à la suite de négociations directes entre les deux pays.

Lorsque, au retour de Hise de sa mission dans l'Amérique centrale, le gouvernement américain connut le traité que son représentant avait conclu avec le Nicaragua, il entrevit de suite les dangers qui pouvaient en résulter. Les Américains étaient fort excités à ce moment contre les Anglais. Ils avaient vivement ressenti l'attitude hostile de l'Angleterre lors des projets d'annexion du Texas, et surtout l'âpreté avec laquelle cette puissance avait lutté pour conserver la plus grande partie possible du territoire de l'Orégon, sur lequel les droits des deux pays étaient mal définis. Les prétentions anglaises sur le terri-

---

(1) Keasbey, *op. cit.*, p. 199

toire des Mosquitos et l'occupation de San Juan avaient renouvelé cette agitation. Les résumés du traité de Hise, qui dès son retour avaient paru dans les journaux, furent accueillis avec enthousiasme par la population, qui y voyait une réponse à l'arrogance de la Grande-Bretagne, et une application de la doctrine de Monroë violée par celle-ci. L'Administration, dont les partisans étaient en minorité au Sénat, redoutait la discussion de ce sujet au Congrès. Elle craignait une rupture avec l'Angleterre, qui eût mis les États-Unis dans une situation difficile. Clayton, alors secrétaire d'État, essaya de résoudre la question diplomatiquement et d'arriver par une entente directe avec l'Angleterre à obtenir l'adhésion de cette puissance à la politique américaine, qui avait en vue la construction d'un canal à l'usage duquel aucune nation ne prétendrait des avantages particuliers et exclusifs.

Dès le milieu de septembre, Clayton demanda une entrevue à sir Crampton, représentant de l'Angleterre à Washington. Il lui exposa, en lui rappelant l'attitude traditionnelle des États-Unis vis-à-vis du futur canal, l'embarras dans lequel le traité Hise mettait l'administration, et il lui communiqua, en le priant d'en faire part à son gouvernement, les instructions données à M. Squier lors de son départ. « Il faudra une grande prudence des deux côtés, — dit M. Clayton, — pour éviter une collision entre les deux gouvernements, pour un pays [la côte des Mosquitos] qui n'a par lui-même aucune valeur (1). » Ces deux personnages eurent une seconde entrevue le 30 septembre. Cette fois, M. Clayton fit, au nom des États-Unis, des propositions que le Président, présent à l'entretien, approuva pleine-

(1) *Coll. correspondence,* p. 200.

ment. « Les deux pays les plus intéressés à l'ouverture du canal, — dit M. Clayton, — sont assurément la Grande-Bretagne et les États-Unis ». Leur intérêt lui paraissait identique, et il croyait de la plus haute importance qu'un accord complet pût s'établir entre les deux pays sur cette question. Le gouvernement américain offrait « d'abandonner le traité signé par M. Hise, et, au lieu de le ratifier, de conclure, simultanément avec le gouvernement de Sa Majesté, un autre traité avec le Nicaragua, par lequel aucun avantage exclusif ne serait réservé à l'une des parties, et dont l'objet principal serait de garantir la sécurité d'une Compagnie de capitalistes, à laquelle une charte serait accordée par le Nicaragua à des conditions raisonnables pour l'exécution et la conservation des travaux... » « Le seul fait de l'existence de ce traité entre la Grande-Bretagne et le Nicaragua, et entre le Nicaragua et les États-Unis, suffirait à assurer, — ajoutait Clayton, — l'exécution tranquille de l'œuvre ». Il proposait en outre d'admettre à jouir des avantages du canal, à des conditions égales, toute puissance qui conclurait un traité semblable avec le Nicaragua et lui offrirait une garantie analogue. Au cas où l'Angleterre refuserait d'adopter une solution de ce genre, Clayton menaçait de se servir du traité de Hise, qui serait assurément, dans l'état d'esprit existant, ratifié par le Sénat. Il en résulterait entre les deux pays un conflit qui ne pourrait être réglé « amicalement que par l'abandon par la Grande-Bretagne et les États-Unis de toute prétention sur le territoire du Nicaragua et de Costa-Rica » (1). Dans ses instructions, datées du 20 octobre,

____

(1) M. Crampton à lord Palmerston, 1ᵉʳ octobre 1849, *Coll. correspondence*, p. 203.

à M. Abbott Lawrence, nommé récemment ministre américain à Londres, Clayton renouvelait l'offre des États-Unis et aussi la menace de se servir du traité Hise si l'Angleterre persistait dans ses prétentions sur la côte des Mosquitos (1).

Sur ces entrefaites, le ministre d'Angleterre à Washington fut changé. Sir Henry Bulwer succéda à M. Crampton. Quelque temps après son arrivée à Washington, le nouveau ministre donna à lord Palmerston son opinion sur la question qui menaçait de diviser les deux pays. Suivant lui, « la Grande-Bretagne devait être presque aussi désireuse que les États-Unis de voir construire le canal. »,

« Notre grand objet, — écrivait-il, — me paraît être de déplacer la discussion, de ne pas parler des prétentions du Nicaragua et des Mosquitos, sur lesquelles il est invraisemblable que les gouvernements de la Grande-Bretagne et des États-Unis puissent s'entendre, et de faire porter les négociations sur le question du canal, sur laquelle leurs vues seront presque certainement identiques. » Le moyen pour atteindre ce but lui paraissait être la conclusion d'une « convention entre la Grande-Bretagne et les États-Unis, ayant pour objet de faciliter la construction de la voie désirée entre l'Atlantique et le Pacifique, convention qui, sans soulever la question des prétentions rivales du Nicaragua et des Mosquitos, accorderait au commerce américain tout ce qu'il peut désirer obtenir, d'une manière compatible avec la dignité et l'honneur de la Grande-Bretagne, et le désintéresse-

____

(1) M. Clayton à M. Lawrence, 20 octobre 1849, *Coll. correspondence*, p. 12.

ment du protectorat de celle-ci sur le territoire des Mosquitos (1)... »

Les opinions de Clayton et de sir Bulwer émises dans la conversation du premier avec M. Crampton et dans la lettre du second à lord Palmerston indiquent clairement la raison principale qui va amener l'entente entre les deux pays, et le point sur lequel un malentendu subsistera, malentendu qui pendant plusieurs années laissera entre eux un motif périodique de contestations. Les gouvernements anglais et américain désirent voir construire le canal le plus promptement possible, et tous deux se rendent compte de la nécessité de donner aux capitaux de sérieuses garanties de sécurité pour les décider à se lancer dans une entreprise aussi difficile et aussi aléatoire. Mais, en outre, les États-Unis voudraient voir l'Angleterre abandonner toute prétention sur les territoires devant servir de débouché au canal, tandis que cette dernière ne veut abandonner sur ce point que le minimum indispensable et entend se réserver les moyens de reprendre sa vieille politique d'expansion le jour où elle le trouverait de nouveau nécessaire.

Une sérieuse maladie de M. Abbott Lawrence l'obligea d'interrompre momentanément ses fonctions. Inquiet de voir les négociations commencées à Londres ainsi arrêtées, et pressé, pour couper court au mouvement qui se manifestait contre l'Angleterre et en faveur du traité Hise, d'arriver à une entente définitive, Clayton proposa à sir Henry Bulwer de régler la question à New-York. Convaincu de son côté de la nécessité d'éviter un désaccord

____

(1) Sir Henry Bulwer à lord Palmerston, 6 janvier 1850, *Coll. correspondence*, p. 206.

profond entre les deux pays, et de l'utilité pour l'Angleterre de la construction du canal, sir Henry Bulwer se rendit à la demande du secrétaire d'État. Le 3 février, il envoyait à lord Palmerston un « projet de convention relative au canal interocéanique » élaboré de concert avec le gouvernement américain (1). Le 8 mars, lord Palmerston lui répondait. Il approuvait « entièrement » la conduite du ministre d'Angleterre, et lui envoyait les pouvoirs nécessaires pour signer le traité proposé, sans suggérer aucun amendement (2). Le 19 avril, M. Clayton pour les États-Unis, et sir Henry Bulwer pour l'Angleterre, signaient à Washington le traité connu dans l'histoire diplomatique sous le nom de traité Clayton-Bulwer et qu'ont rendu célèbre les débats auxquels il a donné lieu pendant un demi-siècle entre les puissances contractantes.

Le traité, d'après le préambule même, avait pour objet d'établir les intentions des parties contractantes relativement à la voie de communication projetée entre les deux océans, par la route de Nicaragua. Les deux pays déclaraient ne vouloir jamais chercher à exercer une domination exclusive sur le futur canal. Dans ce but, ils s'engageaient à n'élever aucune fortification le long du canal et à n'occuper ou coloniser aucune partie de l'Amérique centrale, ou se servir d'aucun protectorat ou alliance pour éluder leur engagement (art. 1er). Ils promettaient, le canal achevé, d'en assurer la neutralité (art. 5), et d'inviter les autres États à se joindre à eux pour l'accomplissement de

______

(1) Sir Henry Bulwer à lord Palmerston, 3 février 1850, *Coll. correspondence*, p. 207-211.

(2) Lord Palmerston à sir Henry Bulwer, 8 mars 1850, *Coll. correspondence*, p. 212.

cet objet (art. 6). Les autres articles du traité, beaucoup moins importants, avaient en vue les moyens propres à réaliser le plus promptement possible l'œuvre désirée. Les sept premiers articles visaient la route de Nicaragua, mais celle-ci n'était pas la seule que l'on crût utilisable pour ouvrir des communications rapides entre l'Atlantique et le Pacifique, et rien ne prouvait qu'elle dût demeurer unique dans l'avenir, ou même que l'expérience ne conduisit à son abandon au profit d'une autre. S'il en était ainsi, les négociateurs pouvaient être exposés à voir déjouer ce qui avait été leur but principal : la neutralisation d'une voie de communication qu'il importait de soustraire à la domination exclusive d'une seule puissance. Le dernier article du traité (art. 8) envisagea cette éventualité. Par cet article, les puissances contractantes, déclarant avoir en vue l'adoption d'un « principe général », convenaient « d'étendre leur protection, au moyen de traités, à toutes autres voies de communication possibles, par canal ou par chemin de fer, à travers l'isthme qui unit l'Amérique du Nord et du Sud, et spécialement aux communications interocéaniques, si elles étaient trouvées possibles, par canal ou par chemin de fer, que l'on propose actuellement d'établir par la route de Tehuantepec ou de Panama... »

Trois jours après la signature du traité, le 22 avril, le Président le transmettait au Sénat. « L'objet du traité, — disait Taylor, dans le Message l'accompagnant, — est d'établir une alliance commerciale entre tous les grands États maritimes pour la protection d'un canal projeté à travers le territoire du Nicaragua pour réunir les océans Atlantique et Pacifique, et en même temps d'assurer une protection semblable aux chemins de fer ou canaux projetés par les routes de Tehuantepec et de Panama, aussi bien qu'à toute autre communication interocéanique qui pourrait être adoptée pour abréger la distance qui nous sépare de nos territoires du Pacifique..... Si ce traité est ratifié, il assurera dans l'avenir l'Amérique centrale contre toute espèce d'agression étrangère (1)..... » .

En réalité, Clayton n'avait pu obtenir tout ce qu'il désirait. Il avait assuré la neutralisation du canal, mais l'Angleterre n'avait pas renoncé à son protectorat sur les Mosquitos. En rendant compte à lord Palmerston de la signature du traité, et en lui expliquant quelques modifications de détail apportées au projet qu'il lui avait primitivement soumis, sir Henry Bulwer écrivait : « Dans l'état actuel de la question, il est nettement établi que le gouvernement de Sa Majesté conserve son opinion déjà exprimée relativement aux Mosquitos, et que les États-Unis n'abandonnent pas leur opinion, déjà exprimée aussi, sur le même sujet ; mais la question principale du canal étant réglée sur une base amicale, et les relations futures des États-Unis et de la Grande-Bretagne étant réglées dans toutes les autres parties de l'Amérique centrale, la discussion de ce différend, qui a perdu sa grande importance pratique, est évitée dans un arrangement auquel on veut donner autant que possible un caractère parfaitement amical. » (2) Si Clayton n'avait pas insisté sur une renonciation formelle de la part de l'Angleterre sur ce point, c'est sans doute parce qu'il trouvait que les engagements pris par celle-ci à l'égard du canal annulaient en fait les avantages qu'elle

(1) *Messages*, t. V, p. 42.
(2) Sir Henry L. Bulwer à lord Palmerston, 28 avril 1850, *Coll. correspondence*, p. 232.

avait espéré à l'origine tirer de son protectorat. Tel était, d'ailleurs, l'avis du négociateur anglais, qui écrivait à ce sujet : « Nous n'avons plus aucun intérêt à maintenir les Mosquitos où ils sont [à l'embouchure de la San Juan], ni à conserver notre protection sur eux dans cette localité » ; mais, comme la Grande-Bretagne ne pouvait « honorablement abandonner » les Indiens, sir Henry Bulwer suggérait à son chef la conclusion d'un arrangement qui permettrait d' « éloigner les Indiens du voisinage du canal, et supprimerait ainsi toute cause de conflit [avec les États-Unis] » (1).

Le traité rencontra au Sénat, ainsi que s'y attendait Clayton, une vive opposition. Il fut cependant ratifié par quarante-deux voix contre onze. Mais cette ratification ne fut obtenue que par suite d'une erreur d'interprétation du Sénat relativement aux termes du traité, erreur que Clayton, impatient de voir le traité ratifié, et la question délicate du futur canal résolue, ne fit rien pour dissiper. Convaincus de l'inanité des prétentions de l'Angleterre relativement au protectorat des Mosquitos et à l'occupation de San Juan, contre lesquelles le gouvernement américain avait protesté, les sénateurs, au moins une grande majorité d'entre eux, crurent que la Grande-Bretagne abandonnait toutes prétentions à ce sujet.

A la veille de l'échange des ratifications, Clayton se trouva en face d'une nouvelle difficulté. Le 29 juin, sir Henry Bulwer lui remit une Note par laquelle la Grande-Bretagne déclarait que « les engagements de cette convention [le traité du 19 avril] ne s'appliquaient pas à la colonie

______

(1) Cité par Henderson, *op. cit.*, p. 117.

de Sa Majesté à Honduras ou à ses dépendances » (1). Ces dépendances ne pouvaient être que les îles de la Baie et la Mosquitia. Clayton écrivit au Président du Comité des Affaires étrangères du Sénat, M. King, pour l'informer de la déclaration de sir Henry, mais dans sa communication, il omit les mots « ou à ses dépendances ». M. King répondit le même jour, 4 juillet, que « le Sénat comprenait parfaitement que le traité ne concernait pas le Honduras britannique », et il ajoutait : « Vous aurez soin de n'employer aucune expression qui semblerait reconnaître le droit de l'Angleterre à quelque partie [de l'État] du Honduras. » Au reçu de cette réponse, Clayton envoya de suite au ministre d'Angleterre une lettre, déjà préparée, par laquelle il reconnaissait que le traité ne s'appliquait pas à « la colonie britannique de Honduras (communément appelée Honduras britannique, pour la distinguer de l'État de Honduras), ni aux petites îles dans le voisinage de cette colonie, qui peuvent être connues comme ses dépendances... Mon intention est à présent, comme elle a été pendant la durée des négociations, de laisser le titre [de la Grande-Bretagne] à cette colonie et ses dépendances, sans le nier, l'affirmer ou le discuter de quelque manière, exactement tel qu'il était auparavant (2)... » Le même jour, les plénipotentiaires échangèrent les ratifications du traité (3). Quant au traité signé

(1) *Coll. correspondence*, p. 234.
(2) *Coll. correspondence*, p. 355.
(3) Clayton déposa la déclaration de sir Henry Bulwer dans les archives du secrétariat d'État, en y joignant le Memorandum suivant :
« La déclaration incluse a été reçue par moi de sir H. L. Bulwer, le 29 juin 1850. En réponse, je lui ai écrit ma Note du 4 juillet, reconnaissant que je comprenais que le Honduras britannique n'était pas compris dans le traité du 19 avril, mais en même temps déclinant soigneusement d'af-

par Squier avec le Nicaragua, et dont certaines parties se trouvaient en contradiction avec le traité Clayton Bulwer, le Sénat, d'accord avec l'administration, négligea de le discuter et il n'en fut plus question.

firmer ou de nier le titre anglais à leur colonie ou à ses prétendues dépendances. Après avoir signé une Note hier soir, je la remis à sir Henry et nous procédâmes de suite, sans autre action, à l'échange des ratifications dudit traité. Le consentement du Sénat à la déclaration n'était pas requis, et le traité fut ratifié tel qu'il avait été fait.

« John M. Clayton. »

Un post scriptum était annexé au Memorandum :

« Les droits d'aucun État de l'Amérique centrale n'ont été compromis ni par le traité ni par aucune partie de la négociation. » *Coll. correspondence*, p. 235.

III

Un an n'était pas écoulé depuis la signature du traité Clayton-Bulwer que se produisait le premier désaccord relatif à son interprétation.

L'*American Atlantic and Pacific ship-canal Company*, constituée pour la construction d'une voie de communication à travers l'isthme, avait reçu le 9 mars 1850 une charte d'incorporation de l'État de Nicaragua (1). Au mois d'avril 1851, elle fit avec cet État un nouvel arrangement, en vue de faciliter son entreprise. Le contrat de l'*American C°* fut scindé, et une nouvelle Société, *The accessory transit C°*, reçut une charte spéciale l'autorisant à établir une voie de transit au moyen de la navigation à vapeur, en utilisant la rivière San Juan et le lac Nicaragua (2). Cette route, qui était en correspondance avec des lignes de vapeurs partant de New-York et de San-Francisco, resta en activité pendant sept ou huit ans, et transporta des milliers de chercheurs d'or en Californie (3).

(1) *Coll. correspondence*, p. 213.
(2) *Coll. correspondence*, p. 235.
(3) *Canal Com.*, p. 235.

La Compagnie avait établi ses offices au sud de Greytown (l'ancienne San Juan), à Punta Arenas, où s'éleva bientôt une ville américaine. Un événement inattendu vint troubler ses opérations au début de 1851. Un navire de guerre anglais jeta l'ancre devant Greytown et y débarqua des marins. En même temps, le commandant avisait les autorités de Nicaragua que, par le traité du 19 avril 1850, les États-Unis avaient reconnu la souveraineté du roi des Mosquitos, protégé de l'Angleterre, et que celle-ci regardait les limites du Royaume mosquito comme s'étendant de la frontière méridionale du Honduras à la rivière San-Juan. Un grave incident amena bientôt des protestations de la part des États-Unis. En novembre 1851, un navire de l'*American C°*, le *Prométhée*, se préparait à quitter le port de Greytown, lorsqu'il fut saisi au nom du roi des Mosquitos pour le payement de certains droits de port que son commandant refusait d'acquitter, les déclarant exorbitants et illégaux. Le *Prométhée* ayant tenté de sortir, le navire anglais *Express* tira sur lui quelques coups de canon, et le commandant américain dut payer les droits exigés. La Compagnie se plaignit de cet outrage au gouvernement américain, et le secrétaire d'État, M. Webster, demanda des explications à l'Angleterre. Lord Granville, qui, dans l'intervalle de ces actes, avait succédé à lord Palmerston, désavoua l'acte de violence commis par l'*Express* (1). Mais la question ne pouvait être aussi promptement réglée : il importait aux États-Unis de faire définir expressément ce que le traité Clayton-Bulwer désignait par les « dépendances du Honduras bri-

____

(1) Wharton, *op. cit.*, t. III, p. 74.

tannique ». La question se compliquait d'un débat entre les États de Nicaragua et de Costa-Rica au sujet de leur frontière commune. Costa-Rica réclamait la rive droite de la San Juan, y compris Greytown et la petite ville de Punta-Arenas, prétentions que repoussait le Nicaragua, soutenu par les États-Unis.

Les gouvernements américain et anglais tentèrent de régler en même temps le différend existant entre eux à propos du protectorat Mosquito et cette querelle de frontières. Après avoir entendu les revendications du Nicaragua et de Costa-Rica, le secrétaire d'État, Daniel Webster, et le ministre d'Angleterre, Crampton, signèrent le 30 avril 1852 un arrangement pour « régler les affaires de l'Amérique centrale ». Cet accord fixait, en les réduisant, et en les reportant au nord de la rivière San Juan, les limites du territoire de Mosquito, et la ville de Greytown était restituée au Nicaragua, qui devait en faire un port libre (art. 1). Le Nicaragua devait laisser toute liberté aux Indiens mosquitos dans le territoire qui leur était réservé, mais ces derniers restaient libres de traiter à toute époque avec le Nicaragua pour s'incorporer à lui (art. 2). La frontière entre le Costa-Rica et le Nicaragua était à nouveau déterminée (art. 3). Enfin, les négociateurs profitaient de l'occasion pour régler un point laissé indéterminé dans le traité Clayton-Bulwer (art. 2) : ils fixaient (art. 5) à 25 milles nautiques la limite à laquelle s'étendrait en mer, à chacune de ses extrémités, le principe de la neutralisation appliqué au futur canal (1). Si cet accord avait pu être mis à exécution, il eût terminé toute contestation au

____

(1) *Coll. correspondence*, p. 238.

sujet du territoire des Mosquitos entre les États-Unis et l'Angleterre ; mais le Nicaragua refusa d'accéder au règlement de frontière proposé et, déçu de l'attitude des États-Unis, qu'il accusait de l'abandonner, il promulgua un décret protestant contre toute intervention étrangère dans ses affaires intérieures. Le traité projeté fut abandonné et la question de la Mosquitia demeura en suspens.

Au cours de 1852, des capitalistes anglais ayant annoncé l'intention de construire un chemin de fer interocéanique à travers le Honduras, l'attention de l'Angleterre fut appelée de nouveau sur les îles de la Baie, qui commandaient le point d'aboutissement de cette voie ferrée du côté de l'Atlantique. Le 17 juin 1852, le Foreign office annonça que les îles de Roatan, Bonacca, Brabant, Helma et Morant constitueraient une colonie sous le nom de « Colonie des îles de la Baie », et en août ces îles furent formellement occupées par des représentants de la Couronne (1). Cette action de la Grande-Bretagne provoqua une vive émotion aux États-Unis, où on y vit une nouvelle violation délibérée du traité Clayton-Bulwer. Lorsque le Congrès se réunit, en décembre 1852, le Sénat vota une résolution demandant qu'on lui communiquât les mesures prises par l'Exécutif, s'il y en avait eu, pour « empêcher la violation de l'article 1er du traité du 19 avril 1850 », et réclamant toute la correspondance relative aux empiétements de l'Angleterre dans l'Amérique centrale.

Le Président Fillmore envoya au Sénat, le 4 janvier 1853, les documents demandés (2). Parmi ceux-ci, figurait la correspondance échangée entre Clayton et sir Henri

(1) Henderson, *op. cit.*, p. 126.
(2) *Messages*, t. V, p. 183.

Bulwer, avant la conclusion du traité. Le Sénat et le pays connurent alors pour la première fois les réserves auxquelles avait consenti Clayton lors de la signature de ce traité. Une vive discussion eut lieu au Sénat, qui se termina par le vote d'une résolution déclarant que le titre de l'Angleterre sur Belize (ou Honduras britannique) était sans valeur, et que son occupation des îles de la Baie et la position à laquelle elle prétendait en Mosquitia violaient les termes du traité de 1850 et la doctrine de Monroë (1). Le nouveau Président, Franklin Pierce, qui succéda à Fillmore en 1853, se conformant aux vues du Sénat, qui traduisaient l'opinion générale du pays, engagea des négociations nouvelles avec l'Angleterre pour régler les questions relatives à l'Amérique centrale. Dans une lettre à Buchanan, alors ministre des États-Unis à Londres, le secrétaire d'État, Marcy, exposa l'opinion du gouvernement américain sur le traité de 1850 et la situation créée par les prétentions de l'Angleterre : « Le protectorat auquel prétend la Grande-Bretagne sur les Indiens mosquitos est une infraction à ses traités avec l'Espagne…, et l'autorité qu'elle exerce sur cette région sous le prétexte de ce protectorat est en opposition aux droits souverains de plusieurs États de l'Amérique centrale et contraire à l'esprit et à l'intention manifeste du traité du 19 avril 1850, avec les États-Unis. Bien que, ostensiblement, l'objet direct du traité Clayton-Bulwer fût de garantir le libre et commun usage du canal projeté à travers l'isthme de Darien, et d'assurer un usage semblable à toutes les nations par des traités mutuels conclus à cet effet, la convention

____

(1) Henderson, *op. cit.*, p. 127.

cherchait à accomplir d'autres objets non moins importants. La stipulation regardée comme la plus importante par les États-Unis est celle de l'abandon [par la Grande-Bretagne] de son protectorat prétendu sur les Indiens Mosquitos, et avec cela la disparition de tout prétexte d'intervention dans les arrangements territoriaux que les États-Unis de l'Amérique centrale peuvent vouloir faire entre eux. C'était l'intention, comme c'était évidemment l'importance du traité du 19 avril 1850, de mettre la Grande-Bretagne dans l'obligation de cesser ses interventions dans les affaires de l'Amérique centrale et de se confiner dans la jouissance de ses droits limités à Belize (1)... » Se basant sur ces idées, avec lesquelles il était, d'ailleurs, en complet accord, Buchanan remit à lord Clarendon, le 6 janvier 1854, un long Mémoire dans lequel il s'efforçait de prouver que l'Angleterre n'avait aucun droit sur les îles de la Baie et sur la côte des Mosquitos, que d'ailleurs elle avait abandonné toutes prétentions à cet égard par le traité de 1850, qui avait pour but principal l'application de la doctrine de Monroë, violée par la conduite des Anglais dans l'Amérique centrale (2). Lord Clarendon répondit en déclarant que le traité ne visait nullement une modification de l'état de choses existant au moment de sa conclusion, mais qu'il avait seulement en vue de mettre obstacle à toute tentative nouvelle de colonisation par l'une des puissances contractantes dans l'Amérique centrale. Il s'efforçait de prouver la légitimité des droits revendiqués par l'Angleterre et invoquait la lettre du 4 juil-

(1) M. Marcy à M. Buchanan, 2 juillet 1853 ; Wharton, *op. cit.*, t. III, p. 22.

(2) Wharton, *op. cit.*, t. III, p. 24-30.

let 1850 de Clayton à sir Henry Bulwer, comme une preuve que le traité s'appliquait au Honduras britannique et à ses dépendances. Quant à la doctrine de Monroë, le ministre des Affaires étrangères de la Grande-Bretagne refusait de l'accepter comme un principe de droit international (1). La réponse de Clarendon mit fin, pour quelque temps, à toute discussion sur ce sujet entre les deux gouvernements.

Nous avons vu que les États-Unis avaient demandé au Mexique, sans pouvoir l'obtenir, lors de la signature du traité qui mit fin à la guerre de 1848, la garantie du droit de passage à travers l'isthme de Tehuantepec, envisagé comme une route possible pour un canal ou un chemin de fer. En avril 1849, Clayton donna l'ordre au chargé d'affaires américain à Mexico de reprendre les négociations à ce sujet. Elles ne devaient aboutir qu'en 1853.

Une des causes du refus du Mexique en 1848 était le fait qu'il avait déjà accordé une concession à un citoyen mexicain, Don Jose de Garay, pour construire un chemin de fer à travers l'isthme. Sans se laisser décourager par l'échec de leur gouvernement, des capitalistes américains constituèrent une Société, — la *Tehuantepec Railway C°*, — dans le but d'acheter les droits de la concession de Garay et de continuer son œuvre. Ils y réussirent. Cet événement rendit les Etats-Unis plus ardents à obtenir du Mexique des garanties pour le transit. Le 25 janvier 1851, les deux gouvernements signèrent une convention pour « la protection d'une voie de transit à travers l'isthme de Tehuantepec. » Cette convention fut transmise au Sénat

(1) Lord Clarendon à M. Buchanan, 2 mai 1854, *Coll. correspondence*, p. 248.

américain (1); mais, avant que celui-ci eût pris aucune décision, le Congrès mexicain refusa de la ratifier (2). En mars 1853, un nouveau traité fut conclu à Mexico. Cette fois, ce fut le Président des Etats-Unis qui s'opposa à sa ratification, certaines de ses clauses violant le traité de 1850 avec l'Angleterre (3). Les deux gouvernements réussirent enfin à se mettre d'accord, et dans le traité du 30 décembre 1853 (4), qui effectuait un règlement de frontière au Sud de la Californie américaine, un article (art. 8) fut inséré sur le transit à travers l'isthme de Tehuantepec : « Le gouvernement mexicain ayant, le 5 février 1853, autorisé la prompte construction d'une voix ferrée à travers l'isthme de Tehuantepec, pour assurer les avantages permanents de ladite voie de transit aux personnes et marchandises des citoyens du Mexique et des Etats-Unis, il est stipulé qu'aucun de ces gouvernements ne mettra d'obstacle au transit des personnes et marchandises des deux nations ; et, à aucune époque, des droits plus élevés ne seront imposés sur le transit des personnes et des marchandises des citoyens des Etats-Unis, que ceux qui peuvent être imposés sur les personnes et la propriété d'autres nations étrangères ; ni aucun intérêt dans ladite voie de transit, ni dans ses revenus, ne sera transféré à un gouvernement étranger. Les Etats-Unis auront le droit de faire transporter par leur agents à travers l'isthme, dans des sacs fermés, les correspondances des Etats-Unis non

(1) Le 25 février 1852, *Messages*, t. V, p. 106.
(2) Message de Fillmore, 6 décembre 1852, *Messages*, t. V, p. 166,
(3) Message de Franklin Pierce, 14 mars 1854, *Messages*, t. V, p. 233.
(4) Transmis au Sénat par Pierce le 10 février 1854, *Messages*, t. V, p. 229. Par un Message du 20 juin, Pierce annonça au Sénat l'acceptation donnée par le Mexique à certains amendements réclamés par le Sénat, *Messages*, t. V, p. 241.

destinées à être distribuées le long de la voie de communication, ainsi que les effets du gouvernement des Etats-Unis et de ses citoyens, qui peuvent être destinés à transiter, et non à être distribués dans l'isthme, libres de droits de douane et autres charges imposées par le gouvernement mexicain. Ni passeports, ni lettres de sécurité ne seront requis des personnes traversant l'isthme et ne restant pas dans le pays. Quand la construction du chemin de fer sera achevée, le gouvernement mexicain s'engage à ouvrir un port d'entrée en plus du port de la Vera-Cruz, au terminus ou proche le terminus de ladite route sur le golfe du Mexique. Les deux gouvernements concluront des arrangements pour le prompt transit des troupes et munitions des Etats-Unis, que ce gouvernement peut avoir occasion d'envoyer d'une partie de son territoire à une autre, située sur les côtes opposées de ce continent. Le gouvernement mexicain ayant consenti à protéger de tout son pouvoir l'exécution, l'entretien et la sécurité de l'entreprise, les Etats-Unis peuvent étendre leur protection comme ils le jugeront convenable à cette œuvre, quand ils se sentiront approuvés et autorisés par la loi publique ou internationale ». Ce traité est encore en vigueur.

En 1856, des difficultés s'élevèrent entre les Etats-Unis et la Nouvelle-Grenade (ou Colombie) relativement au traité du 12 décembre 1846. L'insécurité du pays, presque constamment en révolution, amenait des interruptions fréquentes du trafic du chemin de fer. De plus, le gouvernement grenadin prétendit exiger des Etats-Unis le payement de droits élevés pour les correspondances américaines traversant l'isthme, et des droits de tonnage pour les navires américains entrant dans les ports d'Aspinwall et de Panama. Les Etats-Unis, invoquant le traité de 1846, refusèrent de se soumettre à ces exigences (1), et, pour mettre fin à cet état de choses, le secrétaire d'Etat, M. Marcy, proposa à la Nouvelle-Grenade de conclure une nouvelle convention (2). Les villes de Colon et d'Aspinwall, tout en restant sous la souveraineté de la Colombie, constitueraient des municipalités indépendantes, possédant une force de police, qui pourrait, à la demande du consul américain, être employée pour assurer la liberté du trafic à travers l'isthme ; en outre, le droit pour les Etats-Unis d'employer dans le même but leurs forces navales et militaires était expressément stipulé. Ils ne prétendaient cependant pas à une jouissance exclusive de la route ou du futur canal, et ils s'engageaient à demander aux autres puissances de garantir la neutralité de l'isthme conjointement avec eux. La partie la plus importante du traité était celle relative à la cession aux Etats-Unis, en toute souveraineté, de l'île de Tabago et des autres îles situées dans le port de Panama. Cette demande ne leur paraissait pas en contradiction avec le traité Clayton-Bulwer, ce traité ne s'appliquant, suivant l'interprétation anglaise même, « qu'aux Etats qui avaient été unis à une époque sous le nom de République centrale américaine et existent à présent comme cinq Républiques séparées » (3), c'est-à-dire les Etats de Guatemala, San Salvador, Honduras, Nicaragua et Costa-Rica. Cependant,

(1) M. Marcy à M. Bowlin, 3 juillet et 31 décembre 1856, Wharton, *op. cit.*, t. II p. 98 et suiv.

(2) M. Marcy à MM. Morse et Bowlin, 3 décembre 1856, *Coll. correspondence*, p. 21.

(3) Déclaration de lord Clarendon à M. Buchanan, 2 mars 1854, *Coll. correspondence*, p. 248.

si cette annexion n'était pas contraire à la lettre du traité de 1850, elle était assurément opposée à son esprit, puisqu'elle eût donné aux Etats-Unis une prédominance incontestable au terminus d'une des routes les plus importantes pour les communications interocéaniques. La Nouvelle-Grenade, ayant refusé d'écouter les propositions américaines, malgré le prix dont les Etats-Unis offraient de payer ces concessions nouvelles, le projet de Marcy n'eut pas de suite.

L'état d'insécurité de la Colombie ne constituait pas une exception dans l'Amérique centrale. Dans le courant de l'été de 1854 des troubles se produisirent au Nicaragua entre les représentants de la Compagnie américaine de transit et les autorités de Greytown. Une foule anglo-mosquito attaqua la maison du consul américain. Le gouvernement des Etats-Unis envoya un navire de guerre dans le port, et les autorités ayant refusé de faire les excuses exigées, la ville fut bombardée, en présence d'un petit vaisseau anglais, dont le commandant ne crut pas devoir protester. Peu de temps après, l'expédition de Walker dans le Nicaragua, que le flibustier américain se proposait de conquérir, souleva les appréhensions de la Grande-Bretagne au sujet de la conduite des Etats-Unis. Ces événements, qui aggravaient la mésintelligence entre les deux pays, rendaient désirable un règlement des différends existant entre eux relativement aux questions de l'Amérique centrale. Dallas, qui avait succédé à Buchanan, à Londres, en avril 1856, fut chargé de tenter de nouveau d'amener l'Angleterre à accepter l'interprétation américaine du traité de 1850. Le 17 octobre, un nouvel accord dans ce but était conclu entre Dallas et Clarendon. Il rappelait beaucoup le traité de 1852, entre Crampton et Webster : le port de Greytown devait être organisé en ville libre, sous la souveraineté nominale du Nicaragua ; une réserve était délimitée pour les Indiens mosquitos, sur lesquels l'Angleterre cessait de prétendre à tout protectorat ; les limites de la colonie de Belize devaient être fixées à nouveau, et les îles de la Baie rendues par l'Angleterre au Honduras. Le traité fut transmis au Sénat américain le 10 décembre (1). Ce corps refusa de l'accepter tel qu'il lui était présenté, et il ne donna son autorisation à la ratification que sous réserve d'un certain nombre d'amendements. L'Angleterre les accepta, à l'exception de celui relatif aux îles de la Baie. Par un traité conclu en août 1856 avec le Honduras, l'Angleterre avait consenti à rendre ces îles à cet Etat, à la condition que les îles, bien que sous la souveraineté du Honduras, constitueraient un territoire libre, se taxeraient et se gouverneraient à leur gré. La convention Dallas-Clarendon sanctionnait ce traité. Le Sénat s'y refusa, trouvant que ce faisant, les Etats-Unis reconnaîtraient un protectorat indéfini de la Grande-Bretagne sur les îles. De son côté, le gouvernement anglais ne voulut pas consentir à la rétrocession pure et simple des îles de la Baie au Honduras : il se regardait engagé à assurer l'avenir des sujets anglais qui, comptant sur la protection de la métropole, s'étaient établis dans cette colonie. Il soumit un nouveau projet de traité aux Etats-Unis, mais le secrétaire d'Etat, M. Cass, qui avait succédé à M. Marcy, jugea que ce projet ne répondait pas aux exigences du Sénat, et, sur l'ordre de Buchanan, devenu Président le

____

(1) *Messages*, t. V, p. 418.

4 mars 1857, toute discussion sur ce sujet fut de nouveau interrompue (1).

Embarrassée à ce moment par la révolte des Indes, l'Angleterre, cependant, ne voulait pas voir une rupture avec les Etats-Unis se produire au sujet de cette question. Elle avait prouvé lors des négociations de 1852 et de 1856, en consentant à l'abandon de son protectorat sur les Mosquitos, son désir de rester en bons termes avec eux. Sans l'intransigeance des Etats-Unis, l'accord aurait déjà été réglé. Le gouvernement anglais se proposa alors d'atteindre d'une manière indirecte l'objet que les susceptibilités américaines empêchaient de réaliser directement. Le 19 octobre, dans une entrevue avec le Président, le ministre d'Angleterre, lord Napier, lui déclara que « depuis l'échec des dernières ouvertures faites à la suite de la non-ratification du traité de 1856, le gouvernement de S. M. avait considéré les divers moyens d'action qui s'offraient à son choix et... qu'il avait résolu d'envoyer un représentant expérimenté et autorisé dans l'Amérique centrale, avec la mission d'arriver à un règlement définitif de toutes les questions sur lesquelles les Etats-Unis et l'Angleterre différaient encore ». Sir William Ouseley, le plénipotentiaire choisi, devait accomplir ce qui avait été le but du traité non ratifié de 1852 : réaliser la cession des îles de la Baie au Honduras, la substitution de la souveraineté du Nicaragua au protectorat de l'Angleterre sur les Mosquitos, et fixer les frontières de Belize. « C'était, — dit lord Napier, — l'intention du gouvernement de S. M. d'exécuter le traité Clayton-Bulwer d'accord avec l'interprétation géné-

____

(1) Général Cass à lord Napier, 29 mai 1857, *Coll. correspondence*, p. 256.

rale que lui donnaient les Etats-Unis, mais il le ferait au moyen de négociations séparées avec les Etats de l'Amérique centrale au lieu de le faire par un engagement direct avec le gouvernement fédéral » (1). Le 30 novembre, lord Napier communiqua au secrétaire d'Etat les instructions données par son gouvernement à sir William Ouseley (2).

Dans son Message du 8 décembre 1857, Buchanan rendit compte au Congrès de l'échec du traité Dallas-Clarendon. Il termina cet exposé en déclarant qu'il eût été sans doute plus sage, dès que l'on s'était aperçu de l'interprétation qu'entendaient donner au traité de 1850 les parties contractantes, de dénoncer ce traité d'un commun accord et de commencer à nouveau d'autres négociations. On eût ainsi épargné beaucoup de temps. Il ajoutait cependant que « bien qu'ayant de pareils sentiments il ne refuserait pas de contribuer à tout règlement raisonnable des questions relatives à l'Amérique centrale, qui ne serait pas en contradiction avec l'interprétation américaine du traité », et il annonçait les communications qui lui avaient été faites à ce sujet par le gouvernement anglais (3).

Tandis que la situation avec l'Angleterre restait ainsi en suspens, le gouvernement américain négociait avec le Nicaragua un traité relatif au futur canal, sur des bases analogues à celui conclu avec la Colombie onze ans plus tôt. Le 16 novembre 1857, le traité Cass-Yrissari, ainsi appelé du nom des négociateurs, était signé à Washington (4). Le Nicaragua accordait aux États-Unis le « droit

(1) Lord Napier à lord Clarendon, 22 octobre 1857, *Coll. correspondence*, p. 261.
(2) Lord Napier au général Cass, 30 novembre 1857, *ibid.*, p. 272.
(3) *Messages*, t. V, p. 442.
(4) V. le texte du traité, dans *Coll. correspondence*, pp. 104-109.

de transit entre les océans Atlantique et Pacifique à travers les territoires de cette République sur toute route de communication, naturelle ou artificielle, par terre ou par eau....., la République de Nicaragua, cependant, réservant ses droits de souveraineté sur ladite route » (art. 14). Par contre, les États-Unis s'engageaient à « étendre leur protection à toutes les routes de communication précédemment désignées et à en garantir la neutralité », et à « employer leur influence sur les autres nations pour les amener à garantir une pareille neutralité et protection » (art. 15). Il était en outre stipulé que, dans le cas où le Nicaragua se trouverait incapable d'assurer le libre transit sur cette route, les États-Unis, « après avoir avisé ce gouvernement, ou son ministre aux États-Unis, pourraient employer des forces militaires dans ce but » (art. 16). Ce traité, qui était d'accord avec les principes du traité Clayton-Bulwer, ne fut jamais présenté au Sénat, le gouvernement de Nicaragua ayant refusé de le ratifier. Son objection principale paraît avoir été la clause autorisant « les États-Unis à employer la force pour maintenir la route ouverte au cas où le Nicaragua ne pourrait remplir son devoir à cet égard » (1).

Le gouvernement anglais, en avisant les États-Unis de la mission donnée à sir William Ouseley, leur avait proposé de soumettre, s'ils le désiraient, les points controversés du traité de 1850 à l'arbitrage d'une puissance européenne. Il avait également déclaré qu'il ne repousserait pas des ouvertures en vue de l'abrogation d'un commun accord de ce traité. Ces propositions donnèrent

----

(1) Message de Buchanan, décembre 1858, *Messages*, t. V, p. 516.

lieu à une correspondance diplomatique au cours de l'année 1858. Le gouvernement américain ne voulut pas y donner suite. Il refusait d'accepter l'arbitrage d'une nation européenne ; quant à l'abrogation du traité, Buchanan reconnut que les idées américaines sur ce point n'étaient pas sans danger, l'Angleterre prétendant, avec raison, que cet acte aurait pour résultat de remettre les choses au point où elles étaient antérieurement au 19 avril 1850. Les États-Unis ne pouvaient donc que souhaiter la réussite de la mission de sir William Ouseley. C'est ce que déclara M. Cass à lord Napier, dans une lettre du 8 novembre 1858, qui mit fin à cette correspondance (1).

Le plénipotentiaire anglais réussit à conclure trois traités : avec le Guatémala, 30 avril 1859 ; le Honduras, 28 novembre 1859 ; et enfin avec le Nicaragua, 28 janvier 1860 (2). Le premier traité déterminait les frontières du Honduras britannique. Par le second, l'Angleterre rétrocédait au Honduras les îles de la Baie, à la condition que celles-ci ne seraient jamais remises à une autre nation, et elle abandonnait ses prétentions sur les rivages du Honduras occupés par les Mosquitos, stipulant seulement que cet État payerait aux Indiens, pendant dix ans, une indemnité annuelle de 5.000 dollars. Par le traité avec le Nicaragua, l'Angleterre renonçait à son protectorat sur les Mosquitos, mais une réserve territoriale était délimitée, dans laquelle ceux-ci devaient jouir d'un gouvernement autonome ; ils pouvaient d'ailleurs en tout temps demander leur incorporation totale au Nicara-

(1) *Coll. correspondence*, pp. 285-293.
(2) Les textes de ces traités sont donnés dans la *Coll. correspondence*, pp. 294-302.

gua. Cet État devait en outre payer aux Indiens, pendant dix ans, une annuité de 5.000 dollars ; en cas de négligence de sa part à remplir cette condition, l'Angleterre se réservait d'intervenir au nom de ses anciens protégés. Quant à la ville de Greytown, elle devait constituer un port libre, sous la souveraineté du Nicaragua.

Ces traités reproduisaient, en somme, les clauses principales du traité de 1850 : l'Angleterre avait donné satisfaction aux États-Unis. C'est ce que reconnut le Président Buchanan dans son Message du 3 décembre 1860 : « Nos relations avec la Grande-Bretagne, — disait-il, — sont des plus amicales. Depuis le commencement de mon administration les deux questions dangereuses nées du traité Clayton-Bulwer et du droit de visite revendiqué par le gouvernement britannique ont été amicalement et honorablement réglées. Les interprétations discordantes du traité Clayton-Bulwer entre les deux gouvernements, qui, à différentes périodes de la discussion, avaient pris un aspect menaçant, sont réglées par un accord final complètement satisfaisant pour ce gouvernement » (1). Le pays tout entier acquiesça à l'opinion du Président. La controverse avec l'Angleterre au sujet du futur canal interocéanique fut de bonne foi considérée comme terminée. Aussi bien, les États-Unis avaient obtenu ce qu'ils voulaient : la neutralité du canal était assurée, et la Grande-Bretagne renonçait à se créer dans l'Amérique centrale une situation privilégiée. Le pays et les hommes politiques se félicitaient d'un traité qui empêchait l'Angleterre d'utiliser l'avantage que lui donnait sa puissante force

(1) *Messages*, t. V, p. 639.

navale pour exercer une domination exclusive sur le futur canal, dont la liberté de navigation en tout temps était si importante pour les États-Unis, et qui mettait fin à toute expansion britannique dans l'isthme américain.

La guerre de Sécession mit à une dure épreuve la diplomatie américaine. Elle éprouva les plus grandes difficultés à faire retarder la mise à exécution par la Grande-Bretagne et la France de leur projet de reconnaissance de la Confédération, jusqu'au moment où les victoires de l'Union vinrent changer la face des choses. Pendant cette période difficile, le gouvernement fédéral se vit demander son aide par la Colombie, le 26 juin 1862, en vertu du traité de 1846, pour chasser de l'isthme de Panama une bande de révolutionnaires. Les États-Unis donnèrent l'ordre à leur commandant naval à Panama de protéger la sûreté du chemin de fer ; mais, ce secours étant insuffisant, la Colombie réclama l'envoi de troupes américaines dans l'isthme. Le secrétaire d'État, William H. Seward, n'était pas sans inquiétude sur le résultat d'une semblable action pour les rapports du gouvernement américain avec la Grande-Bretagne et la France. Avant de répondre à la Colombie, il résolut de s'entendre avec ces puissances. Il leur déclara que les États-Unis n'agiraient dans cette question que d'accord avec elles, et leur demanda si elles voudraient se joindre au gouvernement américain pour assurer la sécurité du transit, et quelle forme l'entente, si elle avait lieu, devrait revêtir. Aucune des puissances consultées ne désirait intervenir. Elles répondirent qu'elles ne voyaient dans la situation actuelle aucun motif d'intervention immédiate : des révolutionnaires opposés au gouvernement grenadin occupaient l'isthme, mais ce n'était point chose extraordinaire dans l'Amérique centrale qu'un conflit de ce genre, et, en fait, le fonctionnement du chemin de fer n'était pas arrêté. L'Angleterre promit, au cas où le transit serait interrompu, de coopérer avec les États-Unis (1). Ces réponses mirent fin à l'incident et Lincoln refusa à la Colombie les troupes qu'elle réclamait, et qu'il lui était impossible, sans de graves inconvénients, de lui envoyer.

Le 4 juillet 1864, les États-Unis signèrent un traité d'amitié, de commerce et de navigation avec le Honduras. Prévoyant la possibilité de l'ouverture d'une voie de communication à travers le territoire de cet État, qui avait déjà accordé une concession pour l'établissement d'un chemin de fer trans-océanique, les États-Unis se firent accorder le droit de transit à travers l'isthme, et la jouissance de tous les avantages qui pourraient être concédés dans l'avenir sur ces voies de communications à des puissances étrangères. En échange, ils garantissaient la neutralité de ces voies et s'engageaient à les protéger, conjointement avec le Honduras, contre toute interruption, saisie, ou injuste confiscation (art. 14).

Les États-Unis avaient déjà conclu par trois fois avec le Nicaragua des traités dans le même but. Aucun n'avait été ratifié. Une nouvelle convention signée le 21 juin 1867 eut un sort plus heureux, les négociateurs, A. B. Dickinson pour les États-Unis, et Thomas Ayon pour le Nicaragua, ayant eu la prudence de rester dans les limites du traité Clayton-Bulwer. Le traité Dickinson-Ayon, qui est un traité général d'amitié, de commerce et de navigation,

____

(1) *Coll. correspondence*, pp. 6-8.

est encore en vigueur. Les articles 14, 15, 16 et 17 sont relatifs au transit entre les deux océans. Le droit de transit « à travers le territoire de la République, sur toute voie de communication, naturelle ou artificielle, par terre ou par eau, qui peut actuellement ou pourra dans l'avenir exister ou être construite sous l'autorité du Nicaragua », est accordé aux États-Unis et à leurs citoyens pour être utilisé et en jouir « de la même manière et dans des conditions égales par les deux Républiques et leurs citoyens respectifs ; la République de Nicaragua, cependant, réservant sur ces routes ses droits de souveraineté » (art. 14). Les États-Unis consentaient à étendre leur protection à ces routes, à garantir leur neutralité et à « employer leur influence avec d'autres nations pour les amener à garantir une pareille neutralité et protection » (art. 15), et, pour exercer cette garantie, ils se réservaient le droit, dans le cas où les forces du Nicaragua ne seraient pas suffisantes pour assurer la liberté du transit, d'employer « avec le consentement ou à la requête du gouvernement du Nicaragua, ou du ministre de ce gouvernement à Washington, ou des autorités locales, civiles ou militaires, légalement nommées, la force dans ce but » (art. 16).

Jusqu'alors, l'attention des Américains avait été tournée principalement vers la route du Nicaragua. Après 1860, un revirement se produisit sous l'influence d'un jeune officier de marine, Daniel Ammen, plus tard amiral, en faveur de la voie de Panama. L'état politique instable de la Colombie fit désirer à Seward la conclusion d'un traité qui assurerait aux États-Unis, dans le cas où un canal serait construit sur le territoire de cet État, des droits plus étendus que le simple droit d'intervention qui leur était reconnu par le traité de 1846. Des négociations furent entreprises dans ce but, et, le 14 janvier 1869, le ministre d'Amérique, Peter J. Sullivan, signait une nouvelle convention avec les plénipotentiaires colombiens (1). La Colombie donnait aux États-Unis le droit de construire le canal et leur concédait dans ce but l'étendue de terrain nécessaire (art. 1 et 2) ; elle s'engageait en outre à « n'entreprendre où à ne permettre l'ouverture d'aucun autre canal interocéanique ou d'aucun autre nouveau chemin de fer à travers son territoire, de l'Atlantique au Pacifique, sans avoir obtenu au préalable le consentement formel des États-Unis » (art. 3.) La Colombie conservait « sa souveraineté politique et sa juridiction sur le canal et le territoire concédé », mais elle garantissait aux États-Unis « la jouissance pacifique, la domination (control), la direction et l'exploitation du canal » (art. 8), et ceux-ci avaient le droit d'employer leurs forces militaires ou navales pour la protection ou la défense du canal (art. 11). Les États-Unis ne devaient cependant pas se prévaloir de ces larges concessions pour se créer une situation privilégiée : le principe de la neutralité était conservé. Le tarif des péages et droits sur le canal devait être établi sur une base de « parfaite égalité pour toutes les nations, en temps de paix, comme en temps de guerre » (art. 7.) Les États-Unis avaient le droit « d'employer le canal pour le passage des troupes, munitions et navires de guerre en temps de paix », mais l'entrée du canal devait être rigoureusement « fermée aux troupes des nations qui sont en guerre avec une ou plusieurs

____

(1) Le texte en est donné dans la *Coll. correspondence*, p. 36.

autres nations, y compris leurs vaisseaux et munitions de
guerre (art. 9). » Enfin, les parties contractantes s'engageaient à employer leurs efforts mutuels pour « procurer
la garantie de toutes les autres nations en faveur des
stipulations de neutralité mentionnées dans les articles 7
et 9, aussi bien que la souveraineté des États-Unis de
Colombie sur le territoire de l'isthme de Panama et Darien » (art. 18). Les privilèges de construction et d'exploitation concédés aux États-Unis devaient avoir une durée
de cent ans (art. 12) ; les obligations politiques consenties devaient être perpétuelles (art. 13).

Des raisons de parti firent rejeter sommairement ce
traité, sans discussion, par le Sénat colombien (1). Il ne
fut pas plus heureux devant le Sénat américain.

(1) M. S. A. Hurlbut à M. Fich, 29 novembre 1869, *Coll. correspondence*, p. 49.

IV

Un nouvel état d'esprit se manifestait depuis la fin de la
guerre de Sécession, sinon encore dans la population, du
moins chez la plupart des hommes d'État américains, à
l'égard de la question du canal interocéanique. Jusqu'à
cette époque, le but poursuivi par la diplomatie américaine
avait été de faire garantir par toutes les grandes puissances
la neutralité du futur canal, et elle avait obtenu l'adhésion
de la Grande-Bretagne à cette politique. Le canal devait
assurément profiter aux États-Unis plus qu'à toute autre
nation, mais cette utilité même leur faisait envisager avec
crainte la situation où ils seraient placés dans le cas
d'une guerre avec une grande puissance maritime, qui se
rendrait aisément maîtresse des débouchés du canal. Les
États-Unis se sentant encore trop faibles pour pouvoir dis-
puter un semblable avantage à l'Angleterre ou à la France
cherchaient, tout simplement, à les en priver, en leur liant
les mains, et pour ce faire, ils invoquaient très haut le
caractère international de l'œuvre projetée. Mais ils sor-
tirent transformés de la guerre de Sécession. Le triomphe

de l'Union leur donna une assurance nouvelle, et l'intervention française au Mexique, à laquelle la victoire du gouvernement fédéral leur permit de mettre fin, leur rendit suspecte plus que jamais toute entente avec les nations européennes. C'est à cette époque que prit naissance l'idée, qui devait se développer quelques années plus tard, de faire du canal interocéanique un canal purement américain.

En 1866, Seward, alors secrétaire d'État, préoccupé d'acquérir les stations navales rendues nécessaires par l'application de la vapeur à la navigation maritime, afin d'offrir à la marine de commerce, aussi bien qu'à la marine de guerre, des ports de refuge où elle pût faire en tout temps son charbon avec sécurité, déclarait que cette nécessité n'était nulle part, « plus sensible que sur la route entre Panama et San-Francisco (1). » Pour obvier à cet inconvénient, il eût désiré annexer l'île de Tigre, où M. Squier avait obtenu en 1849, du Honduras, le droit pour les États-Unis d'acquérir les terrains nécessaires pour y établir une station navale. Il donna l'ordre au ministre américain à Londres de sonder sur cette question le gouvernement anglais. Sans doute, Seward n'oubliait pas la renonciation faite par les États-Unis dans le traité de 1850, du droit d'acquérir des territoires dans l'Amérique centrale. Mais il se demandait si l'on ne pouvait considérer ce traité comme caduc, la cause principale qui l'avait motivé n'ayant pas été réalisée : « A l'époque où le traité a été conclu, il y avait toute raison de croire que cette œuvre [le canal interocéanique] non seulement serait prochainement entreprise, mais encore qu'elle pouvait

____

(1) Seward à M. Adams, 25 avril 1866, *Coll. correspondence*, p. 14.

être heureusement achevée. Cependant... elle n'a jamais été même commencée, et à présent il ne paraît pas vraisemblable de la voir entreprendre. On peut se demander, par suite, en supposant que le canal soit jamais commencé, si les clauses de renonciation du traité doivent être perpétuelles. » Charles Francis Adams n'eut qu'une conversation très vague sur ce sujet avec lord Clarendon, dans laquelle la question fondamentale ne fut même pas abordée. L'hostilité montrée par le Sénat aux projets d'acquisitions territoriales de Seward coupa court à son projet d'annexion de l'île de Tigre.

L'idée se répandait cependant que les États-Unis devaient jouir à l'égard du futur canal d'avantages particuliers. La proximité où il serait de leur territoire, le fait qu'il servirait de lien entre leurs états de l'Atlantique et du Pacifique, leur faisait désirer y occuper une situation privilégiée : les nations européennes leur paraissaient mal venues à revendiquer l'égalité des droits avec eux sur une voie de communication qu'ils tendaient à regarder maintenant bien plus comme une voie américaine, que comme un chemin international. Les traités Dickinson-Ayon et Sullivan furent la dernière manifestation de l'ancienne politique. A partir de 1870, l'opinion publique aux États-Unis se montra de plus en plus hostile à l'idée d'une garantie internationale. Il fallut trente années et les résultats de la guerre contre l'Espagne, pour que la diplomatie de l'Union réussît à imposer à l'Angleterre une solution purement américaine de la question du canal.

Le général Grant, devenu Président le 4 mars 1869, était un des partisans les plus convaincus des nouvelles idées. Il n'avait aucun doute sur la possibilité d'effectuer l'œuvre gigantesque du percement de l'isthme, mais il craignait que les États-Unis fussent devancés dans cette entreprise par l'Europe, et il regardait « comme une grande importance politique pour eux qu'aucun gouvernement européen ne possédât le canal. » Il voulait « un canal américain, sur le sol américain, appartenant au peuple américain ». Il confia au général Hurlbut le soin de conclure avec la Colombie une convention conforme à ces vues. Le gouvernement colombien se montra mieux disposé qu'on aurait pu s'y attendre, et le 26 janvier 1870 une nouvelle convention était signée, dont le plénipotentiaire américain pouvait se montrer satisfait, bien qu'elle ne remplît pas entièrement les vues radicales du Président (1). Les clauses relatives à la construction et à l'exploitation du canal étaient à peu près analogues à celles du traité Sullivan. Le principe de la neutralité était encore maintenu, et les contractants s'engageaient à demander l'adhésion des autres puissances à ce principe (art. 25), mais son application comportait des restrictions importantes. Les deux parties se réservaient le droit de faire passer leurs navires de guerre, troupes et munitions de guerre à travers le canal, en tout temps, francs de toutes charges, impôts ou droits, tandis que le canal devait être fermé « à toutes les nations en guerre contre l'une ou l'autre des parties contractantes » et aucunes troupes armées ne devaient être autorisées à franchir le canal, sauf celles des États-Unis de Colombie, et les navires de guerre des nations en paix avec les deux pays signataires. « A part ces exceptions, le canal devait être

____

(1) Le texte en est donné dans la *Coll. correspondence*, p. 40.

ouvert à toutes les nations et à toute espèce d'affaires légitimes sans distinction » (art. 11). Le Sénat colombien se prêta moins aisément que son gouvernement aux désirs des États-Unis, et il ne ratifia le traité que sous réserve d'amendements qui rétablissaient dans son intégralité le principe de la neutralité du canal. Mais le Sénat américain refusa d'autoriser la ratification de la convention ainsi amendée. Le traité de 1846 resta donc en vigueur. Si le traité Hurlbut avait été ratifié, il eût certainement soulevé de la part de l'Angleterre des réclamations basées sur le traité de 1850. Cette puissance, d'ailleurs, ne resta pas inactive, et c'est aux manœuvres de sa diplomatie que le général Hurlbut attribuait l'échec de la convention initiale devant le Sénat de Colombie (1).

Le Président Grant fut soutenu dans son intérêt pour l'entreprise du canal interocéanique par le Congrès. En réponse à un Message de décembre 1869, celui-ci vota une résolution conjointe demandant l'envoi dans l'isthme de missions d'études composées d'officiers de marine. En mars 1872, une nouvelle résolution fut adoptée décidant la nomination d'une Commission chargée d'étudier les résultats des explorations déjà faites et de se procurer tous les renseignements possibles concernant la construction d'un canal à travers l'isthme américain (2). La « Commission du canal interocéanique » remit son rapport en février 1876. Contrairement aux idées de l'amiral Ammen, elle concluait en faveur de la route de Nicaragua (3). L'administration entama alors des négociations avec le Nicara-

---

(1) M. S. A. Hurlbut à M. Fish, 17 avril 1870, *Coll. correspondence*, p. 58.
(2) *Canal Com.*, p. 52.
(3) *Canal Com.*, p. 55.

gua pour modifier le traité de 1867, regardé comme insuffisant : mais, averti sans doute par son échec avec la
Colombie, Grant abandonna l'idée d'exclusivisme qui avait
présidé à la confection du traité Hurlbut. Le principe de
la neutralisation du canal, base du traité de 1850, était
adopté : toute puissance accédant à la convention devait
jouir en temps de guerre comme en temps de paix du droit
de transit à travers le canal et du bénéfice des eaux
neutres à ses extrémités, pour tous les navires ayant
le droit d'arborer leur pavillon (1). Les États-Unis, dans
leur désir de voir l'entreprise promptement commencée,
renonçaient à toute idée de privilège. « En favorisant
cette œuvre, — écrivait à ce sujet M. Fish, — le Président
n'a en vue que son succès. Il est convaincu que celui-ci ne
peut être obtenu sans une garantie de neutralité donnée
par les principales puissances maritimes, et par des concessions du Nicaragua suffisantes pour tenter la cupidité
et inspirer la confiance des capitaux (2) ». Le Nicaragua
refusa de donner les concessions jugées nécessaires par
les États-Unis ; son gouvernement aspirait à vendre
le plus cher possible les faveurs qu'on lui demandait, et les
négociations furent arrêtées.

Tandis que les États-Unis essayaient de faire aboutir le
projet du canal par la route du Nicaragua, un groupe de
Français entreprenants jetaient leur dévolu sur la voie de
Panama. En mai 1876, M. L. N. B. Wyse, représentant la
Compagnie provisoire constituée dans ce but, obtenait de
la Colombie une concession pour l'établissement d'un canal
interocéanique sur son territoire. Trois ans après, un Con-

(1) Texte, *Coll. correspondence*, p. 146.
(2) M. Fish à M. Cardenas, 16 février 1877; *Coll. correspondence*, p. 143.

grès international scientifique réuni à Paris discutait la valeur des principales routes susceptibles d'être adoptées et donnait son adhésion au projet du canal à niveau par la voie de Panama, présenté par M. de Lesseps. La présence de ce dernier à la tête de l'entreprise paraissait à tout le monde une garantie de succès.

Les Américains virent avec dépit leur échapper la réalisation d'une œuvre qu'ils s'habituaient de plus en plus à regarder comme devant leur appartenir. Les hommes politiques montrèrent les dangers possibles de la possession d'une pareille voie de transit par une société non américaine, et le public même fut soulevé par le bruit qui courut des tentatives faites par M. de Lesseps pour réaliser une entente européenne en vue de garantir et de défendre la neutralité du futur canal. La doctrine de Monroë fut remise en avant : on discuta vivement au Congrès sur la nécessité de s'opposer à ce que les puissances européennes s'emparassent d'une situation aussi importante pour l'hémisphère occidental. On oubliait que le gouvernement américain avait dû, tout récemment encore, reconnaître l'impossibilité de se passer d'un accord international garantissant la neutralité du canal, si on voulait voir réaliser cette entreprise. Au commencement de 1880, le Sénat et la Chambre votèrent des résolutions demandant la communication de la correspondance et de tous les projets de traités relatifs au canal, afin d'étudier la question. La majorité du Congrès était dominée par l'idée que la route interocéanique projetée devait être, pour la sécurité des États-Unis, placé virtuellement sous leur protection. Le 8 mars, le Président transmit au Congrès un rapport du secrétaire d'État sur la question du canal, ainsi que les documents demandés. Dans son Message, le Président, R. B. Hayes, disait : « La politique de ce pays est un canal sous la domination américaine. Les Etats-Unis ne peuvent consentir à l'abandon de cette domination soit à une puissance européenne, soit à une alliance d'un certain nombre de puissances européennes. Si des traités existent entre les États-Unis et d'autres nations, ou si les droits de souveraineté et de propriété d'autres nations entravent cette politique, des mesures convenables doivent être prises, par de justes et libérales négociations, pour réaliser la politique américaine sur ce sujet, d'une manière compatible avec les droits des nations qu'elle doit affecter..... Un canal interocéanique à travers l'isthme américain modifiera essentiellement les relations géographiques entre les côtes Atlantique et Pacifique des États-Unis et le reste du monde. Ce sera la grande voie maritime entre nos rivages de l'Atlantique et du Pacifique, et il formera virtuellement une partie de la frontière maritime des États-Unis. Notre intérêt commercial seul dans le canal est plus grand que celui de tous les autres pays, tandis que ses rapports avec notre puissance et avec notre prospérité en tant que nation, avec nos moyens de défense, notre unité, notre paix et notre sécurité sont des questions d'un intérêt supérieur pour le peuple des États-Unis. Aucune autre grande puissance, dans des circonstances semblables, ne manquerait d'affirmer une domination légitime sur une entreprise affectant aussi étroitement et aussi vitalement ses intérêts et son bien-être (1). »

La politique du Président reçut l'adhésion du Congrès.

____

(1) *Messages*, t. VII, p. 585.

Le Sénat adopta une résolution déclarant que l'ouverture d'aucun canal ne serait permise, à moins que le canal ne fût pratiquement sous la domination des États-Unis. Mais comme cette politique se heurtait au traité Clayton-Bulwer, il s'agissait, avant tout, de se délier vis-à-vis de l'Angleterre. Dans ce but, les deux Chambres votèrent, le 16 avril 1880, une résolution conjointe autorisant le Président à « prendre des mesures immédiates pour l'abrogation formelle et finale de la convention du 19 avril 1850 entre les États-Unis d'Amérique et Sa Majesté britannique ». Quelque temps après, comme complément à cette politique, le Congrès votait un crédit destiné à l'acquisition de stations navales dans le voisinage du futur canal (1).

Hayes n'entama cependant pas les pourparlers diplomatiques avec l'Angleterre, mais le Président Garfield, qui lui succéda, accepta, dans son Adresse inaugurale, la politique de son prédécesseur : « Je crois, — dit-il, — que c'est le droit et le devoir des États-Unis d'affirmer et de maintenir sur tout canal interocéanique reliant l'Amérique du Nord et du Sud la surveillance et l'autorité nécessaires pour protéger notre intérêt national » (2). Le secrétaire d'État, à qui allait échouer la tâche de négocier avec la Grande-Bretagne, était James G. Blaine, le véritable chef du parti républicain, l'inspirateur de la politique pan-américaine qu'il allait ébaucher pendant la courte présidence de Garfield, et dont il devait tenter la réalisation dix ans plus tard, sous la seconde présidence de Benj. Harrison. Blaine ambitionnait donner aux États-Unis le rôle, qu'ils avaient désiré remplir presqu'au lendemain

(1) Keasbey, *op. cit.*, p. 372.
(2) Adresse inaugurale du 4 mars 1881, t. VIII, p. 11.

de leur indépendance, de conducteurs des jeunes nations américaines dans leur développement politique et économique : rôle glorieux, qui, assurément, ne manquerait pas non plus d'être fructueux. La base du plan était naturellement la suppression de toute influence européenne dans l'hémisphère occidental, l'application de la doctrine de Monroe dans toute sa rigueur, et son extension du domaine politique dans le domaine économique. Soutenu par le sentiment populaire, Blaine résolut de précipiter la controverse avec l'Angleterre. Il le fit avec une désinvolture et un dédain des formes diplomatiques bien faits pour la froisser. Le 24 juin 1881, il adressait aux ministres américains en Europe une circulaire exposant la politique des États-Unis à l'égard du canal interocéanique. Blaine reconnaissait la nécessité d'une garantie de neutralité pour assurer la construction et l'exploitation du canal de Panama projeté, mais il ajoutait que cette garantie avait été donnée déjà par les États-Unis dans leur traité de 1846 avec la Colombie, qu'elle s'était montrée jusqu'alors « positive et efficace » et qu'elle était absolument suffisante : « Dans l'opinion du Président, cette garantie donnée par les États-Unis d'Amérique ne demande ni le renforcement, ni l'accession ou l'assentiment d'aucune autre puissance ». Les États-Unis, d'ailleurs, n'avaient jamais cherché et ne cherchaient « à intervenir dans aucune entreprise commerciale dans laquelle les citoyens ou les sujets d'une puissance étrangère peuvent juger convenable de s'engager sous un privilège légal », ni à obtenir « en temps de paix des privilèges exclusifs pour les navires américains ». Il en était autrement de la « domination politique, distinguée de la seule réglementa-

tion administrative ou commerciale ». « Pendant toute
guerre à laquelle les États-Unis d'Amérique ou les États-
Unis de Colombie pourraient être mêlés, le passage des
vaisseaux armés d'une nation hostile à travers le canal de
Panama ne serait pas plus admissible que ne serait le
passage des forces armées d'une nation hostile sur les
lignes de chemins de fer joignant les rivages de l'Atlantique et du Pacifique des États-Unis ou de la Colombie.
Les États-Unis d'Amérique insisteront sur leur droit
de prendre toutes les précautions nécessaires contre la
possibilité de l'utilisation de l'isthme, dans un événement
de ce genre, dans un but offensif contre leurs intérêts sur
terre ou sur mer... Toute tentative de supplanter, par un
accord entre les puissances européennes, qui entretiennent
de nombreuses armées et d'immenses flottes, et dont
l'intérêt dans le canal et ses opérations ne peut jamais
être aussi vital et important que le nôtre, la garantie
donnée par les États-Unis en 1846 aurait le caractère
d'une alliance contre les États-Unis et serait regardée par
ce gouvernement comme l'indication d'un sentiment non
amical » (1). Dans cette circulaire, aucune allusion n'était
faite au traité de 1850 avec l'Angleterre. Le 12 juillet, le
ministre américain en déposait une copie au Foreign
office. Le 10 novembre, lord Granville lui accusait réception. Se défendant d'entreprendre une discussion générale
de la question, l'homme d'État anglais se bornait à rappeler
que « la position de la Grande-Bretagne et des États-
Unis à l'égard du canal... était déterminée par les engagements pris par ces puissances, respectivement, dans la

(1) *Coll. correspondence*, p. 322.

convention signée à Washington le 19 avril 1850, désignée communément sous le nom de traité Clayton-Bulwer » et il ajoutait que « le gouvernement de Sa Majesté se reposait avec confiance sur l'observation de tous les engagements de ce traité » (1).

Comprenant la faiblesse de sa Note du 24 juin, M. Blaine, avant même d'avoir reçu la réponse de lord Granville, adressait, le 19 novembre, au représentant des États-Unis à Londres, M. Lowell, une longue dépêche où il exposait les arguments sur lesquels il entendait se baser pour demander des modifications au traité de 1850 (2). Blaine invoquait tout d'abord le développement considérable pris par les États-Unis sur le Pacifique depuis la date de cette convention, développement qui avait créé de nouveaux devoirs et imposé de nouvelles responsabilités au gouvernement américain, et qui rendait nécessaires des changements essentiels dans le traité Clayton-Bulwer. « Les intérêts du gouvernement de Sa Majesté dans cette question... sont si peu considérables, comparés à ceux des États-Unis, que le Président espère qu'une modification des termes du traité peut être réalisée dans un esprit d'amitié et de concorde ». L'idée fondamentale des négociations, qui avait été de « mettre les deux puissances sur un pied de parfaite égalité à l'égard du canal », avait été d'ailleurs complètement déjouée ; le traité, en réalité, plaçait le canal sous la domination effective de la Grande-Bretagne. Avec ses forces navales, celle-ci pouvait dès le début d'une lutte se rendre maîtresse des débouchés du canal, et ainsi le com-

(1) *Coll. correspondence*, p. 326.
(2) *Coll. correspondence*, p. 327-332.

mander. Que pouvaient faire les États-Unis? La guerre civile avait montré que « leur puissance militaire est sans limite et que dans un conflit sur le continent américain elle serait irrésistible », mais, précisément, le traité leur interdit tout emploi de cette force, et, en fait, ils doivent « abandonner le transit à la garde et sous la domination de la marine britannique ». Quel but se proposaient les États-Unis par la conclusion de ce traité? Rien de plus que d'user « pour la défense de leurs intérêts de la même prévoyance que le gouvernement de Sa Majesté dans celle des intérêts de l'Empire britannique ». Pour assurer ceux-ci, la Grande-Bretagne a trouvé nécessaire de dominer la route des Indes et, par les stations stratégiques qu'elle occupe dans la Méditerranée et la mer Rouge, de commander les abords du canal de Suez : peut-elle refuser aux États-Unis d'occuper une pareille situation à l'égard du canal de Panama, non moins important pour leurs intérêts et leur sécurité? Enfin, n'était-il pas vraisemblable qu'en cas de guerre entre puissances européennes, celles-ci oublieraient la neutralité garantie par elles-mêmes et que l'importance stratégique du canal en ferait un des premiers objectifs des belligérants? La neutralité même ne serait-elle pas mieux assurée par les États-Unis seuls, garantis contre toute guerre par leur situation géographique et par leur politique? Blaine demandait donc l'annulation de la prohibition faite aux États-Unis de fortifier le canal, tout en conservant la prohibition faite aux États-Unis et à la Grande-Bretagne d'acquérir aucun territoire nouveau dans l'Amérique centrale. Dix jours plus tard, il adressait à M. Lowel une seconde lettre sur le même sujet (1), dans laquelle il rappelait en détail les nombreux différends auxquels avait donné lieu, presque au lendemain de sa signature, le traité de 1850, et le désaccord constant entre les deux puissances signataires relativement à son interprétation. N'était-il pas de bonne politique de rendre enfin le traité ce que ses négociateurs avaient désiré qu'il fût : « un parfait et définitif règlement de toutes les questions possibles entre les États-Unis et la Grande-Bretagne relativement à l'Amérique centrale » ?

Lord Granville répondit aux Notes américaines par deux Notes, datées des 7 et 14 janvier 1882 (2). Il n'eut pas de peine à réfuter l'argumentation audacieuse — on pourrait dire fantaisiste — de M. Blaine. Non sans ironie, il qualifiait de « nouveaux en droit international » les principes invoqués par le secrétaire d'État américain en faveur de sa thèse, et il rappelait qu'en somme la Grande-Bretagne était, tout comme les États-Unis, par sa possession du Canada, une puissance américaine. « Le gouvernement de Sa Majesté, — disait lord Granville, — est aussi anxieux que les États-Unis que, tandis que toutes les nations participent également aux avantages espérés de l'entreprise, aucun pays n'acquière une influence ou une situation prédominante sur une semblable voie de communication, et il ne s'opposera à aucune discussion en vue d'assurer sur une base internationale générale son emploi universel et illimité. » Dans sa seconde Note, il prenait, à son tour, le débat du côté historique ; mais, tandis que M. Blaine s'était arrêté en 1858, le ministre anglais poussant jusqu'en 1860 rappelait à son

(1) *Coll. correspondence*, p. 333-339.
(2) *Coll. correspondence*, p. 340-352.

adversaire le Message du Président Buchanan, dans lequel celui-ci avait déclaré qu'il avait été mis fin aux « interprétations discordantes du traité Clayton-Bulwer... par un règlement final entièrement satisfaisant pour les États-Unis. »

M. Blaine avait quitté le secrétariat d'État en décembre 1881. Son successeur, M. Frelinghuysen, appelé à ce poste par le Président Chester A. Arthur, reprit la discussion par une Note du 8 mai 1882 (1). Il soutenait de nouveau que l'ouverture du canal, en exposant la côte occidentale des États-Unis à des attaques contre lesquelles son éloignement actuel était une protection naturelle, plaçait ceux-ci dans des conditions entièrement nouvelles. Or, cette entreprise devait être faite, suivant le gouvernement américain, non en opposition aux intérêts des États-Unis, mais au contraire en harmonie avec ces intérêts : « Un canal à travers l'isthme peut être ouvert, et, sous le protectorat des États-Unis et de la République dont il traversera le territoire, être employé librement par toutes les nations. Ainsi, les États-Unis pourraient conserver, en partie, l'avantage de cette conformation de la terre qui est maintenant un élément de sécurité et de défense [pour eux]. » Un accord international serait plus nuisible qu'utile : « En temps de paix, quand on n'a pas besoin de recourir à eux, ces accords sont sans danger, quoique inutiles. Mais, quand surviennent les guerres et les difficultés, il arrive trop fréquemment que des différends s'élèvent, et au moment même où il serait utile de recourir à l'accord, il devient impossible de le faire; en

____

(1) *Coll. correspondence*, p. 159-170.

outre, de semblables agissements conduiraient à cette intervention dans les affaires américaines que la politique traditionnelle des États-Unis ne permet pas au Président de consentir ou d'ignorer. » Frelinghuysen contestait ensuite que l'Angleterre eût rempli les obligations du traité de 1850, relatives à l'abandon de toute possession dans l'Amérique centrale. N'avait-elle pas, par un traité de 1859 avec le Guatémala, étendu sa colonie de Belize ? Et, répondant à l'argument tiré du Message de Buchanan de 1860, il déclarait qu'en parlant du règlement des difficultés existant à ce moment avec l'Angleterre, le Président n'avait eu en vue que l'abandon par celle-ci de son protectorat sur les Mosquitos. Enfin, il s'efforçait de réfuter l'argument qu'on pouvait tirer de l'article 8 du traité de 1850 : cet article n'envisageait, suivant lui, l'extension du principe de la neutralisation qu'aux projets en vue à l'époque, et, de plus, pour être appliqué, il parlait expressément de la conclusion de nouveaux traités. Le secrétaire d'État terminait en insistant sur la nécessité de modifier d'un commun accord le malencontreux traité de 1850.

- Lord Granville n'eut pas plus de difficulté pour répondre victorieusement à M. Frelinghuysen, qu'il n'en avait eu pour répondre à M. Blaine. Dans sa Note du 30 décembre, il prouva aisément les droits de l'Angleterre sur sa colonie de Belize, et comment ils avaient été expressément reconnus en 1850 par M. Clayton lui-même. Quant à l'interprétation de l'article 8, il détruisit aisément l'argumentation embarrassée du secrétaire d'État et établit sans contradiction possible l'esprit dans lequel l'avaient conçu les négociateurs. La lutte diplomatique prit fin en novembre 1883, sur une courte Note de M. Frelinghuysen à M. Lowell. Cette controverse avait, somme toute, tourné à la confusion des États-Unis, et elle n'avait eu pour résultat que d'établir plus solidement, s'il avait été nécessaire, la validité du traité Clayton-Bulwer, et sa vitalité.

L'opinion américaine s'entêtait cependant à vouloir un canal purement américain. Le Président Arthur et M. Frelinghuysen partageaient ces sentiments. Convaincus qu'ils ne pourraient jamais réaliser cette idée à Panama, où dominerait vraisemblablement l'influence française, ils conçurent l'idée de construire un second canal par la route de Nicaragua et ils engagèrent de nouvelles négociations avec cet État pour conclure un traité qui permettrait aux États-Unis de réaliser leur ambition. Le traité Frelinghuysen-Zavala, signé à Washington le 1er décembre 1884, ne laissait rien à désirer à cet égard. Une alliance perpétuelle était conclue entre les deux parties contractantes. Les États-Unis recevaient le droit de construire le canal, et de conserver sur lui une domination exclusive. Ils garantissaient au Nicaragua son intégrité territoriale et prenaient vis-à-vis de cette petite République le rôle de puissance protectrice (1). Ce traité ignorait complètement la convention existant avec l'Angleterre, et apportait un changement considérable dans la politique jusqu'alors suivie par les États-Unis. Le Président Arthur l'envoya au Sénat le 20 décembre 1884, en déclarant qu'il avait été conclu « avec la conviction qu'il était impérieusement demandé par la politique présente et future et par les intérêts maté-

____

(1) Le texte de ce traité est donné par Archibald Colquhoun dans son ouvrage *The Key of the Pacific*, p. 351-352.

riels des États-Unis » (1). En janvier 1885, le Sénat vota sur la question de la ratification. La majorité nécessaire des deux tiers ne put être obtenue, mais une motion pour reconsidérer le traité fut adoptée, et il resta au Sénat pour une nouvelle discussion. Ce ne fut que pour peu de temps. Le 13 mars, M. Grover Cleveland, presque au lendemain de son arrivée au pouvoir, le retira, sous prétexte de l'examiner (2). Il ne le renvoya pas. Le nouveau Président était opposé à toute politique d'annexion ou de protectorat. Il déclara nettement qu'à son avis le canal interocéanique devait être construit pour le bénéfice du monde entier et que toute cause de conflit devait en être écartée avec soin. C'était le désaveu de la politique de ses prédécesseurs immédiats, l'intention avouée de revenir à celle inaugurée par le traité Clayton-Bulwer, qui avait prévalu jusqu'en 1870 (3).

(1) *Messages*, t. VIII, p. 256.
(2) *Messages*, t. VIII, p. 303.
(3) Message du 8 décembre 1885, *Messages*, t. VIII, p. 327.

V

De 1885 à 1900, le gouvernement américain ne fît aucune tentative nouvelle pour faire amender ou abroger le traité de 1850. Pendant ces quinze années, les successeurs de Garfield et de Arthur, rendus prudents par l'échec que ceux-ci avaient subi, restèrent fidèles à la politique de M. Cleveland. Ils considérèrent les États-Unis comme liés par le traité Clayton-Bulwer, toujours en vigueur. Ce traité fut même invoqué en 1888 contre l'Angleterre. Le Nicaragua, confiant sans doute dans l'appui qu'il espérait obtenir des États-Unis, avait obstinément refusé de payer aux Indiens mosquitos l'annuité qu'il s'était engagé à leur donner par son traité du 28 janvier 1860 avec la Grande-Bretagne. En 1880, celle-ci demanda que la question fût soumise à l'arbitrage de l'Empereur d'Autriche-Hongrie ; incapable de résister, le Nicaragua accepta. L'arbitre rendit sa sentence en juillet 1881 (1). Il décida que la souveraineté du Nicaragua sur la Mosquitia était limitée, que la subvention stipulée dans le traité devait être intégrale-

____

(1) V. le texte de l'arbitrage dans Keasbey, *op. cit.*, p. 397.

ment payée, et que le Nicaragua ne conservait ses droits sur la Mosquitia qu'autant qu'il se conformerait au traité ; s'il en violait les clauses, la Grande-Bretagne avait le droit d'intervenir. Cette décision autorisait en somme le rétablissement du protectorat anglais sur la Mosquitia, dont l'abandon avait été jugé nécessaire pour se conformer au traité de 1850. Ni Blaine, ni Frelinghuysen, dans leur controverse avec lord Granville, ne soulevèrent cependant de protestation contre cet arbitrage et ses conséquences. En 1888, les Nicaraguéens tentèrent de rétablir leur autorité sur la Mosquitia et demandèrent l'appui des États-Unis. M. Bayard, secrétaire d'État, adressa une protestation au gouvernement anglais (1). Il déclarait que la continuation du protectorat de la Grande-Bretagne sur les Mosquitos était incompatible avec le traité Clayton-Bulwer ; les États-Unis n'ayant pas été partie à l'arbitrage autrichien n'étaient nullement obligés de reconnaître à l'Angleterre un droit d'intervention entre les Mosquitos et le Nicaragua, dans les frontières de ce dernier; il affirmait donc que les États-Unis étaient libres de s'opposer à un protectorat anglais dans l'Amérique centrale, comme contraire à leur politique générale et à la doctrine de Monroë. Lord Salisbury répondit (2) que l'Angleterre n'avait aucunement la prétention de conserver sa souveraineté sur la Mosquitia. Elle demandait seulement au Nicaragua de respecter les clauses du traité de 1860 et de lui permettre ainsi de n'avoir plus à s'occuper de la réserve indienne. L'affaire en resta là.

(1) M. Bayard à M. Phelps, ministre américain à Londres, 23 novembre 1888.
(2) 7 mars 1889.

Malgré les efforts du gouvernement américain, l'entreprise française de Panama fit obstacle pendant plusieurs années à toute tentative d'entreprise analogue par la voie de Nicaragua. La chute de la Compagnie française en 1888 donna un nouvel essor aux projets américains. En février 1889, la Compagnie du canal maritime de Nicaragua était incorporée par le Congrès fédéral, mais elle ne put réunir le capital nécessaire pour réaliser l'œuvre projetée. Les capitalistes, effrayés par l'échec de la Compagnie française, hésitaient. L'opinion se répandit de plus en plus qu'une entreprise de cette importance, et comportant de si grands aléas, ne pouvait réussir sans l'appui financier du gouvernement. En janvier 1891, un bill fut déposé au Congrès pour autoriser le gouvernement à garantir l'émission de cent millions de dollars d'obligations de la Compagnie maritime. Aucun vote final ne fut pris à cette session. Le public n'était cependant pas hostile à cette mesure. Dans son Message de décembre 1891, le Président Harrison alla jusqu'à dire : « Je suis tout prêt à recommander l'aide gouvernementale pour l'exécution d'une œuvre qui est d'un intérêt si capital que, si aucun autre moyen ne peut en assurer la réalisation, elle doit être, dans mon opinion, assurée par les fonds mêmes du Trésor (1). » Dans la campagne présidentielle de 1892, les deux grands partis politiques, républicain et démocrate, se déclarèrent en faveur d'une prompte construction du canal interocéanique et de sa domination par les États-Unis. Cet enthousiasme ne suffisait cependant pas à procurer à la Compagnie du canal les fonds qui lui étaient nécessaires, et, en novembre

____

(1) *Messages*, t. IX, p. 189.

1892, les promoteurs de l'entreprise réunirent à la Nouvelle-Orléans une convention de six cents délégués, représentant tous les États et territoires de l'Union. La convention adopta à l'unanimité une résolution invitant le Congrès à prêter l'aide gouvernementale pour la construction du canal (1). En décembre, un nouveau bill dans ce but fut déposé, mais, pas plus que le précédent, il n'atteignit l'étape décisive du vote final.

En 1894, la question de la Mosquitia fut de nouveau soulevée. La guerre ayant éclaté entre le Honduras et le Nicaragua, la population de la Mosquitia, composée non seulement d'Indiens, mais aussi d'un bon nombre d'étrangers, prétendit conserver la neutralité pendant ce conflit. Les Nicaraguéens regardèrent cette attitude comme une véritable déloyauté, et, au mois de février, en dépit des protestations du chef des Indiens et du consul britannique, ils occupèrent Bluefields. Sur la demande du consul, un navire anglais se présenta devant la ville et débarqua des troupes. Les Nicaraguéens se retirèrent, mais ils reparurent bientôt, et demandèrent le rétablissement des autorités nicaraguéennes. Les États-Unis ne pouvaient rester indifférents à ce conflit. Le traité Clayton-Bulwer fut de nouveau étudié au secrétariat d'État. Se basant sur ce traité, le gouvernement américain demanda à l'Angleterre de retirer ses troupes. Celle-ci acquiesça à la demande. Des troubles sérieux se produisirent alors en Mosquitia. Ils prirent fin en novembre 1894 par l'incorporation totale, avec l'acquiescement volontaire des Indiens, de la réserve dans le Nicaragua, et la Mosquitia devint

______

(1) Henderson, *op. cit.*, p. 79.

l'État de Zelaya. Les États-Unis reconnurent de suite l'extension de souveraineté du Nicaragua. L'Angleterre ne souleva aucune protestation. En 1895, cette puissance eut un nouvel incident avec le Nicaragua. Le gouvernement nicaraguéen refusant de payer une indemnité pour les outrages subis par le consul anglais lors des incidents de Bluefields, l'Angleterre se saisit, en avril, du port de Corinto. Cet événement causa quelque émoi aux États-Unis ; mais, le Nicaragua s'étant exécuté, les navires britanniques s'en allèrent aussitôt (1).

Pendant sa seconde présidence, de 1893 à 1897, M. Cleveland conserva à l'egard du traité Clayton-Bulwer, la même politique qu'il avait suivie de 1885 à 1889. Il considérait ce traité comme toujours en vigueur et persistait à le regarder, malgré le changement survenu dans l'opinion publique américaine, comme un contrat somme toute avantageux pour les États-Unis, puisqu'il liait les mains à l'Angleterre sans imposer aucune charge particulière au gouvernement américain. Lors des élections présidentielles de 1896, le parti républicain inséra dans son programme une résolution demandant que le canal de Nicaragua fût « construit, possédé et exploité par les États-Unis ». Ce parti réussit à faire élire son candidat, mais le nouveau Président, M. Mac-Kinley, ne fit aucune allusion à la question du canal, ni dans son Adresse inaugurale, ni dans son premier Message annuel (décembre 1897). La guerre hispano-américaine appela de nouveau l'attention du public sur ce sujet. Le long voyage que dut faire, au début des hostilités, le navire de guerre *Oregon* pour se

____

(1) Messages de Grover Cleveland, du 3 décembre 1894 et du 2 décembre 1895, *Messages*, t. IX, p. 527 et 634.

rendre de San Francisco aux Indes occidentales, fit re-
gretter l'absence d'une voie de communication plus rapide
par l'isthme. Après la guerre, les nouveaux intérêts
acquis dans le Pacifique par les États-Unis, à la suite de
l'annexion des Hawaï et des Philippines, vinrent ajouter aux
raisons stratégiques des raisons politiques et économiques.
M. Mac-Kinley se fit le champion de ces idées dans son
Message du 7 décembre 1898 : « La construction d'un
canal interocéanique est devenue plus que jamais indispensable à la communication prompte et rapide entre nos
rives orientales et occidentales nécessitée par l'annexion
des îles Hawaï et la perspective de l'expansion de notre
influence et de notre commerce dans le Pacifique, et notre
politique nationale exige maintenant plus impérieusement
que jamais que ce canal soit dominé par notre gouvernement. » Ce langage reçut l'approbation du pays, à l'exception d'un petit nombre de membres du parti démocrate,
et des résolutions déclarant nul le traité Clayton-Bulwer
furent votées à une forte majorité par les deux Chambres
du Congrès.

La partie du Message de décembre 1898 relative au
canal éveilla les susceptibilités du gouvernement anglais.
Il demanda des explications au secrétaire d'État américain. Celui-ci répondit que « le Président n'avait aucunement l'intention d'ignorer la convention Clayton-Bulwer
et qu'il observerait loyalement les stipulations du traité.
Mais, par suite du puissant sentiment national en faveur
de la construction du canal de Nicaragua et du peu de
probabilité de voir l'œuvre accomplie par l'entreprise
privée, le gouvernement des États-Unis était prêt à l'entreprendre lui-même, après avoir obtenu les pouvoirs

nécessaires du Congrès. Dans ce but, le gouvernement se proposait d'obtenir, par des négociations amicales, le consentement de la Grande-Bretagne à une modification du traité Clayton-Bulwer qui, sans affecter le « principe général » formulé dans ce traité, permettrait de réaliser le grand objet en vue pour le plus grand avantage du commerce du monde (1). »

Le 11 janvier 1899, M. Hay remit à l'ambassadeur américain à Londres le texte du projet de traité que M. Mac-Kinley proposait comme amendement au traité de 1850. Suivant le préambule, ce traité avait pour but de faire disparaître toute objection pouvant naître de la convention du 19 avril 1850, relativement à la construction d'un canal [interocéanique] sous les auspices du gouvernement des États-Unis, sans altérer le « principe général de neutralisation établi par l'article 8 de cette convention ». L'article 1er autorisait le gouvernement américain à construire directement ou à faire construire avec son aide financière le canal projeté et lui donnait « tous les droits incidents à une telle construction, de même que le droit exclusif de pourvoir aux règlements et à l'administration du canal ». Dans l'article 2, les parties contractantes renouvelaient leur intention de « conserver et maintenir le principe de neutralisation établi dans l'article 8 du traité Clayton-Bulwer » ; mais, au lieu de s'en tenir à cette vague affirmation, elles déclaraient adopter comme bases de la neutralisation les règles établies par la convention de Constantinople du 29 octobre 1888 pour la libre navigation du canal de Suez : ouverture

____

(1) Le Marquis de Lansdowne à lord Pauncefote, 22 février 1901. *Parliamentary papers*, mars 1901, Cd. 438.

du canal en temps de paix comme en temps de guerre aux navires de commerce et de guerre de toutes les nations, à des conditions d'entière égalité, interdiction de bloquer le canal ni d'exercer dans ses limites aucun acte de guerre ou d'hostilité, extension de la neutralisation à une distance de trois milles en mer à partir des points terminus du canal, etc. Aucune fortification ne devait être élevée qui pût commander le canal ou les eaux adjacentes. Les États-Unis avaient le droit d'entretenir les forces de police nécessaires pour maintenir l'ordre le long du canal. Par l'article 3, enfin, les contractants s'engageaient à porter la convention, immédiatement après l'échange des ratifications, à la connaissance des autres puissances et à les inviter à y adhérer.

L'Angleterre n'avait aucune raison sérieuse à opposer à ces demandes. Elle ne pouvait que désirer une prompte construction du canal ; le maintien du principe de la neutralisation était en somme tout ce qu'elle voulait, mais à ce principe, elle avait plus que jamais raison de tenir. La situation respective des États-Unis et de la Grande-Bretagne relativement au canal se trouvait renversée depuis 1898. Dans le golfe du Mexique, la possession de la Jamaïque était annulée par l'annexion aux États-Unis de Porto-Rico et par l'établissement de leur protectorat virtuel sur Cuba où ils avaient obtenu le droit d'établir des stations navales, tandis que dans le Pacifique, l'annexion des Hawaï leur fournissait une base navale qui complétait le port de San Francisco ; de plus, les États-Unis travaillaient avec ardeur au développement de leur marine de guerre. La domination que sa puissance navale permettait jusqu'alors à l'Angleterre d'exercer sur le canal lui échappait : c'était elle maintenant qui devait s'efforcer d'opposer des entraves à l'action du gouvernement américain. Bien que disposée à consentir au traité proposé, elle essaya cependant de tirer parti de son acquiescement. La *Joint High Commission*, nommée en juillet 1898 pour régler toutes les questions au sujet desquelles le Canada et les États-Unis étaient en désaccord : les pêcheries de la mer de Behring et de l'Atlantique, la frontière de l'Alaska, la politique douanière, etc., siégeait encore, mais ses membres semblaient perdre tout espoir d'aboutir. Malgré l'insistance du gouvernement américain, l'Angleterre négligea de répondre de suite à la proposition d'amendement du traité de 1850 ; elle voulait s'en servir comme moyen de transaction. Elle dut bientôt y renoncer. A la fin de février 1899, la High Commission se séparait *sine die*, n'ayant réussi qu'à établir un *modus vivendi* concernant la frontière de l'Alaska.

Dans son Message de décembre 1899, M. Mac-Kinley reproduisit ses paroles de l'année précédente concernant le canal, et, dès le début de la session, M. Hepburn présentait à la Chambre des représentants un bill autorisant le gouvernement à construire le canal de Nicaragua, accordant les crédits nécessaires à cet effet, et enjoignant au Président de négocier avec les États de Nicaragua et de Costa-Rica pour obtenir le droit de domination sur le futur canal, y compris l'autorisation d'élever les fortifications nécessaires pour assurer sa défense. Sans attendre le vote de ce bill, dont le succès était certain, le gouvernement anglais donna son adhésion au projet de traité, qui fut signé à Washington, le 5 février 1900, par M. Hay et lord Pauncefote. Le Président transmit de suite le traité

au Sénat. Celui-ci le discuta en session exécutive le 5 avril,
mais aucun vote ne fut pris. Le traité rencontrait une vive
hostilité. L'opinion publique avait été surprise de voir reconnaître et prolonger encore la malencontreuse convention
Clayton-Bulwer, à laquelle elle se refusait à accorder, depuis
longtemps déjà, aucune valeur. Elle était opposée aussi,
et très nettement, à toute idée d'une garantie de neutralisation collective donnée conjointement avec les puissances européennes. Des résolutions dans ce sens furent
insérées dans les programmes des partis républicain et
démocrate à l'occasion de l'élection présidentielle de 1900.
Le parti républicain demandait « la construction, la propriété, la domination et la protection du canal par le gouvernement des États-Unis ». Le parti démocrate con-
damnait sans ambage le traité Hay-Pauncefote.

Dans son Message de décembre 1900, le Président
recommanda cependant la ratification du traité du
5 février. La discussion en fut reprise presque immédiatement, et, le 20 décembre, le Sénat en votait la ratification,
mais sous réserve de trois amendements destinés à mettre le
traité en harmonie avec les exigences de l'opinion publique.
Le premier amendement déclarait expressément l'abrogation
du traité Clayton-Bulwer. La convention Hay-Pauncefote
changeait de caractère : destinée dans l'esprit de ses
négociateurs à amender simplement le traité de 1850, le
Sénat en faisait une convention toute nouvelle. Le second
amendement avait pour objet, tout en acceptant en principe les règles adoptées en 1888 pour assurer la neutralisation du canal de Suez, d'édicter des réserves à cet égard
en faveur des États-Unis ; aucune de ces stipulations ne
devait s'appliquer « aux mesures que les États-Unis pour-

raient trouver nécessaire de prendre pour assurer par leurs propres forces la défense des Etats-Unis et le maintien de l'ordre public ». Le troisième amendement, enfin, supprimait purement et simplement l'article 3, et enlevait ainsi le principe d'une garantie internationale de la neutralisation du canal.

Le traité ainsi modifié fut communiqué par le secrétaire d'État au gouvernement anglais. Celui-ci refusa d'accepter la convention sous sa forme nouvelle, préférant conserver « sans modification les clauses du traité Clayton-Bulwer » (1).

Le Président avait cependant à cœur d'aboutir. M. Hay entreprit donc de rédiger un nouveau projet de convention plus acceptable pour l'Angleterre. Il le remit à lord Pauncefote le 25 avril. Une discussion s'engagea sur ce nouveau projet entre les deux gouvernements. Elle fut interrompue par la mort de M. Mac-Kinley. Le nouveau président, M. Roosevelt, ayant sur la question les mêmes idées que son prédécesseur, les négociations furent continuées, et le 18 novembre 1901, une nouvelle convention était signée à Washington, cette fois encore par lord Pauncefote et M. Hay. Les Etats-Unis avaient dans cette dernière passe d'armes gagné la partie contre l'Angleterre.

Le traité de 1850 était expressément abrogé et il ne restait plus de lui, vague et peu compromettant souvenir pour le gouvernement américain, que le rappel du « principe général de neutralisation ». Il était dit, dans le préambule de la seconde convention Hay-Pauncefote, que

(1) Le marquis de Lansdowne à lord Pauncefote, 22 février 1901, *op. cit.*, Cd. 438.

ce principe n'était pas modifié; mais sous la garde de qui serait placée la neutralisation du canal? Il n'était plus question d'une garantie collective : les Etats-Unis seuls se chargeaient d'assurer la neutralité. L'Angleterre leur reconnaissait le droit de construire le canal, de l'administrer, de l'exploiter, d'assurer la police le long de son cours. Les États-Unis promettaient d'y admettre sur un pied d'égalité les navires de toutes les nations, et d'adopter les règles en vigueur pour le canal de Suez; mais ici encore, ils avaient apporté prudemment de sérieuses modifications. Tandis que la première convention portait (art. 2, 1°) que « le canal serait ouvert, en temps de guerre comme en temps de paix, aux navires de commerce et de guerre de toutes les nations... », la convention finale dit simplement (art. 3, 1°) : « Le canal sera libre et ouvert aux vaisseaux de commerce et de guerre de toutes les nations... »; la restriction est suggestive. La seule sauvegarde obtenue par l'Angleterre était contenue dans l'article 4. L'abrogation du traité Clayton-Bulwer rendait aux deux puissances le droit d'agir à leur guise dans l'Amérique centrale, d'y acquérir des colonies ou des protectorats; mais l'intransigeance et la force des Etats-Unis empêchent aujourd'hui l'Angleterre d'user de cette liberté, et toute modification territoriale et politique dans cette région ne peut plus s'effectuer qu'au profit des Etats-Unis eux-mêmes. Dans l'espoir de se garantir contre les suites dangereuses d'une pareille éventualité, l'Angleterre obtint la stipulation « qu'aucun changement de souveraineté territoriale ou des relations internationales... n'affectera le principe général de neutralisation ». Le gouvernement américain ne se fit pas prier pour accorder cette concession platonique. La

seconde convention Hay-Pauncefote répondait entièrement
aux désirs de l'opinion publique américaine et la ratification en fut votée sans discussion par le Sénat le
16 décembre 1901.

Aussitôt l'adhésion de l'Angleterre à la nouvelle convention obtenue, le secrétaire d'Etat se mit en devoir de négocier avec le Nicaragua et la Colombie la conclusion de nouveaux traités accordant aux États-Unis les garanties qu'ils regardaient nécessaires de s'assurer pour s'engager dans une pareille entreprise. Le gouvernement américain voulait être en mesure d'agir sur celle de ces voies qu'adopterait le Congrès. En juin 1902, celui-ci vota une loi relative à la construction par le gouvernement fédéral du canal interocéanique.

L'*Isthmian Canal Commission*, créée par le Congrès le 3 mars 1899 pour étudier les avantages respectifs des routes proposées, avait déposé son rapport le 30 novembre 1901. Le prix élevé que demandait la Nouvelle Compagnie française du canal de Panama pour la cession de ses droits avait décidé la commission à conclure en faveur de la voie de Nicaragua (1). La Chambre des

---

(1) « Après avoir étudié tous les faits développés par les recherches faites par la Commission, et la situation existante, et en tenant compte

représentants vota un bill conforme à ces conclusions ;
mais lorsque la question vint en discussion au Sénat, la
situation n'était plus la même. La Compagnie française
avait abaissé ses prétentions : elle offrait maintenant de
vendre tous ses droits et les travaux exécutés dans l'isthme
pour la somme de quarante millions de dollars, valeur à laquelle les avait estimés la commission. A ce prix, la voie de
Panama était de beaucoup préférable à celle de Nicaragua,
et la Commission donna une décision nouvelle en sa faveur.
De nombreux intérêts privés étaient engagés dans le choix
de la route. Il parut un moment qu'on ne parviendrait pas
à se mettre d'accord. Finalement, un compromis fut effectué, et le Sénat votait le 19 juin une loi autorisant le Président
à acheter pour quarante millions de dollars « la propriété
de la Nouvelle Compagnie du canal de Panama » (sec. 3),
et à « acquérir de la République de Colombie, pour les
Etats-Unis et en leur nom, aux conditions qui lui paraî-
tront raisonnables, la domination (*control*) perpétuelle sur
une bande de terre, située sur le territoire de la République
de Colombie, d'une largeur d'au moins six milles, s'étendant de la mer des Caraïbes à l'océan Pacifique..... », et
le droit de construire et d'exploiter un canal (sec. 2). Dans
le cas où le Président ne pourrait acquérir de la Colombie,
à des conditions raisonnables, les droits jugés nécessaires
par le Congrès, il était autorisé à prendre les mesures nécessaires pour faire construire le canal par la route de Nicaragua
(sec. 4). La loi autorisait l'émission d'un emprunt de cent

des conditions offertes par la Nouvelle Compagnie du canal de Panama,
cette Commission est d'avis que « la route la plus pratique et faisable »
pour un canal interocéanique devant être « sous la domination, la direction et la propriété des Etats-Unis » est la route de Nicaragua. » *Canal
Com.*, p. 263.

trente millions de dollars, au taux de 2 pour 100, pour faire face aux frais de l'entreprise (sec. 8). La Chambre, abandonnant son bill primitif, adopta le 26 juin le projet du Sénat, qui reçut deux jours après l'approbation du Président.

Dans le courant de l'été, l'attorney général des États-Unis, M. Knox, profitant des vacances, se rendit en France pour s'assurer par lui-même de la validité des titres de la Nouvelle Compagnie de Panama aux propriétés, concessions et travaux qu'elle offrait de vendre au gouvernement américain. L'enquête de M. Knox le convainquit que son gouvernement pouvait conclure le marché en toute assurance. Le 26 octobre, il remit au Président un rapport concluant au droit de compagnie de céder aux États-Unis un titre « bon, valable, et libre de toute charge. »

Convaincu de la supériorité du tracé de Panama sur celui de Nicaragua, et de l'économie de construction et d'entretien offerte par ce tracé, le gouvernement américain fit tous ses efforts pour conclure avec la Colombie un traité capable de satisfaire l'opinion américaine. Le secrétaire d'État, M. Hay, rencontra dans ces négociations de sérieuses difficultés. Les troubles dont la Colombie était à ce moment le théâtre furent une cause naturelle de retard. L'attitude des États-Unis, qui crurent devoir intervenir, à la fin du mois de septembre, en vertu du traité de 1846, pour protéger la liberté du transit à travers l'isthme, par le chemin de fer de Panama, faillit brouiller les deux gouvernements. Les négociateurs poursuivirent cependant leur œuvre à Washington. Ils avaient réussi à se mettre d'accord sur les bases fondamentales du futur traité, lorsque les exigences de la Colombie, relativement à l'in-

demnité pécuniaire qu'elle demandait pour les nombreuses
concessions consenties par elle aux États-Unis, parurent
un moment devoir tout faire échouer. Le gouvernement
américain, désireux d'aboutir, força un peu ses offres, tandis que le gouvernement colombien, devant la menace de
voir abandonner définitivement le tracé de Panama, abaissa
considérablement ses prétentions. L'entente parvint ainsi
à se faire, et, le 22 janvier 1903, M. Hay, pour les États-
Unis, et M. Herran, pour la Colombie, signaient enfin le
traité relatif au canal de Panama. Le 25, le traité était envoyé par le président au Sénat américain, et le texte en
était rendu public.

Par cette convention, la Colombie autorisait « la Compagnie nouvelle du canal de Panama à vendre et à transférer aux États-Unis ses droits, privilèges, propriétés et
concessions, ainsi que le chemin de fer de Panama et toutes
les actions ou parts d'actions de cette Compagnie..... »
(art 1er), — et concédait aux États-Unis « le droit exclusif,
pour une période de cent ans, prorogeable à l'option exclusive et absolue des États-Unis, pour des périodes d'égale
durée, tant qu'ils le désireront, de creuser, construire, entretenir, exploiter, diriger et protéger le canal maritime
de l'Atlantique au Pacifique... » (art. 2). — Les États-
Unis recevaient, pour exercer les droits et privilèges concédés dans le traité, « une zone de territoire de cinq kilomètres de longueur de chaque côté du canal, à partir de
la ligne médiane de celui-ci... », ainsi que le droit « d'utiliser et d'occuper le groupe de petites îles situées dans la
baie de Panama : Perico, Laos, Culebra et Flamenco... » ;
le territoire compris dans la zone concédée était déclaré
neutre, et les États-Unis devaient en garantir la neutralité,

ainsi que la souveraineté de la Colombie sur lui (art 3). —
La Colombie donnait aux États-Unis « autorité pour assurer la protection et la sécurité du canal, ainsi que du chemin
de fer et des autres ouvrages auxiliaires et des dépendances,
et pour maintenir l'ordre et la discipline parmi les travailleurs et les autres personnes établis dans cette région,
et pour faire et appliquer les règlements sanitaires et de
police qu'ils peuvent juger nécessaires pour assurer l'ordre
et la santé publique, et pour protéger la navigation et le
commerce à travers et sur le dit canal, le chemin de fer et
autres travaux et dépendances, contre toute interruption de
trafic, ou autres dommages... » Les États-Unis étaient autorisés à établir dans la zone qui leur était concédée des
tribunaux judiciaires ayant le droit exclusif de juridiction,
dans cette zone, pour toutes les contestations s'élevant
entre citoyens des États-Unis, ou entre des citoyens des
États-Unis et des citoyens d'autres nations, à l'exception
des citoyens-colombiens, et pour toutes les contestations
relatives à la construction, à l'entretien ou à l'exploitation
du canal, du chemin de fer et des autres propriétés et travaux. En outre, des tribunaux mixtes, formés de juges
nommés par les gouvernements américain et colombien,
devaient être créés ; ces tribunaux jugeant au civil, au
criminel et comme Cour d'amirauté, auraient compétence
dans les conflits s'élevant entre citoyens de Colombie et
des États-Unis, ou entre citoyens de pays autres que les
deux pays contractants, et pour tous les crimes, délits et
contraventions commis dans la zone concédée. La Colombie
ne réservait à ses tribunaux nationaux, dans ladite zone,
que la connaissance des différends entre citoyens colombiens, ou entre citoyens colombiens et citoyens de pays

étrangers, autres que les États-Unis (art. 13). — Les ports
de Panama et de Colon étaient déclarés ports francs pour
les navires et les marchandises destinés à transiter par le
canal (art 8). — La Colombie promettait, en outre, de ne
louer à aucun gouvernement étranger, aucune des îles ou
aucun des ports situés dans la baie de Panama, ou voisins
de ces ports, ni sur la côte atlantique de la Colombie, entre
la rivière de l'Atrato et la frontière occidentale du département de Panama, en vue d'établir des fortifications, des
stations navales ou des dépôts de charbon, des ports militaires, des docks ou autres travaux, qui pourraient entraver ou menacer la construction, l'entretien, l'exploitation,
la protection, la sécurité et le libre usage du canal et des
travaux auxiliaires... (art. 6.)

En échange de ces concessions, les États-Unis s'engageaient à achever la construction des travaux préliminaires nécessaires, ainsi que tous les travaux auxiliaires,
dans le plus bref délai possible. Les gros travaux du canal
devaient être commencés dans un délai de deux ans, à
dater de l'échange des ratifications de la convention, et le
canal devait être ouvert au trafic entre les deux océans
dans un délai de douze années, après ladite période de
deux ans (art. 24). Le gouvernement américain s'engageait en outre à payer à la Colombie une somme de dix
millions de dollars-or (cinquante-deux millions de francs),
lors de l'échange des ratifications du traité, et à lui
verser une redevance annuelle de 250.000 dollars-or
(1.300.900 francs), dont le payement devait commencer
neuf ans après la date de l'échange des ratifications
(art. 25). La sécurité du canal devait être assurée par
la Colombie, par la force au besoin, et les États-Unis

recevaient le droit d'intervenir, dans le cas d'impuissance de celle-ci : « S'il devenait nécessaire, à une
époque quelconque, d'employer la force armée pour assurer la sécurité ou la protection du canal, ou des navires
l'utilisant, ou des voies ferrées et autres ouvrages, la Colombie s'engage à fournir les forces nécessaires dans ce
but, suivant les circonstances, mais si le gouvernement de
Colombie ne peut effectivement remplir cette obligation,
les États-Unis, avec le consentement de la Colombie, ou à
sa requête, ou à la requête de son ministre à Washington,
ou des autorités locales, civiles ou militaires emploieront
la force nécessaire pour remplir ce but unique, et aussitôt
que la nécessité aura cessé, ils retireront les forces ainsi
employées. Dans des circonstances exceptionnelles, cependant, en cas de danger imprévu ou imminent pour le
canal, les voies ferrées ou autres ouvrages, le gouvernement des États-Unis est autorisé à agir, dans l'intérêt de
leur protection, sans la nécessité d'avoir à obtenir le consentement préalable du gouvernement de Colombie, à qui
ils donneront avis immédiat des mesures prises dans ce
but, et, aussitôt que des forces colombiennes suffisantes
arriveront pour accomplir l'objet indiqué, celles des États-
Unis se retireront » (art. 23). — Les puissances contractantes affirmaient la neutralité perpétuelle du canal : « Le
canal, une fois construit, et les entrées qui y donnent accès,
seront perpétuellement neutres, et demeureront ouverts en
conformité avec les conditions de la section I de l'article 3,
et en conformité avec toutes les stipulations du traité conclu le 18 novembre 1901 entre les gouvernements des
États-Unis et de la Grande-Bretagne » (art. 16). — La
souveraineté de la Colombie sur le territoire concédé, bien

que grandement diminuée par les droits consentis aux
États-Unis, était reconnue formellement par ceux-ci dans
un article spécial : « Les droits et privilèges concédés aux
États-Unis par les termes de cette convention n'affecteront
pas la souveraineté de la République de Colombie sur le
territoire à l'intérieur des limites duquel ces droits et privilèges doivent être exercés. Les États-Unis reconnaissent
cette souveraineté et désavouent toute intention de l'altérer d'une manière quelconque, ou d'augmenter leur territoire aux dépens de la Colombie ou de quelqu'une des
Républiques sœurs de l'Amérique centrale ou du Sud ; ils
désirent au contraire affermir le pouvoir des Républiques
de ce continent, et développer et conserver leur prospérité
et leur indépendance » (art. 4). — Le traité était perpétuel,
et un article spécifiait qu'aucun changement futur dans le
statut politique de la Colombie ne pourrait y porter la
moindre modification, sans le consentement des États-
Unis : « Aucun changement dans le gouvernement, les lois
ou les traités de la Colombie, ne pourront affecter, sans
le consentement des États-Unis, les droits appartenant
aux États-Unis en vertu de cette convention, ou en vertu
de stipulations de traités actuellement existants entre les
deux pays ou qu'ils négocieront entre eux dans l'avenir,
dans les questions relatives aux dispositions de cette convention. Au cas où la Colombie viendrait plus tard à être
partie constituante d'un autre gouvernement, ou à former
une Union ou une Confédération avec d'autres États, con-
fondant ainsi sa souveraineté et son indépendance actuelle
avec celles d'un autre gouvernement, d'une Union ou d'une
Confédération, les droits concédés aux États-Unis par
cette convention ne seront en aucune manière diminués ou

restreints » (art. 26). — L'échange des ratifications devait se faire « à Washington, dans le délai de huit mois à dater de la signature du traité » (art. 28).

Dès le lendemain de la signature du traité, le Président Roosevelt le transmettait au Sénat, qui l'approuvait le 17 mars, sans y apporter aucun amendement, par 73 voix contre 5.

Le traité devait être également soumis au Congrès de Colombie et approuvé par lui, avant de pouvoir entrer en vigueur. L'administration à Washington n'appréhendait guère cette formalité, et elle ne prévoyait de ce côté aucun obstacle sérieux. La Colombie, comme la plupart des Républiques de l'Amérique latine, n'a du gouvernement parlementaire que la caricature: le Président est, en fait, un dictateur, parvenu au pouvoir à la faveur de la Révolution, qui ne s'y maintient que par la force, et est toujours à la merci d'une émeute. Mais tant qu'il réussit à se maintenir, il impose sa volonté au Congrès, où il a soin de limiter étroitement le nombre des représentants de l'opposition. Le gouvernement américain comptait donc que le Président Marroquin réussirait à faire approuver le traité qui devait être l'acte le plus important de son administration. Il fallut cependant bientôt reconnaître à Washington que les choses ne se passeraient pas aussi aisément qu'on l'avait espéré. Le 30 mars, le ministre des États-Unis à Bogota, M. Beaupré, écrivait à son gouvernement : « Le sujet de ratification de la convention du canal de Panama intéresse vivement la population de la capitale, et donne lieu à une active discussion publique. L'opinion est sans contredit fortement opposée à sa ratification ; mais, — ajoutait-il, — celle-ci n'est pas nécessairement en Colombie un puissant facteur dans l'action législative » (1). Un fait, cependant, était inquiétant : les débats sur ce sujet avaient été provoqués par le gouvernement colombien lui-même. Pendant la révolution d'où venait à peine de sortir la Colombie, le gouvernement avait étouffé la presse et réduit, autant qu'il était en son pouvoir, toute expression de l'opinion populaire. Abandonnant cette attitude, le 10 mars, le gouvernement faisait publier le texte de la convention récemment signée et le ministre des finances adressait à la presse de Bogota une circulaire l'invitant à discuter les termes du traité : « Le sujet le plus sérieux et de la plus grande importance, qui appelle actuellement l'attention du gouvernement et dont s'occupera de préférence le prochain Congrès, est relatif au canal de Panama. Pour résoudre une question aussi importante avec le jugement et la maturité nécessaires, le concours de tous les patriotes et en particulier des citoyens que leurs lumières, leurs talents et leur position mettent en état d'exposer les questions multiples et compliquées que ce sujet soulève, est nécessaire... Il importe que tous les citoyens, que la masse du peuple, sachent quels sont, en cette matière, les intérêts de la nation, ainsi que les difficultés et les problèmes auxquels donnent lieu les différents projets qui pourront être proposés. Aux citoyens qui exercent le ministère élevé de la presse et qui, par cela même, sont ou doivent être les porte-paroles des saines opinions, il appartient d'exposer le sujet, et de préparer, en réunissant tous les renseignements que l'on peut se procurer, la solution convenable de ces problèmes... » (2). L'appel fut entendu,

(1) M. Beaupré à M. Hay, Sénat, 58e Congrès, 2e session, *Document* no 51, p. 5.

(2) *El Porvenir*, Bogota, 15 mars 1903.

mais le résultat fut néfaste à la convention. Lorsque, au commencement de février, la nouvelle de la signature du traité parvint à Bogota, « une complète apathie semblait régner dans le grand public relativement à ce sujet. La crise financière était des plus critiques, et le seul sentiment exprimé était la satisfaction que faisait naître la perspective de recevoir dix millions de dollars, somme regardée alors comme suffisante pour remettre en bon état les finances du pays... » ; aussitôt après le Message adressé par le gouvernement à la presse, une révolution complète s'opéra dans les sentiments exprimés. « Pendant le mois dernier, — écrivait le 15 avril M. Beaupré à M. Hay, — le sentiment public est passé de l'approbation à la suspicion, puis de la suspicion à une opposition décidée. Les journaux de la ville sont remplis d'articles dénonçant avec vivacité la convention, et, en général, ces articles témoignent l'hostilité la plus amère contre un projet qu'ils représentent comme la tentative d'une nation puissante pour tirer un avantage déloyal de la crise à travers laquelle passe la Colombie, et la voler, pour une somme minime, d'une des sources de richesse les plus importantes dans le monde... Il est évident que si la convention proposée devait être soumise à la libre opinion du peuple, elle ne serait pas acceptée. Le Congrès qui va prochainement s'assembler a été élu sous la surveillance des fonctionnaires du gouvernement, et un système tout indigène de pression a certainement été exercé ; cependant, s'il était permis au Congrès, tel qu'il est composé actuellement, d'émettre un vote en toute indépendance, je suis convaincu que la convention ne serait pas ratifiée. Tel est l'état actuel des choses. Quant à ce qui arrivera, il est impossible de le prédire ; cependant, il me semble très vraisemblable que si le gouvernement désire que la convention soit ratifiée, elle le sera (1). »

L'administration américaine avait des doutes sérieux sur la sincérité du gouvernement colombien. Elle ne voulait voir apporter aucun amendement au traité qu'avait approuvé le Sénat des États-Unis : le retour de la convention devant ce corps permettrait aux partisans du tracé de Nicaragua de livrer un nouveau combat et de faire triompher, peut-être, leurs idées, au détriment, pensaient M. Roosevelt et ses conseillers, des vrais intérêts du pays. M. Roosevelt craignait que le Président Marroquin cherchât à créer des obstacles, dans l'espérance d'obtenir des États-Unis des avantages financiers plus considérables que ceux consentis par le traité. Les agissements de l'administration colombienne permettaient de telles suspicions. Pendant les pourparlers relatifs à la rédaction du traité, le ministre de Colombie, à cette époque M. Concha, avait soumis au secrétaire d'État américain, le 11 novembre 1902, pour l'article 1er, un texte d'après lequel « la permission accordée par la Colombie aux Compagnies du canal et du chemin de fer de transférer leurs droits aux États-Unis seraient réglée par un arrangement spécial préalable entre la Colombie et ces Compagnies ». M. Hay refusa d'accéder à cette proposition et le gouvernement colombien consentit à donner formellement à la Compagnie l'autorisation de vendre ses droits, dans le texte même du traité. Cependant, le 24 décembre 1902, le ministre des finances de Colombie adressait à la Compagnie nouvelle du canal

____

(1) M. Beaupré à M. Hay, Sénat, 58e Congrès, 2e session, *Document* n° 51, p. 6.

de Panama une lettre lui demandant de désigner un représentant auprès du Congrès pour discuter les questions pouvant s'élever à l'occasion de l'autorisation qui devait lui être accordée pour céder ses droits aux États-Unis. Le ministre déclarait que son gouvernement se proposait de soutenir la demande d'autorisation ; mais il ajoutait que « il demanderait en retour à la Compagnie concessionnaire une somme d'argent dont le montant devrait être préalablement fixé » (1). Le 7 avril, M. Hay télégraphiait au ministre américain à Bogota de protester contre cette action, en déclarant que la question avait été entièrement réglée par le traité, et qu'aucun changement ne serait permis par les États-Unis. M. Beaupré communiquait cette protestation au gouvernement colombien le 23 avril. Celui-ci n'en tint aucun compte. Le 10 juin, M. Beaupré écrivait à M. Hay que « M. Mancini, l'agent à Bogota de la Compagnie du canal de Panama, l'avait informé qu'il avait reçu une Note officielle du gouvernement colombien, disant que le gouvernement ne pensait pas que la convention pût être ratifiée, à cause de l'opinion régnante que la compensation était insuffisante, mais que, si la Compagnie consentait à payer à la Colombie dix millions de dollars, la ratification pourrait être obtenue » (2).

Le 9 juin, M. Hay avait télégraphié à M. Beaupré pour lui ordonner de représenter au gouvernement colombien la gravité de la situation : « Le gouvernement colombien, — disait le secrétaire d'État, — ne paraît pas apprécier

______

(1) Sénat, 58° Congrès, 2° session, *Document* n° 51, p. 13. — Une lettre analogue était adressée au représentant de la Compagnie du chemin de fer de Panama.

(2) Sénat, 58° Congrès, 2° série, *Documents* n° 51, p. 22.

combien la situation est grave. Les négociations relatives au canal ont été commencées par la Colombie... Les propositions présentées par elle ont été finalement, avec de légères modifications, acceptées par nous. En vertu de cet accord, notre Congrès a renversé son jugement antérieur et s'est décidé pour la voie de Panama. Si la Colombie rejetait maintenant le traité, ou en retardait indûment la ratification, l'entente amicale entre les deux pays serait si sérieusement compromise, que le Congrès pourrait se décider l'hiver prochain à une action que tout ami de la Colombie regretterait. Confidentiel. Communiquez la substance de ceci verbalement au ministre des affaires étrangères. S'il le désire, donnez-lui en copie sous la forme d'un memorandum » (1).

Le Congrès colombien, dont la convocation avait été plusieurs fois retardée, se réunit enfin le 20 juin. Quelques jours avant, le 17, le ministre américain télégraphiait à son gouvernement : « Les membres du Congrès arrivent. L'opposition à la ratification de la convention relative au canal est très forte. L'opinion publique est d'avis que la convention ne doit pas être ratifiée » (2). Une dépêche du 20 est pourtant optimiste : « Ainsi que je l'ai prédit, il y a dans les deux Chambres du Congrès une forte majorité en faveur du gouvernement, et toute loi que le gouvernement peut désirer sérieusement voir voter, le sera » (3). Le Message du Président au Congrès conseillait la ratification du traité, mais en insistant sur le fait que la responsabilité tout entière de la décision retomberait sur le

---

(1) Sénat, 58° Congrès, 2ᵉ série, *Document* n° 51, p. 18.
(2) M. Beaupré à M. Hay; Sénat, *Document* n° 51, p. 23.
(3) *Ibid.*, Sénat, *Document* n° 51, p. 27.

Congrès : « ... Je sais qu'il est de mon devoir de vous exposer pleinement l'opinion du gouvernement sur l'importante question de l'ouverture du canal interocéanique. Le gouvernement est placé en face de ce dilemme : ou nous devons accepter de voir porter atteinte à nos droits souverains et renoncer à des avantages pécuniaires auxquels, suivant l'opinion de certaines personnes, nous pouvons prétendre, ou nous devons rigoureusement maintenir nos droits de souveraineté et réclamer péremptoirement l'indemnité pécuniaire à laquelle nous pouvons nous considérer comme ayant droit. Dans le premier cas, c'est-à-dire si nous consentons à l'amoindrissement de notre souveraineté ou si nous n'aspirons pas à la pleine indemnité, le canal sera ouvert par la voie de Panama, et les justes désirs de ce département et de tous les Colombiens seront satisfaits ; mais le gouvernement s'expose à être accusé dans l'avenir de n'avoir pas défendu comme il le devait notre souveraineté, et d'avoir sacrifié les intérêts de la nation. Dans le second cas, si le canal n'était pas ouvert par la voie de Panama, le gouvernement sera accusé d'avoir privé la Colombie des avantages de cette entreprise, qui est regardée comme la base de notre grandeur future. J'ai déjà exprimé mon désir de voir exécuter le canal interocéanique à travers notre territoire. Je pense que, même s'il nous fallait faire des sacrifices, nous ne devrions mettre aucun obstacle à la réalisation d'une aussi grande entreprise, car elle aura pour effet une amélioration matérielle considérable pour notre pays, et si le canal est ouvert par les États-Unis, nos rapports avec eux deviendront plus étroits. Le résultat serait un gain incalculable pour notre industrie, notre commerce et notre richesse. Heureusement pour moi, la responsabilité de la décision à prendre incombe au Congrès. C'est ce corps qui doit approuver ou rejeter la convention proposée par le gouvernement des États-Unis... » (1).

La situation se montra plus difficile que le ministre américain l'avait tout d'abord présumé. Le 2 juillet, il télégraphiait : « J'ai été informé que le Président a réuni hier les sénateurs au Palais, pour leur exposer la nécessité de ratifier le traité. Une vive discussion a suivi, la majorité se déclarant opposée au traité. Actuellement, la majorité au Sénat semble opposée à la ratification » (2). Ce corps hésitait encore sur la décision à prendre. Le gouvernement donna alors connaissance au Sénat, dans une séance secrète, d'un paragraphe de la dépêche comminatoire du secrétaire d'État américain, du 9 juin. « Cette lecture fit sensation. Plusieurs sénateurs l'interprétèrent comme une menace de représailles directes contre la Colombie au cas où le traité ne serait pas ratifié. Cette opinion, et l'information donnée par les membres du Congrès pour la province de Panama, que ce département se révolterait si le traité n'était pas ratifié, causa une sérieuse alarme. L'effet, — ajoutait le ministre des États-Unis, dans sa dépêche du 5 juillet, où il donnait ces renseignements, — a été favorable » (3). Quatre jours plus tard, le 9, il informait son gouvernement d'une démarche confidentielle qui avait été faite auprès de lui, et il demandait des instructions à ce sujet : « [—] m'a prié de vous dire qu'il ne pense pas que le traité puisse être ratifié sans deux amendements : l'un

(1) Sénat, *Document* n° 51, p. 32-33.
(2) M. Beaupré à M. Hay, Sénat, *Document* n° 51, p. 29.
(3) *Ibid.*, Sénat, *Document* n° 51, p. 30.

à l'article 1er, stipulant le payement de 10 millions par la Compagnie du canal pour l'autorisation de transférer [ses droits]; l'autre, à l'article 25, portant le payement à 15 millions » (1). La réponse du secrétaire d'État américain fut nette et péremptoire : « Aucun des amendements proposés mentionnés dans votre télégramme reçu ce jour n'a chance d'être accepté par le Sénat des États-Unis, tandis que tout amendement de quelque nature que ce soit ou tout délai inutile dans la ratification du traité mettrait grandement en danger sa consommation » (2).

Le traité avait été envoyé par le Sénat colombien à une Commission spéciale qui présenta le 4 août un rapport signé par la majorité de ses membres. Le rapport concluait à l'adoption du traité, sous la réserve d'un certain nombre d'amendements. Il demandait l'abrogation des restrictions à la souveraineté de la Colombie, autorisées en faveur des États-Unis dans la zone concédée : le traité devrait « indiquer clairement que la Colombie n'accorde aux États-Unis que le droit de se servir de la zone du canal et des parties du territoire adjacent, en tant seulement qu'il sera nécessaire pour son exploitation, et exprimer avec précision que les droits concédés aux États-Unis sont une sorte de servitude, excluant toute idée d'un transport de souveraineté » ; tout ce qui était relatif « à l'établissement dans la zone concédée de tribunaux des États-Unis et à l'application des lois de ce pays en territoire colombien » devait être également supprimé, « comme contraire à la Constitution » ; le rapport demandait en outre

(1) *Ibid.*, Sénat, *Document* n° 51, p. 35.
(2) M. Hay à M. Beaupré, Washington, 13 juillet 1903, Sénat, *Document* n° 51, p. 36.

que le traité mentionnât expressément « la condition que les Compagnies du canal et du chemin de fer de Panama seraient obligées de conclure avec le gouvernement colombien un accord fixant les conditions moyennant lesquelles celui-ci leur donnerait le consentement nécessaire pour qu'elles pussent transférer leurs droits aux États-Unis » (1). C'était le rejet des conditions regardées comme fondamentales par le gouvernement américain. Celui-ci, inquiet des nouvelles reçues de Bogota, et voulant à tout prix obtenir la ratification intégrale du traité, avait de nouveau télégraphié à son ministre, le 31 juillet, l'autorisant à la rendre publique, s'il le jugeait nécessaire, son inébranlable décision, afin d'influer sur l'opinion du Congrès : « Les Instructions qui vous ont été envoyées jusqu'ici montrent le grand danger d'amender le traité. Ce gouvernement n'a aucun droit ni aucune compétence pour traiter avec la Colombie dans le but d'imposer de nouvelles obligations financières à la Compagnie du canal, et le Président refuserait de soumettre à notre Sénat aucun amendement dans ce sens, mais le regarderait comme annulant la négociation et comme un échec des tentatives faites pour conclure un traité satisfaisant avec la Colombie. Aucun payement additionnel par les Etats-Unis ne recevra l'approbation du Sénat des États-Unis, tandis que tout amendement obligeant à soumettre encore une fois à ce corps le traité mettrait très certainement son existence même en péril. Vous avez toute liberté pour faire usage officieusement d'une manière discrète de vos instructions dans les milieux con-

____

(1) *Canal de Panama. Documentos relacionados con este asunto, que se publican por orden del senado de la Republica.* Bogota, Imprenta nacional, 1903. (Deux membres de la Commission présentèrent chacun un rapport particulier.)

venables. Le gouvernement et le Congrès colombien devraient se convaincre du grave risque qu'ils courent e ruiner la négociation par des amendements imprudents » (1). Ce télégramme parvint au ministre américain le 5 août, au commencement de l'après-midi. M. Beaupré avait déjà adressé une Note, dans la matinée, au ministre des Affaires étrangères de Colombie pour appeler son attention sur la situation dangereuse que créerait l'adoption par le Sénat du rapport sur le traité. Au reçu du télégramme du secrétaire d'État, il envoya aussitôt une seconde Note reproduisant à peu près les termes de la dépêche, qu'il faisait précéder de cette phrase comminatoire : « Je puis dire que les circonstances qui ont précédé la négociation entière du traité relatif au canal, telles qu'elles sont confirmées par les informations officielles entre les mains de mon gouvernement, sont de nature à autoriser pleinement les États-Unis à regarder toute modification aux termes du traité comme un manque de foi de la part du gouvernement colombien, susceptible d'amener les complications les plus sérieuses dans les relations amicales qui ont existé jusqu'ici entre les deux pays » (2).

Le 12 août, le Sénat de Colombie rejetait dans son intégralité le traité Hay-Herran. « Comme je vous en ai informé à plusieurs reprises, — écrivait le ministre américain à son gouvernement, le 15 août, — la ratification a paru presque sans espoir dès le commencement, sans l'influence active du gouvernement, et celui-ci n'a jamais

(1) M. Hay à M. Beaupré, Washington, 31 juillet 1903, Sénat, *Document* n° 51, p. 40.

(2) M. Beaupré à Docteur Rico, Bogota, 5 août 1903, Sénat, *Document* n° 51, p. 48.

agi. Les nationalistes, sous la conduite du sénateur Caro, ont été trop ardents dans leurs efforts pour permettre au gouvernement de prêter attention aux avantages du traité. Les libéraux, bien que non représentés au Congrès, sont le facteur le plus actif dans la formation de l'opinion publique, et ils ont pris une position presque identique. Les planteurs de café et les exportateurs, qui croient que leurs affaires seraient ruinées par une baisse du change, ont été assez peu patriotes pour placer leurs intérêts personnels au-dessus des intérêts du pays, et ils ont été opposés au traité parce que, une fois les dix millions de dollars payés à la Colombie, le change tomberait si bas que le café cultivé dans l'intérieur ne pourrait plus être exporté. Les représentants de Panama eux-mêmes sont devenus depuis quelque temps si imbus de l'idée de l'établissement d'une République indépendante, qu'ils ont été plus ou moins indifférents au sort du traité. En fait, le traité n'a eu aucuns amis ni soutiens actifs, et, s'il finit par être ratifié, ce sera par suite de l'attitude énergique prise par les États-Unis, et par la répétition constante que l'entente amicale entre les deux pays dépend de la ratification (1). » M. Beaupré n'avait cependant que peu d'espoir de voir cette solution triompher. Le même jour où il rejetait le traité, le Sénat nommait une Commission de trois membres pour rédiger un projet de loi qui spécifierait les conditions principales auxquelles le Président devrait se conformer dans tout traité relatif à la construction du futur canal. Ce Comité déposait son rapport le 4 septembre. Le texte proposé exigeait comme bases de la convention éventuelle : la neu-

---

(1) M. Beaupré à M. Hay, Sénat, *Document* n° 51, p. 56.

tralité du canal et la reconnaissance de la souveraineté de la Colombie sur son territoire entier et sur ses habitants ; il ne permettait d'organiser que des tribunaux mixtes ; la Compagnie du canal était autorisée à transférer ses droits moyennant le payement à la Colombie de dix millions de dollars ; le bail de la zone du canal, non compris Panama et Colon, devait être consenti pour cent ans, au prix d'une rente annuelle de 150.000 dollars, jusqu'en 1967, et à chaque renouvellement pour une nouvelle période de cent ans, la redevance devait être augmentée de 20 pour 100 ; en outre, le gouvernement contractant devrait payer à la Colombie, à l'époque de l'échange des ratifications, vingt millions de dollars (1). Ce projet fut adopté par le Sénat en première lecture, le 14 septembre. L'augmentation considérable des avantages pécuniaires exigés semblait donner raison à l'opinion que les législateurs colombiens, persuadés que les États-Unis ne parlaient de l'éventualité d'adopter le tracé de Nicaragua que comme une simple menace qu'ils n'oseraient mettre à exécution, croyaient pouvoir obtenir d'eux des conditions beaucoup plus élevées que celles auxquelles ils déclaraient vouloir se tenir, tandis que la conduite indécise du Président pendant le débat sur le traité justifiait la suspicion qu'il n'avait acquiescé à sa signature qu'avec l'arrière-pensée d'en entraver ensuite la ratification (2).

(1) *Ibid.*, 5 septembre, Sénat, *Document* n° 51, p. 63.

(2) Une lettre du sénateur Perez y Soto au Président Marroquin, publiée en septembre 1903, corrobore singulièrement cette opinion. Dans cette lettre, le sénateur disait : « Lorsque nous (le sénateur et le Président) nous rencontrâmes de nouveau, en décembre (1902), mon premier soin fut de vous engager à ne permettre que rien fût signé — rien de ce qui à l'époque était en discussion avec le gouvernement américain — car, en ayant la patience d'attendre, nous pouvions obtenir de plus grands avan-

A la fin de septembre, le ministre américain écrivait à son gouvernement qu'il avait eu connaissance d'un plan nouveau, qui paraissait rencontrer faveur parmi les membres du Sénat colombien. Des esprits habiles, mais dénués de scrupules, pensaient avoir trouvé le moyen de dépouiller de ses droits la Compagnie nouvelle du canal de Panama. La concession accordée à la Compagnie le 4 avril 1893, qui amendait les concessions antérieures du 23 mars 1878 et du 10 décembre 1890, lui accordait une extension de dix années, jusqu'au 31 décembre 1904. En 1900, pendant une période de révolution, une nouvelle prorogation de six années, jusqu'au 31 octobre 1910, avait été consentie à la Compagnie moyennant le payement d'une somme de cinq millions de francs. Ce dernier accord n'avait fait l'objet que d'un décret. Or, certains publicistes et jurisconsultes soutenaient que cette mesure était, en l'espèce, insuffisante, et que, par suite, la prolongation accordée en 1900 était nulle. S'il en était ainsi, il suffisait d'attendre jusqu'à la fin de 1904 pour voir expirer les droits de la Compagnie. La Colombie pourrait alors demander aux États-Unis, non seulement les dix millions de dollars qu'ils avaient consenti à lui donner par le traité Hay-Herran, mais encore les quarante millions qu'ils offraient à la Compagnie (1). Le calcul

tages dans le traité relatif au canal. Vous me répondîtes que le gouvernement pouvait très bien laisser signer le traité, en laissant au Congrès le soin de faire les modifications qu'il jugerait convenables. Je vous fis observer que c'était une ligne de conduite dangereuse, parce que les Américains ne plaisantent pas, et je vous dis que vous n'échapperiez pas à la responsabilité en faisant des concessions *ad referendum* ». Cité dans une dépêche de M. Beaupré à M. Hay, du 11 septembre 1903, Sénat, *Document* n° 51, p. 66.

(1) M. Beaupré à M. Hay, 30 septembre 1903, Sénat, *Document* n° 51, p. 77.

était séduisant. La question ne fut pas cependant discutée au Congrès colombien, et celui-ci se sépara le 31 octobre, sans que le Sénat eût fait autre chose que rejeter, par son vote du 12 août, le traité Hay-Herran. Le refus de ratification était justifié par l'impossibilité pour la Colombie d'abandonner l'exercice de la souveraineté sur une portion de son territoire. Le 1er novembre, le gouvernement publiait un Manifeste, critiquant sévèrement les actes du dernier Congrès, et déclarant que le chargé d'affaires colombien à Washington avait reçu l'ordre d'ouvrir de nouvelles négociations avec les États-Unis relativement à l'achèvement du canal interocéanique. Les négociations ne devaient pas être reprises.

VII

Le refus de la Colombie de ratifier le traité du 22 janvier préoccupait vivement le Président Roosevelt. La loi Spooner l'obligeait, en cas d'insuccès auprès de ce pays, après un délai raisonnable, à abandonner le tracé de Panama pour celui de Nicaragua. Or, il était profondément convaincu de la grave erreur que commettraient les États-Unis s'ils optaient pour le dernier. D'autre part, les difficultés qu'avait rencontrées au Sénat le vote de la loi Spooner, compromis entre les partisans des deux tracés, et les critiques qu'avait soulevées le traité Hay-Herran, jugé par une fraction assez importante insuffisant quant aux privilèges accordés aux États-Unis, lui montraient l'impossibilité de demander au Sénat des modifications à cette convention dans le sens des désirs du gouvernement colombien : diminution des droits politiques reconnus aux États-Unis dans la zone du canal, et augmentation de leurs redevances pécuniaires.

Le Président se rallia alors à une théorie qui lui fut soumise par des jurisconsultes ingénieux et qui permettait une action immédiate et vigoureuse, pour vaincre la résistance du gouvernement colombien. Suivant cette théorie, « la garantie donnée par les États-Unis à la Colombie, par le traité de 1846, ayant pour objet fondamental d'assurer l'isthme au transit interocéanique, la Colombie n'avait pas le droit, dans les conditions existantes, de se refuser à conclure avec les États-Unis un accord équitable, dans ce but, sans violer l'esprit et répudier en fait les obligations d'un traité des avantages duquel elle avait bénéficié pendant plus de cinquante ans » (1). « Mon intention, — ajoute M. Roosevelt, dans son Message du 4 janvier 1904, — était de consulter le Congrès sur la question de savoir si, dans les circonstances présentes, il ne serait pas convenable d'annoncer que l'achèvement du canal devait être poursuivi ; que nous maintiendrions les conditions que nous avions offertes, sans y consentir aucune modification ; et que si ces conditions n'étaient pas acceptées [par la Colombie] nous conclurions un accord directement avec [la province de] Panama, ou nous prendrions telles autres mesures qui seraient nécessaires pour commencer l'entreprise. » Ce plan audacieux aurait-il reçu l'approbation de l'opinion publique, et réuni une majorité suffisante au Congrès ? Un homme fort intéressé à cette question, M. Bunau-Varilla, qui était à cette époque à New-York, déclare que « personne ne manifestait la moindre sympathie pour une pareille formule ; les amis les mieux placés

____

(1) Message du 4 janvier 1904. — Le Président avait pris cette théorie pour base des recommandations qu'il entendait adresser au Congrès sur la question du canal interocéanique dans son Message annuel de décembre. Le passage relatif à ce sujet avait été rédigé par lui dès le commencement d'octobre, et il fut rendu public au début du mois suivant, quelque temps après la révolution de Panama.

pour connaître la future opinion publique... ne me cachèrent pas que même si le Président Roosevelt recommandait cette théorie dans son Message, cela resterait lettre morte, que rien n'en résulterait, que cela passerait parmi les nombreuses représentations qu'émettent les Présidents de la République dans leurs Messages et qui restent bien souvent de simples vœux (1). »

Une autre alternative s'offrait cependant : la sécession de la province de Panama. Si celle-ci, rompant les liens qui l'unissaient à la Colombie, proclamait son indépendance et acceptait de traiter avec les États-Unis aux termes proposés par eux, les calculs du gouvernement colombien seraient frustrés, et les désirs des États-Unis accomplis. C'est cette alternative qui se réalisa.

La tentation devait être forte pour les Panamiens, surtout pour le petit nombre de personnages politiques et d'hommes d'affaires qui représentaient la classe agissante de la province, de se séparer de la Colombie. Le choix du tracé de Nicaragua par les Américains, qui eût été une perte très sensible pour la Colombie, était pour la province de Panama la ruine définitive de ses espérances : c'était l'abandon irrémédiable des chances de fortune dont la nature l'avait dotée. D'autre part, en traitant seule avec les États-Unis, elle s'assurerait la totalité des avantages pécuniaires dont elle ne devait recueillir qu'une minime partie si ces derniers traitaient avec le gouvernement colombien. Ces désirs de sécession étaient en outre accentués par l'indifférence que les autorités de Bogota avaient toujours montrée à l'égard de la province.

(1) Philippe Bunau-Varilla, *La question de Panama,* dans la *Nouvelle Revue* du 15 avril 1904.

L'éventualité de la sécession de Panama n'était pas ignorée à Bogota, où les représentants de ce département au Congrès n'avaient pas caché la possibilité d'une révolte dans le cas où le traité Hay-Herran ne serait pas ratifié (1). Une incertitude régnait cependant sur l'attitude qu'adopteraient en pareil cas les États-Unis, incertitude qui tranquillisait le gouvernement colombien et devait faire hésiter les Panamiens à prendre une résolution définitive. Par l'article 35 du traité de 1846, les États-Unis s'étaient engagés à garantir à la Nouvelle-Grenade (devenue plus tard les États-Unis de Colombie, puis la République de Colombie), outre la neutralité de l'isthme de Panama, ses droits de souveraineté et de propriété sur cette partie de territoire. Le gouvernement améri_cain ne s'en tiendrait-il pas à l'interprétation stricte du traité, et ne se regarderait-il pas comme tenu de conserver l'isthme à la Colombie, en dépit de la volonté des habitants de Panama ? Ou, tout au moins, n'opterait-il pas pour une attitude de stricte neutralité, qui aurait bien des chances d'être fatale aux révolutionnaires, entre la métropole et la province révoltée ?

Le rejet du traité par le Sénat colombien, le 12 août, donna le signal des préparatifs de révolution dans l'isthme. A partir du mois de septembre, la presse américaine commença à tenir ses lecteurs au courant des événements qui semblaient se préparer. Le 31 août, la *Washington Post* insérait un télégramme, qui lui avait été adressé de San José, Costa-Rica, disant : « Des voyageurs venant de Panama déclarent que l'isthme est à la veille d'une

(1) Dépêches de M. Beaupré à M. Hay, des 5 juillet, 31 août, 11 septembre, Sénat, *Document* n° 51, p. 30, 62, 65.

nouvelle révolution... Des centaines d'armes confisquées par le gouvernement colombien à la suite de la dernière révolte reparaissent, provenant de quelque source mystérieuse, et des milliers de fusils, qui ressemblent fort aux Mausers capturés par les États-Unis à Cuba, sont répartis des points centraux entre les forces qui se préparent... L'opinion générale des derniers arrivés dans l'isthme est que la révolution approche et qu'elle réussira » (1). Des officiers américains revenant d'un voyage de quatre mois dans les parties septentrionales du Vénézuéla, et de la Colombie s'arrêtèrent à leur retour, à la fin de septembre, dans l'isthme. Impressionnés par ce qu'ils apprirent, ils en informèrent dès leur arrivée le commandant en chef, le lieutenant-général Young, qui leur procura une entrevue avec le Président. Suivant leur rapport, « leur séjour dans l'isthme les avait convaincus, sans que le moindre doute subsistât dans leur esprit, que, comme conséquence du mécontentement causé par le refus de la Colombie de ratifier le traité Hay-Herran, un parti révolutionnaire était en voie d'organisation, ayant pour objet la séparation de l'État de Panama de la Colombie, et pour chef le Dr Richard Arango, ancien gouverneur de Panama ; que des armes et munitions étaient introduites en contrebande dans la ville de Colon ;... que presque chaque citoyen dans Panama avait un rifle ou un fusil, ainsi que des munitions ; que dans la ville de Panama on avait organisé une brigade de pompiers qui n'était qu'une organisation révolutionnaire déguisée ; qu'il y avait des représentants de l'organisation révolutionnaire à tous les points impor-

____

(1) Cité par le Président Roosevelt dans son Message du 4 janvier 1904.

tants de l'isthme ; qu'à Panama, Colon et toutes les autres villes de l'isthme des forces de police avaient été organisées qui étaient en réalité des forces révolutionnaires ; que la population de l'isthme semblait unanime dans son sentiment contre le gouvernement de Bogota, et son mécontentement du refus de ce gouvernement de ratifier le traité ayant en vue la construction du canal, et qu'on pouvait s'attendre à une révolution immédiatement après l'ajournement du Congrès colombien s'il ne ratifiait pas le traité (1). »

Les forces directrices du mouvement révolutionnaire n'étaient d'ailleurs pas dans l'isthme : c'est de New-York que la révolution fut en réalité dirigée. C'est là que les chefs du mouvement trouvèrent les subsides nécessaires à toute entreprise de ce genre. Le 10 septembre, le *New-York Herald* publiait la note suivante : « Des représentants de gros intérêts dans l'isthme de Panama, qui ont établi leur quartier général dans cette ville, combinent en ce moment un plan d'action pour être entrepris en coopération avec des hommes de Panama et de Colon, qui aient des vues analogues, pour faire une révolution et constituer à Panama un gouvernement indépendant de celui de Bogota. » (2). Un Français, l'ingénieur Philippe Bunau-Varilla, intéressé depuis longtemps au projet du canal de Panama, était l'âme, ou tout au moins un des principaux inspirateurs, du mouvement. C'est lui, semble-t-il, qui convainquit les Panamiens qu'une sécession de leur part ne pouvait, dans les circonstances actuelles, qu'être vue avec faveur par les États-Unis : « Les gens de Panama,

(1) Message du 4 janvier 1904.
(2) Message du 4 janvier 1904.

— dit-il dans un article où il a exposé lui-même son rôle, — voulaient des subsides, avaient cru que le gouvernement [américain] allait entrer dans un complot avec les délégués de l'isthme... Il n'était pas nécessaire d'avoir une promesse du gouvernement americain, si l'on pouvait à son insu déterminer par avance et par un calcul précis quelle devait être nécessairement son action en face d'un fait déterminé. Une étude très complète, très profonde, permettait de faire un calcul d'ordre politique qui avait le caractère et la précision d'un calcul trigonométrique. Il n'y a pas besoin d'étendre une corde le long de l'obélisque pour connaître sa hauteur. On peut la calculer à distance, sans la toucher. Eh bien, c'est ce procédé trigonométrique, si je puis m'exprimer ainsi, qui permettait de déterminer quelle serait l'action du gouvernement américain dans le cas où une révolution éclaterait, en se basant sur les lois qui dictaient son action traditionnelle et qui s'imposaient on peut dire indépendamment des idées personnelles des détenteurs du pouvoir » (1). Il est permis de croire que M. Bunau-Varilla, par les relations qu'il avait dans le monde politique américain, était renseigné sur les sentiments que pourrait susciter chez le Président Roosevelt et son entourage immédiat l'action qu'il espérait mener à bonne fin. Quoi qu'il en soit, « le docteur Amador quitta New-York le 20 octobre 1903. Il arriva dans l'isthme le 27. Il partait avec la résolution de frapper le coup libérateur de sa patrie le 4 novembre ».

L'administration américaine n'ignorait naturellement pas l'effervescence régnant à Panama : les renseignements

(1) Philippe Bunau-Varilla, *La question de Panama* dans la *Nouvelle Revue* du 15 avril 1904.

de ses agents eussent suffi à l'éclairer sur ce sujet. Elle ne pouvait ignorer non plus les agissements de la Junte panamienne de New-York. Le Président avait assurément arrêté déjà sa ligne de conduite, et il était décidé à ne rien faire pour entraver une révolution dont la réussite devait permettre aux États-Unis de réaliser enfin une de leurs ambitions les plus chères : avoir un canal isthmique américain, en territoire américain. Le gouvernement de Washington a-t-il joué un rôle plus actif à l'égard de cette révolution ? Ses négations à ce sujet sont évidemment trop intéressées pour ne pas être suspectes. Rien cependant, on doit le reconnaître, ne rendait une telle action nécessaire. Sans se mêler aucunement de l'affaire, ce qui l'eût mise en fâcheuse posture, il suffisait à l'administration de prendre les mesures nécessaires pour bénéficier du fait accompli et empêcher l'échec d'une tentative si désirable pour les États-Unis. Le 19 octobre, — coïncidence singulière, si on se rappelle que le lendemain le docteur Amador quittait New-York pour Panama, — le département de la marine donnait l'ordre au croiseur *Boston* de se rendre à San Juan del Sur, Nicaragua ; au *Dixie* de se préparer à quitter League Island ; et à l'*Atlanta* de se diriger vers Guantanamo. Le 30, le *Nashville* reçut à son tour l'ordre de se rendre à Colon. Le 2 novembre, « lorsque, — dit le Président dans son Message du 4 janvier, — le Congrès colombien s'étant ajourné, il fut évident que la révolution était imminente, et lorsqu'il fut annoncé que des deux côtés on préparait des forces dont la rencontre amènerait une effusion de sang et du désordre, les troupes colombiennes ayant été embarquées sur des vaisseaux, les instructions suivantes furent envoyées aux commandants du *Boston*, du *Nashville* et du *Dixie* : Maintenez le transit libre et ininterrompu. Si l'interruption est menacée par la force armée, occupez la ligne du chemin de fer. Empêchez le débarquement de toute force armée ayant une intention hostile, soit gouvernementale, soit insurgée, sur un point quelconque dans un rayon de cinquante milles autour de Panama. On annonce qu'une troupe gouvernementale approche de l'isthme, dans des transports. Empêchez le débarquement si vous jugez qu'il puisse amener un conflit ». Le Président invoquait pour envoyer ces ordres les droits et les obligations découlant pour les États-Unis de leur traité de 1846 avec la Colombie et la politique suivie dans des cas analogues par les administrations antérieures, en vertu de cette convention.

Le 3 novembre, le consul général américain à Panama télégraphiait à son gouvernement que la révolution avait eu lieu à six heures du soir. Le lendemain, il annonçait que l'indépendance avait été publiquement proclamée et qu'un gouvernement provisoire était organisé. Le même jour, 4 novembre, les trois consuls représentant ce gouvernement informaient officiellement le gouvernement américain de la naissance de la nouvelle République : « Secrétaire d'État, Washington. — Nous prenons la liberté de porter à la connaissance de votre gouvernement qu'hier après-midi, à la suite d'un mouvement populaire et spontané de la population de cette ville, l'indépendance de l'isthme a été proclamée, et la République de Panama étant instituée, son gouvernement provisoire a organisé un Comité exécutif formé de nous-mêmes, et nous sommes assurés de la force militaire nécessaire pour mener à bonne fin notre tentative » (1). Le 6, une nouvelle dépêche annonçait que « Colon et toutes les villes de l'isthme avaient adhéré à la déclaration d'indépendance proclamée à Panama, et que l'autorité de la République de Panama était obéie sur toute l'étendue de son territoire » (2). Le Comité exécutif avisait également le secrétaire d'État que M. Philippe Bunau-Varilla avait été nommé « envoyé extraordinaire et ministre plénipotentiaire près le gouvernement des États-Unis, avec pleins pouvoirs pour conduire toutes négociations diplomatiques et financières » (3).

La révolution de Panama était accomplie sans effusion de sang : des quelques troupes colombiennes qui se trouvaient à Panama et à Colon, la plupart firent défection ; l'attitude des Américains empêcha le reste d'agir. Une petite canonnière colombienne, *Bogota*, après avoir, le 4 novembre, envoyé quelques obus sur la ville de Panama, qui tuèrent un Chinois, se retira. A Colon, le 3 novembre, au point du jour, le *Nashville* vit une canonnière colombienne, *Cartagena*, qui était entrée dans le port pendant la nuit, amenant quatre cents ou cinq cents soldats. Suivant ses instructions, le commandant américain s'opposa au transport de ceux-ci à Panama par le chemin de fer ; après quelques pourparlers, les troupes colombiennes repartaient pour Carthagène le 4 novembre, dans la soirée.

Le gouvernement colombien, en apprenant l'insurrection, comprit la situation difficile où il était placé : s'il ne parvenait pas à conclure un accord avec les États-Unis, l'isthme était perdu pour la Colombie. Mettant tout

(1) Sénat, 58ᵉ Congrès, 2ᵉ session, *Document* n° 51, p. 112.
(2) Sénat, *Document* n° 51, p. 113.
(3) Sénat, *Document* n° 51, p. 113.

amour-propre de côté, il s'engagea aussitôt à leur accorder, en échange de leur aide, tout ce qu'ils demandaient. Le 6 novembre, le ministre américain à Bogota télégraphiait à Washington : « Sachant que la révolution est déjà commencée à Panama, [—] me dit que si le gouvernement des États-Unis débarque des troupes pour protéger la souveraineté colombienne et le transit, s'il en est prié par le chargé d'affaires de Colombie, ce gouvernement proclamera la loi martiale, et en vertu de l'autorité constitutionnelle dont il est investi, quand l'ordre public est troublé, il approuvera par décret la ratification du traité relatif au canal tel qu'il a été signé ; ou, si le gouvernement des États-Unis le préfère, il convoquera le Congrès en session extraordinaire, avec des membres nouveaux et amis, en mai prochain, pour approuver le traité... » (1). La démarche était trop tardive. Le même jour, le gouvernement américain avait télégraphié à son représentant à Bogota pour l'aviser qu'il avait reconnu la nouvelle République de Panama : « Le peuple de Panama ayant, par un mouvement apparemment unanime, rompu ses liens politiques avec la République de Colombie, repris son indépendance, et adopté un gouvernement particulier, de forme républicaine, avec lequel le gouvernement des États-Unis d'Amérique est entré en rapport, le Président des États-Unis, se fondant sur les liens d'amitié qui ont si longtemps et si heureusement existé entre ces nations, recommande vivement aux gouvernements de Colombie et de Panama de régler pacifiquement et équitablement tous les différends existants entre eux. Le Président estime

____

(1) Sénat, *Document* n° 51, p. 97.

qu'il est tenu, non seulement par des obligations conventionnelles, mais également par les intérêts de la civilisation, de veiller à ce que le trafic pacifique à travers
l'isthme de Panama ne soit pas plus longtemps troublé
par une succession constante de guerres civiles inutiles et
coûteuses » (1).

Le 13 novembre, l'envoyé extraordinaire de la République de Panama, M. Bunau-Varilla, était admis à présenter ses lettres de créance au Président des États-Unis.
Déjà, des pourparlers étaient engagés entre les plénipotentiaires du nouvel État et le secrétaire d'État américain,
pour la conclusion entre les deux pays d'un traité relatif
à l'achèvement d'un canal interocéanique, qui fut signé à
Washington cinq jours plus tard (2).

La Colombie ne laissa naturellement pas passer sans
protester l'acte qui la privait d'une partie de son territoire et d'une source de richesse aussi importante que la
voie du futur canal. Dès le 7 novembre, M. Herran,
représentant à Washington du gouvernement colombien,
protestait auprès du secrétaire d'État américain contre la
hâte mise par les États-Unis à reconnaître la République
de Panama. Le 23 novembre, le général Reyes, envoyé
de la Colombie en mission spéciale, remettait une Note
étendue dans laquelle il exposait les griefs de son gouvernement (3). Ces griefs se rapportaient à deux chefs prin-

(1) Sénat, *Document* n° 51, p. 98.
(2) Le 16 novembre, le gouvernement français autorisait son ambassadeur à Washington à entrer en relations diplomatiques avec le représentant de la République de Panama, que reconnurent à leur tour, bientôt
après, l'Allemagne, l'Autriche, la Russie, etc.
(3) Sénat des États-Unis, 18° Congrès, 2° session, *Document* n° 95.
Général Reyes à M. Hay, Washington, 23 décembre 1903, p. 1-12.

.cipaux : l'exigence des États-Unis à vouloir que le traité du 22 janvier fût ratifié sans amendement, et leur attitude au moment de la révolution à Panama, ainsi que leur reconnaissance hâtive de la nouvelle République.

Suivant la Constitution et les lois colombiennes, c'est au Congrès qu'il appartient d'approuver ou de désapprouver les traités signés par le gouvernement. En désapprouvant la convention Hay-Herran le Congrès avait donc usé uniquement de son droit. Or, suivant le gouvernement colombien, cette action avait été imposée au Congrès par l'attitude même des États-Unis. La convention violait la Constitution colombienne en abandonnant à une puissance étrangère l'exercice de ses droits de souveraineté sur une partie du territoire colombien : « de là, les vifs efforts faits par le Sénat en essayant de se rendre compte si le gouvernement américain consentirait à accepter certains amendements tendant spécialement à éviter dans toute la mesure du possible toute restriction par le traité à la juridiction de la nation sur son territoire ». — « Le témoignage des efforts du Sénat dans ce sens, — ajoutait la Note — est abondant, et je crois fermement que ce corps aurait approuvé la convention avec des amendements acceptables par les États-Unis, si le ministre américain à Bogota n'avait pas déclaré à plusieurs reprises, de la manière la plus positive, que son gouvernement repousserait tout amendement qui pourrait être présenté ».

D'ailleurs, en présence même des termes formels de la loi Spooner, le gouvernement colombien pouvait croire que « le seul mal que pourrait éprouver la Colombie au cas où son Congrès désapprouverait le traité, serait l'adoption

par les États-Unis de la voie de Nicaragua », tandis
que « la reconnaissance prématurée par les États-Unis de
la province de Panama, se levant en armes pour se séparer
du pays dont elle fait partie, alors qu'il est de notoriété
publique que la mère-patrie a des forces suffisantes pour
la réduire à l'obéissance, constitue, suivant les auteurs
anciens et modernes les plus autorisés du droit des gens,
non seulement une grave offense à l'égard de la Colombie,
mais aussi une attaque formelle sur ses biens ». Les faits
mêmes, disait la Note, permettaient de croire que le gouvernement américain anticipait au moins la révolution :
« Il est bon de dire qu'avant même que la nouvelle d'une
révolution dans l'isthme fût divulguée, les croiseurs américains qui atteignirent leur destination, précisément la
veille du mouvement, naviguaient dans les eaux des
océans Atlantique et Pacifique. Des câblogrammes publiés
dans un document officiel montrent que, deux jours avant
le mouvement, le secrétaire de la marine envoya des
ordres à ces croiseurs pour empêcher le débarquement
des troupes du gouvernement de Colombie sur le territoire de Panama. Un officier du gouvernement des États-
Unis interdit à la Compagnie du chemin de fer de transporter à Panama, comme ses obligations le lui imposaient,
un bataillon qui venait d'arriver à Colon, venant de
Bogota, au moment même où son arrivée à Panama aurait
entravé ou supprimé toute tentative révolutionnaire ».

La précipitation avec laquelle les États-Unis ont reconnu
la nouvelle République n'était-elle pas en outre contraire
à l'équité ? « Le laps de plusieurs années est nécessaire
pour que les faits puissent établir le droit ». N'était-elle
pas opposée aussi à la pratique constamment suivie pré-

cédemment par les États-Unis dans des cas analogues ? Enfin, les États-Unis n'avaient-ils pas, dans les engagements contractés par eux vis-à-vis de la Colombie, dans le traité de 1846, d'où ils avaient tiré des avantages nombreux, une obligation particulière de faire respecter la souveraineté de celle-ci ? « En s'engageant à garantir la « parfaite neutralité et propriété de l'isthme », on ne pouvait supposer que les mots « neutralité » et « propriété » pourraient recevoir une autre interprétation que la signification technique qu'ils ont. Si, par un coup de main, les révolutionnaires ont enlevé à la Colombie la propriété de l'isthme, il semble naturel que les États-Unis, tenus par leurs engagements, devraient rendre la propriété à son propriétaire légitime ». La Colombie avait des forces suffisantes pour vaincre la rébellion, mais, pour que cela lui fût possible, il fallait que le gouvernement américain gardât dans la dispute une attitude de neutralité absolue : « En ne le faisant pas, ce gouvernement a violé lui-même « les droits de souveraineté et de propriété que la Colombie a et possède sur le dit territoire », et n'a par conséquent pas rempli l'obligation contractée par lui, dans l'article 35 du traité de 1846, de faire respecter ces droits ».

Le général Reyes concluait en proposant de soumettre à l'arbitrage du tribunal de la Haye les réclamations que croyait pouvoir adresser la Colombie au gouvernement américain, pour avoir violé ses obligations conventionnelles.

Dans sa réponse à la Note colombienne, le secrétaire d'État américain (1) faisait remarquer en commençant

(1) M. Hayes au général Reyes, 5 janvier 1904, Sénat, *Document* n° 75, p. 12-25.

qu'il y avait un fait sur lequel il était impossible de revenir : il ne saurait plus être porté atteinte à l'indépendance de la République de Panama, reconnue maintenant par les États-Unis et par plusieurs autres puissances. Il reconnaissait que le traité du 22 janvier devait être, ainsi d'ailleurs qu'il était dit dans le texte même, ratifié par le Congrès colombien, mais il protestait vivement contre la conduite observée à l'égard du traité par le gouvernement lui-même. « Dans un sens technique, il est exact que la conduite suivie à l'égard du traité à Washington n'a pas été différente de celle suivie à Bogota. Mais, dans un sens plus large, aucune affirmation de ce genre ne pourrait être plus trompeuse. La convention fut soumise au Sénat des États-Unis dès le lendemain de sa signature. Du début à la fin, elle fut cordialement soutenue par l'administration, et le 17 mars elle était approuvée sans amendement. La conduite suivie à Bogota est l'antithèse complète de celle du gouvernement américain. Le Département n'est pas disposé à contredire le principe suivant lequel les traités ne lient définitivement les parties que lorsqu'ils sont ratifiés ; mais c'est aussi une règle courante, que les traités, sauf lorsqu'ils ont pour cause des droits privés, lient, à moins qu'il soit autrement prévu, les parties contractantes à dater de leur signature, et que, en ce cas, l'échange des ratifications confirme le traité à partir de cette date. Cette règle implique nécessairement que les deux gouvernements, en consentant le traité par l'intermédiaire de leurs représentants dûment autorisés, s'engagent, en attendant sa ratification, non seulement à ne pas s'opposer à sa consommation, mais aussi à ne rien faire de contraire à ses termes ». Or, l'avis adressé par le gouvernement colombien aux Compagnies du canal et du chemin de fer de Panama pour les informer qu'elles devaient obtenir une autorisation spéciale pour transmettre leurs droits, et la demande d'une indemnité de leur part, violaient assurément l'article 1er du traité Hay-Herran. L'appel du gouvernement à la presse pour l'inviter à discuter la convention, en laissant entendre que ses termes pouvaient être modifiés, fut une seconde répudiation de ses engagements. Enfin, la tactique, sinon expressément, du moins tacitement adoptée par le Congrès colombien, d'arguer d'une subtilité juridique pour dépouiller au profit de la Colombie la Compagnie du canal de Panama de ses droits, était un plan auquel le gouvernement américain ne pouvait prêter son concours.

La révolution de Panama, la création d'un gouvernement indépendant dans l'isthme vint changer brusquement la situation. Le secrétaire d'État refusait naturellement de tenir compte des insinuations de la Note colombienne relatives à la part qu'auraient prise les États-Unis à ce mouvement, et d'engager un débat sur ce sujet. La seule chose qu'il voulait retenir, c'était la critique adressée aux États-Unis d'avoir violé, en reconnaissant la nouvelle République, le traité de 1846. « Le traité n'avait d'autre raison d'être que l'adaptation de l'isthme au transit interocéanique... La garantie par les États-Unis de la neutralité de l'isthme, et de la souveraineté et de la propriété de la Nouvelle-Grenade sur celui-ci, avait été donnée précisément pour la réalisation de ce dessein. Dans ce but, les États-Unis entreprirent de protéger le souverain de l'isthme contre les attaques de puissances étrangères.

Les puissances visées à l'origine étaient les puissances européennes, mais le traité ne faisait aucune distinction. La théorie sur laquelle le gouvernement colombien base ses griefs, que le traité obligeait le gouvernement des États-Unis à protéger le gouvernement de la Nouvelle-Grenade contre une insurrection domestique ou ses conséquences, ne trouve aucun appui dans les faits, et est, par sa nature même, inadmissible... On ne peut, en vérité, imaginer que la Nouvelle-Grenade désirait que les États-Unis intervinssent dans ses révolutions intérieures, ou que les États-Unis acceptassent pareille chose ».

La situation créée par la déclaration d'indépendance de la République de Panama ne permettait aux États-Unis, suivant le secrétaire d'État, aucune hésitation sur la conduite à tenir : leurs droits et leurs intérêts, les intérêts mêmes du monde civilisé la leur dictaient : « D'un côté, se trouvait le gouvernement de la Colombie invoquant, au nom du traité de 1846, l'appui des États-Unis pour l'aider à réprimer la révolution ; de l'autre, était la République de Panama, créée afin que le grand dessein que visait ce traité pût ne pas toujours être entravé, mais au contraire pût être enfin réalisé. L'isthme était menacé par la désolation d'une nouvelle guerre civile; et les droits et les intérêts des États-Unis n'étaient pas seuls en question, les intérêts du monde civilisé étaient également en jeu. La République de Panama favorisait ces intérêts ; le gouvernement de Colombie y était opposé ; contraint de choisir entre ces deux alternatives, le gouvernement des États-Unis, qui n'était aucunement responsable de la situation nouvelle, n'hésita pas. Il reconnut l'indépendance de Panama, et les autres puissances ont mis le sceau de leur approbation sur son jugement et son action dans cette circonstance ».

M. Hay déclarait enfin que le gouvernement des Etats-Unis « emploierait volontiers ses bons offices auprès de la République de Panama, en vue d'amener [entre elle et la Colombie] un arrangement sur une base loyale et équitable ». Mais il ajoutait que son gouvernement ne voyait aucun motif d'accepter la proposition faite par la Colombie de recourir au tribunal de la Haye : « Les sujets contenus dans votre liste de griefs sont, à la vérité, d'une nature politique et tels que les nations ayant les idées les plus avancées sur l'usage de l'arbitrage international n'ont pas proposé ce moyen pour les résoudre. Les questions de politique étrangère et de reconnaissance ou de non-reconnaissance des États étrangers sont de nature purement politique, et ne sont pas du domaine des décisions judiciaires. » Dans une Note du 13 janvier, qui clôt la correspondance avec l'envoyé extraordinaire de Colombie, le gouvernement américain proposait une procédure qui lui paraissait susceptible de rétablir l'harmonie entre les Républiques de Colombie et de Panama. Il suggérait « de soumettre à un plébiscite la question de savoir si la population de l'isthme préférait faire allégeance à la République de Panama ou à celle de Colombie ; — et de déférer à une Cour spéciale d'arbitrage le règlement des questions d'ordre matériel qui sont une conséquence des faits précédant ou suivant la déclaration d'indépendance de Panama et sur lesquelles la Colombie ou le Panama peuvent raisonnablement différer ».

La Colombie ne fit aucune réponse à cette offre et abandonna une controverse que rendait inutile la volonté nettement exprimée du gouvernement des États-Unis, soutenu, en dépit des critiques adressées par certains hommes publics au Président sur la brusque façon dont il avait agi, par la grande masse de l'opinion publique américaine.

M. Roosevelt n'eut d'ailleurs pour réduire l'opposition, et justifier auprès des uns ou se faire pardonner par les autres sa conduite, qu'à produire le traité qu'il avait négocié avec les représentants de la République de Panama, et qui avait été signé à Washington le 18 novembre, quinze jours seulement après la révolution. Ce traité donnait toute satisfaction aux Américains et, sans doute, jamais une convention de ce genre n'eût pu être conclue avec une autre puissance qu'un État qui devait, sinon le jour, du moins la possibilité d'exister aux États-Unis, et sentait la nécessité pour assurer son existence de pouvoir compter sur leur appui constant. La convention du 18 novembre 1903 était pour la nouvelle République le prix dont elle payait la protection des États-Unis.

Par le traité conclu pour « assurer la construction d'un canal maritime à travers l'isthme de Panama en vue de joindre les océans Atlantique et Pacifique », la République de Panama concède « aux États-Unis, à perpétuité, l'usage, l'occupation et la souveraineté (*control*) d'une zone de terre et de la terre immergée pour la construction, l'entretien, l'exploitation, le maintien en bon état sanitaire et la protection dudit canal, de la largeur de dix milles, s'étendant à la distance de cinq milles de chaque côté de la ligne médiane de la route du canal ; ladite zone commençant dans la mer des Caraïbes à trois milles marins au-delà de la limite moyenne des basses eaux, avec la clause que les villes de Panama et de Colon, et les ports adjacents à ces villes, qui se trouvent dans les frontières de la zone ci-dessus décrite, ne seront pas compris dans la concession... » Elle leur concède également « à perpétuité toutes les îles situées dans les limites de la zone décrite et en outre le groupe des petites îles dans la baie de Panama, nommées Perico, Laos, Culebra et Flamenco » (art. 2).

Dans l'étendue de cette zone, la République fait abandon aux États-Unis de tous ses droits de souveraineté : « La République de Panama cède aux États-Unis tous les droits, le pouvoir et l'autorité, dans la zone mentionnée et décrite dans l'article 2 de cette convention et dans les limites de toutes les terres et eaux auxiliaires mentionnées et décrites dans ledit article 2, que les États-Unis posséderaient et exerceraient s'ils étaient souverains du territoire sur lequel sont situées lesdites terres et eaux, à l'entière exclusion de l'exercice par la République de Panama de tels droits souverains, pouvoir et autorité (art. 3). »

Les États-Unis reçoivent en outre « à perpétuité le monopole pour la construction, l'entretien et l'exploitation de tout système de communication au moyen d'un canal ou de chemins de fer à travers le territoire de la République de Panama entre la mer des Caraïbes et l'océan Pacifique » (art. 5).

La République concède aux États-Unis « tous les droits qu'ils possèdent actuellement ou qu'ils pourront acquérir par la suite sur la propriété de la Compagnie nouvelle du canal de Panama et de la Compagnie du chemin de fer de Panama comme un résultat du transfert de la souveraineté de la République de Colombie à la République de Panama sur l'isthme de Panama, et elle autorise la Compagnie nouvelle du canal de Panama à vendre et à transférer aux

États-Unis ses droits, privilèges, propriétés et concessions ainsi que le chemin de fer de Panama et toutes les actions ou parts d'actions de cette Compagnie... » (art. 8).

Bien que les villes de Panama et de Colon doivent demeurer en dehors du territoire concédé aux États-Unis, ceux-ci reçoivent le droit de les obliger, si la République y était impuissante, à se soumettre aux ordonnances sanitaires qu'ils croiront devoir édicter, et, en outre, le droit, autrement important, d'y assurer le maintien de l'ordre public, « au cas où la République ne serait pas capable, suivant le jugement des États-Unis, de l'assurer » (art. 7).

Les États-Unis reçoivent le droit, « au cas où il deviendrait nécessaire d'employer la force armée pour assurer la sûreté ou la protection du canal ou des navires l'employant, ou des chemins de fer et constructions accessoires, de faire usage, en tout temps et à leur discrétion, de leurs forces de police et de leurs forces terrestres et navales, ou d'établir des fortifications dans ce but » (art. 23).

Enfin, « pour assurer l'exécution des engagements de la convention et en vue d'assurer la protection efficace du canal et la conservation de sa neutralité », la République « vendra ou louera aux États-Unis les terrains nécessaires pour établir des stations navales et de charbon sur la côte du Pacifique et sur la côte des Caraïbes aux points qui seront fixés d'accord avec le Président des États-Unis » (art. 25).

En échange de ces avantages considérables, les États-Unis « garantissent et s'engagent à maintenir l'indépendance de la République de Panama » (art. 1); — et promettent de lui payer « dix millions de dollars-or, lors de l'échange des ratifications de la convention, et une redevance annuelle pendant la durée de cette convention de deux cent cinquante mille dollars-or, cette redevance devant commencer neuf ans après la même date... » (art. 14).

Les contractants déclarent que « le canal, lorsqu'il sera construit, ainsi que les entrées du canal, seront neutres à perpétuité, et seront ouverts aux conditions fixées par la section 1 de l'article 3, et en conformité avec toutes les stipulations du traité conclu entre les gouvernements des États-Unis et de la Grande-Bretagne le 18 novembre 1901 » (art. 18).

Le traité fut ratifié par le Comité du gouvernement provisoire de Panama le 2 décembre. L'administration américaine ne se souciait nullement de le voir soumettre à un débat dans le Parlement qui allait bientôt prendre la direction des affaires : elle entendait que tout fût réglé par ceux-là mêmes qui avaient fait la révolution. On eut donc recours à un subterfuge : on fit insérer dans le projet de Constitution qui allait être soumis au vote d'une Convention spéciale deux articles qui reconnaissaient, l'un, les concessions faites aux États-Unis, sans entrer dans aucun détail, et l'autre le droit d'intervention concédé à ceux-ci pour rétablir la paix publique et l'ordre constitutionnel, en échange de l'obligation prise par eux de garantir l'indépendance et la souveraineté de la République (1). La Constitution fut adoptée dans les premiers

---

(1) Constitution de la République de Panama :

Art. 3. — Le territoire de la République est composé de tout le territoire dont fut formé l'État de Panama par l'amendement à la Constitution de Grenade de 1853, le 27 février 1855, et qui devint en 1886 le département de Panama, y compris les îles, et le territoire continental et insulaire qui fut adjugé à la République de Colombie par l'arbitrage du Président de la République française, avec les restrictions juridictionnelles stipulées ou qui peuvent être stipulées dans l'avenir dans des traités ou

jours de février, sans qu'aucune modification eût été apportée à ces deux articles par lesquels la nouvelle République se plaçait, ainsi que l'avait déjà fait la République de Cuba, sous le protectorat des États-Unis.

Le Président Roosevelt avait envoyé le traité au Sénat américain, le 7 décembre, le jour même de l'ouverture de la session.

Dans son message, le Président reprenait l'argumentation employée par le secrétaire d'État dans sa réponse à la protestation du général Reyes, envoyé extraordinaire de la Colombie. Suivant lui, le traité de 1846 restait perpétuellement applicable entre les États-Unis et la puissance possédant l'isthme de Panama, quelles que soient les causes qui aient fait de celle-ci l'héritière de la Nouvelle-Grenade, avec laquelle le traité avait été conclu : « Aussi longtemps que l'isthme existe, le seul fait géographique de son existence, et l'intérêt particulier que notre situation nous contraint à y porter, perpétue le contrat solennel qui oblige les possesseurs du territoire à respecter notre droit de liberté de transit, et nous oblige en retour à sauvegarder pour l'isthme et le monde l'exercice de cet inestimable privilège. » Jamais, d'ailleurs, les États-

conventions conclus ou qui dans l'avenir peuvent être conclus avec les Etats-Unis d'Amérique, concernant la construction, l'entretien, la protection ou la conservation de l'état sanitaire de tous moyens de transit interocéanique.

Art. 131. — Le gouvernement des Etats-Unis d'Amérique peut intervenir dans toute partie de la République de Panama pour rétablir la paix publique et l'ordre constitutionnel au cas où ils viendraient à être troublés, pourvu que cette nation, par traité ou convention, conserve ou ait conservé l'obligation de garantir l'indépendance et la souveraineté de cette République. (Sénat des Etats-Unis, 38e Congrès, 2e session, *Document* n° 166.)

Unis n'avaient eu l'idée de protéger la Nouvelle-Grenade,
et, après elle, son héritière, la Colombie, contre des
troubles intérieurs dans l'isthme. Il citait à ce sujet les
opinions émises en diverses occasions par le gouvernement américain. Dès 1858, Cass, alors secrétaire d'État,
soutenait que la possession de l'isthme entraînait pour
la puissance propriétaire une sorte de servitude internationale : « Les événements ont rendu la route interocéanique à travers l'étroite portion de l'Amérique centrale des plus importantes pour le monde commercial, et
spécialement pour les États-Unis, dont les possessions
s'étendent le long des rivages de l'Atlantique et du Pacifique et nécessitent les moyens de communication les plus
rapides et les plus aisés. Tandis que les droits de souveraineté des États occupant cette région doivent être toujours respectés, nous comptons que ces droits seront toujours exercés dans un esprit favorable aux circonstances
et aux besoins nouvellement nés. La souveraineté a ses
devoirs aussi bien que ses droits... » En 1865, le secrétaire
d'Etat Seward déclarait que « les États-Unis n'avaient
pris ni ne témoignaient aucun intérêt dans les questions
relatives à une révolution intérieure dans l'État de Panama
ou quelque autre État des États-Unis de Colombie et qu'ils
conserveraient une parfaite neutralité à l'égard de ces disputes domestiques... Le but des stipulations [du traité de 1846]
était de garantir l'isthme contre toute saisie ou invasion
par une puissance étrangère seulement. » Le Président
informait ensuite le Congrès du refus de ratification par le
Sénat de la Colombie du traité conclu entre les États-Unis et
le gouvernement colombien au début de 1903, relativement
à la construction du canal isthmique, de la révolution sur-

vénue quelque temps après à Panama, et de la reconnaissance par le gouvernement américain de la nouvelle République, avec laquelle il avait négocié un traité ayant en vue le même objet. « Les faits cités plus haut, — continuait le Président, — établissent sans contestation possible : 1° que les États-Unis ont, pendant plus d'un demi-siècle, patiemment et de bonne foi, rempli les obligations contractées par eux dans le traité de 1846 ; 2° que, lorsque, pour la première fois, il fut possible pour la Colombie de faire quelque chose en reconnaissance des services que lui avaient rendus à plusieurs reprises, pendant cinquante-sept ans, les États-Unis le gouvernement colombien refusa d'une manière péremptoire de le faire, bien que ceci eût été à son avantage et encore plus à l'avantage de l'État de Panama, à cette époque sous sa juridiction ; 3° que, pendant cette période, des révolutions, des événements et des troubles de toute espèce se sont succédé presque sans interruption dans l'isthme, quelques-uns durant des mois entiers et même plusieurs années, sans que le gouvernement central fût capable d'y mettre fin ou de faire la paix avec les rebelles ; 4° que ces troubles, au lieu de montrer quelque tendance à diminuer, sont devenus au contraire plus nombreux et plus sérieux dans les dernières années ; 5° que la domination de la Colombie sur l'isthme ne pouvait être maintenue sans l'intervention armée et le concours des États-Unis. En d'autres termes, le gouvernement de Colombie, quoique entièrement incapable de maintenir l'ordre dans l'isthme, a néanmoins refusé de ratifier un traité dont la conclusion lui donnait la seule chance d'assurer sa propre stabilité et de garantir la paix permanente dans l'isthme, ainsi que d'assurer la construction d'un canal à travers celui-ci. Dans de pareilles circonstances, le gouvernement des États-Unis aurait été coupable de folie et de faiblesse, qui eussent été un véritable crime contre la nation, s'il avait agi autrement qu'il a fait lorsqu'éclata à Panama la révolution du 3 novembre. La grande entreprise de la construction d'un canal interocéanique ne peut être entravée par les lubies, ou sous prétexte de respecter l'impuissance gouvernementale, ou même des singularités politiques plus sinistres et méchantes, d'un peuple qui, bien qu'il agisse contre la volonté des habitants actuels de l'isthme, affirme une suprématie inexistante sur ce territoire. La possession d'un territoire jouissant d'avantages particuliers tels que ceux dont est qualifié l'isthme en question entraîne des obligations vis-à-vis du genre humain. Le cours des événements a montré que ce canal ne peut être construit par l'entreprise privée ou par une autre nation que la nôtre ; il doit donc être construit par les États-Unis. Le gouvernement des États-Unis a fait tous ses efforts pour persuader la Colombie d'adopter une conduite qui satisfaisait non seulement nos intérêts et les intérêts du monde, mais qui satisfaisait également les intérêts de la Colombie elle-même. Ces efforts ont échoué ; et la Colombie, par sa persistance à repousser les avances qui lui ont été faites, nous a forcés, pour sauvegarder notre honneur ainsi que l'intérêt, non seulement de notre peuple, mais aussi de la population de l'isthme de Panama et de la population des pays civilisés du monde, de prendre des mesures décisives pour mettre fin à une condition d'affaires qui était devenue intolérable... »

Le parti démocrate, qui cherchait, à la veille de l'élection présidentielle, une occasion de combattre le parti républicain et son candidat, M. Roosevelt, espéra l'avoir trouvée. N'osant pas attaquer le traité lui-même, auquel l'opinion publique était tout entière favorable, il essaya de faire porter le débat sur la conduite du Président à l'égard de la Colombie, conduite que les représentants de ce parti qualifiaient des épithètes les plus dures. Leur manœuvre ne réussit pas. La question que se posait le public n'était pas de savoir si le Président avait bien ou mal agi, s'il avait respecté ou non, comme l'équité et les conventions l'y obligeaient, les droits et la souveraineté de la Colombie, mais bien de savoir si les États-Unis entendaient construire promptement le canal interocéanique, ou s'ils courraient la chance d'en retarder encore l'achèvement. A cette seconde question, la population répondait par l'affirmative. Le traité avec Panama donnait aux États-Unis le maximum des avantages qu'ils avaient ambitionnés ; la reconnaissance du nouvel État par la France, puis, peu de temps après, par les autres grandes puissances, enlevait toute crainte de complications diplomatiques à ce sujet : les intérêts américains exigeaient donc la ratification du traité. Après quelques vifs débats, et quelques tentatives d'introduire des amendements au texte proposé, afin d'embarrasser l'administration, l'opposition démocrate dut céder. Le 23 février, le Sénat approuvait par 66 voix contre 14, 14 démocrates ayant voté avec la majorité, la ratification du traité, et, le 20 février 1904, l'échange des ratifications avait lieu à Washington.

Le Président nomma aussitôt une « Commission du canal », présidée par le contre-amiral John G. Walker, qui a été depuis de nombreuses années mêlé à toutes les études faites par les États-Unis sur le projet du canal isthmique, pour achever la construction du canal commencé par la Compagnie de Panama. Le 4 mai, l'attorney-général informait le Président qu'un accord était conclu avec la Compagnie nouvelle du canal de Panama pour le payement des 40 millions de dollars qu'avaient à lui verser les États-Unis. Le même jour, la Commission du canal prenait possession du territoire que la République de Panama avait cédé aux États-Unis et de la propriété de la Compagnie du canal. Enfin, quelques jours plus tard, le Président, en vertu des pouvoirs que lui donnait une loi votée en avril (1), organisait le gouvernement du territoire américain dans l'isthme. Le général Davis, membre de la Commission du canal, était nommé gouverneur de la zone, et la Commission recevait les pouvoirs, non seulement de prendre toutes les mesures relatives à la construction du canal et à l'état sanitaire dans l'isthme, mais encore de faire tous les règlements et la législation nécessaires pour l'administration civile, militaire et judiciaire de la zone, sous réserve de l'approbation du secrétaire de la guerre. La zone de Panama est placée, en effet, sous la juridiction supérieure du Département de la guerre, qui a acquis déjà une grande expérience dans la gestion des territoires extra-continentaux par l'œuvre réalisée sous sa direction à Cuba et aux Philippines.

Le traité des États-Unis avec la République de Panama a clos le chapitre de l'histoire diplomatique américaine relatif au canal interocéanique. C'est un des épisodes les

____

(1) Loi du 28 avril 1904.

plus importants de cette histoire : par l'intérêt universel qu'offrait la question en jeu, par les démêlés auxquels il a donné lieu entre les puissances les plus immédiatement intéressées au futur canal, par les desseins successifs des États-Unis, variant avec leur situation politique, et par l'obstination avec laquelle ils ont poursuivi la réalisation de leur dernier idéal : la construction d'un canal américain en territoire américain.

Les États-Unis avaient compris de bonne heure les avantages que leur procurerait la construction d'un canal interocéanique, et, au lendemain même de la libération de l'Amérique centrale du joug espagnol, ils se préoccupèrent de la possibilité de sa réalisation, et des conséquences politiques qu'elle pouvait avoir pour eux. Mais leur intérêt ne se porta vraiment sur ce sujet que du jour où ils eurent acquis avec la Californie un territoire qui devait faire d'eux une des puissances les plus importantes du Pacifique. A cette époque, où les chemins de fer n'étaient encore qu'à leurs débuts, le percement du canal isthmique paraissait le seul moyen pratique de rendre aisées et rapides les relations entre les États riverains de l'Atlantique et les territoires situés à l'ouest des Rocheuses. Une autre puissance, l'Angleterre, se préoccupait, au moins autant que les États-Unis, des changements qu'amènerait l'ouverture de cette nouvelle voie de navigation. Elle la désirait pour faciliter le commerce, mais, fidèle à sa politique, qui la portait à dominer toutes les grandes voies commerciales maritimes pour assurer la liberté des mers à son pavillon, elle cherchait des établissements dans l'Amérique centrale, essayant de s'emparer des débouchés du futur canal sur les deux océans. Si sa politique avait réussi, celui-ci serait devenu un canal anglais. Les États-Unis comprirent le danger qui en résulterait pour eux : ce serait la perte de la plupart des avantages qu'ils espéraient retirer de cette œuvre. Leur trafic par le canal serait à la merci d'un gouvernement étranger qui pourrait l'ouvrir ou le fermer à son gré et mettre ainsi en péril leurs communications avec une partie de leur territoire. Trop faibles encore pour envisager la possibilité de dominer eux-mêmes le canal, les États-Unis ne virent qu'un moyen d'éviter le péril : faire neutraliser la voie future, et mettre cette neutralisation sous la protection des grandes puissances. L'Angleterre se rallia à cette idée : son éloignement de l'isthme lui rendait difficile la lutte contre les États-Unis, qui pourraient, sans l'attaquer ouvertement, lui susciter dans cette région des embarras constants; d'autre part, elle désirait également l'ouverture aussi prochaine que possible du canal, et elle comprenait qu'il serait difficile de se procurer les capitaux nécessaires à une œuvre aussi considérable et aussi aléatoire : la neutralisation du canal lui paraissait une garantie capable de les attirer; enfin, par sa possession de la Jamaïque, elle dominait le débouché du canal, quel que fût le tracé choisi, sur la mer des Caraïbes, et la puissance de sa flotte lui permettait de s'assurer un avantage analogue du côté du Pacifique. Ce concours de circonstances et d'intérêts amena la signature, en 1850, du traité Clayton-Bulwer, qui donnait satisfaction aux intérêts des États-Unis. Les puissances contractantes s'engageaient à se prêter aide et appui pour la construction de tout canal construit dans une partie quelconque de l'isthme, à en assurer la neutralité, à la garantie de laquelle les autres

puissances devaient être également appelées à participer.

La guerre de Sécession, qui mit en péril l'existence de
l'Union, fit oublier pendant quelques années les projets
de construction du canal interocéanique. Lorsque, le Sud
vaincu, après la période troublée de la reconstitution politique de l'Union, celle-ci se retrouva définitivement uni-
fiée, plus forte encore qu'avant la guerre, avec une population accrue chaque année par l'immigration européenne,
et qu'elle put envisager de nouveau la réalisation des
grands travaux capables d'assurer son développement
économique et politique, le canal interocéanique reprit sa
place dans les préoccupations de ses hommes d'État. Mais
un changement s'était déjà produit dans les esprits sur
la façon dont on envisageait le statut du futur canal. Malgré la construction récente des chemins de fer transcontinentaux, mettant en communication régulière et rapide
les ports de l'Atlantique et ceux du Pacifique, le canal
apparaissait comme une route nécessaire au point de vue
économique et politique, et la population américaine estimait insuffisant pour la sécurité des États-Unis que cette
route fût simplement une route neutre. A partir de 1875,
une idée nouvelle se fait jour : avoir « un canal américain,
en territoire américain ». Alors, l'Angleterre, qui n'avait
pas signé sans répugnance le traité de 1850, commença à
le regarder comme un instrument diplomatique de la première importance pour elle, et elle refusa de céder aux
demandes d'amendements que lui adressèrent en 1882 les
États-Unis. Ceux-ci, ne se sentant pas encore assez forts
pour assurer leur prédominance dans l'isthme, où l'Angleterre recouvrerait sa liberté d'action en cas d'abrogation

du traité, se résignèrent à conserver le *statu quo*. La mise en exploitation des immenses territoires de l'Ouest absorbait d'ailleurs toutes les forces actives du pays, et les questions extérieures ne tenaient qu'une place secondaire dans les préoccupations de l'opinion publique, tandis que les capitaux sollicités de tous côtés par des entreprises intérieures fructueuses hésitaient à se lancer dans une œuvre aussi aventureuse que le percement du canal.

L'ère de prospérité merveilleuse qui a caractérisé l'histoire des États-Unis pendant les dix dernières années a amené un changement considérable dans l'orientation de leur politique générale. Ils ont cessé d'être une puissance purement américaine pour devenir une puissance mondiale : le développement extraordinaire de leur industrie leur a fait envisager la nécessité de s'assurer des débouchés à l'étranger ; la guerre d'Espagne leur a garanti la domination dans le golfe du Mexique et la mer des Caraïbes, et leur a donné un empire colonial dans l'océan Pacifique. Les intérêts économiques et les nécessités politiques ont brusquement remis au premier plan les projets de construction du canal isthmique. Mais, cette fois, forts de leur puissance, les États-Unis ont abordé le problème avec la volonté nettement arrêtée de le résoudre suivant le plan qui seul leur paraissait satisfaisant pour leurs intérêts et leur orgueil. L'Angleterre, mise en demeure en 1900, a dû, après une courte résistance, accepter enfin l'abrogation du traité de 1850, se contentant, dans la convention qui le remplaçait, de quelques vagues promesses uniquement destinées à ménager son amour-propre. Au dernier moment, les États-Unis ont rencontré un obstacle inattendu à la réalisation de leur dessein. La Colombie refusait de leur abandonner sur la zone du canal les droits de souveraineté qu'ils entendaient acquérir. Pareil scrupule de la part d'un État est des plus légitimes. Malheureusement, les gouvernants des petites Républiques de l'Amérique latine ont donné trop fréquemment des raisons de suspecter leur conduite pour qu'on puisse attribuer sans hésiter à leurs actions un motif dicté uniquement par l'honneur. Le patriotisme n'a pas été le seul mobile qui ait guidé l'action des législateurs colombiens dans leurs démêlés avec les États-Unis. En essayant d'abuser de la situation, de profiter de l'ardent désir des Américains de faire aussi promptement que possible le canal, pour obtenir l'augmentation des avantages pécuniaires déjà consentis, ils ont négligé les véritables intérêts de la Colombie et surtout du département de Panama (1). Cet aveuglement et ce défaut de sincérité excusent la conduite des États-Unis dans les événements qui ont suivi. Le gouvernement américain avait accepté, dans le traité Hay-Herran, de masquer sous d'habiles formules, pour épargner l'amour-propre de la Colombie, la réalité de l'état de choses qu'il voulait établir. Confiants dans leur force, les États-Unis n'ont pas hésité à profiter du mécontentement créé depuis longtemps dans la province de Panama par la négligence que témoignait à son égard

(1) Suivant M. A. Maurice Low, correspondant à Washington de la *National Review*, l'échec du traité de Bogota aurait été dû principalement aux agissements intéressés des Compagnies de chemins de fer transcontinentaux américains : « Le rejet de la convention relative au canal n'a pas tant pour cause l'hésitation du Sénat de Colombie à autoriser la construction sur territoire colombien d'un canal placé sous la domination des États-Unis, que l'habileté déployée par les représentants de certaines Compagnies de chemins de fer américains. Évidemment, on a employé les arguments ordinaires dans ce cas. » (*National Review*, octobre 1903.)

le gouvernement de Bogota, pour accomplir dans son intégralité le dessein qu'ils avaient depuis longtemps formé. Le traité du 22 janvier fortifie leur domination dans la mer des Caraïbes, et leur assure la maîtrise d'une des voies de communication mondiales les plus importantes de l'avenir. Les puissances européennes, désireuses, elles aussi, de voir enfin terminer la construction du canal, dont elles espèrent tirer des avantages économiques importants, ont, en reconnaissant la République de Panama, sanctionné le fait accompli. Aucune d'elles n'a osé protester contre la situation exceptionnelle que le traité Hay-Bunau-Varilla, suite naturelle et logique du traité Hay-Pauncefote, donne aux États-Unis sur le futur canal. De bonne ou de mauvaise grâce, elles ont dû leur abandonner toute liberté d'action à ce sujet. A cet égard, ces deux traités sont la manifestation la plus remarquable de la situation nouvelle, si rapidement acquise par les États-Unis, pendant ces dernières années, dans la politique mondiale, dont ils seront à l'avenir un des facteurs les plus importants.

LES PRÉLIMINAIRES DE LA GUERRE
HISPANO-AMÉRICAINE
ET L'ANNEXION DES PHILIPPINES

I

Cinq guerres marquent déjà pour les États-Unis les grandes étapes de leur existence. Pas plus que les vieilles puissances européennes, la jeune république du Nouveau-Monde n'a réussi à grandir dans la paix. En Amérique comme en Europe, il a fallu du sang pour fertiliser le sol, et la grandeur de l'Union a coûté de nombreuses vies humaines. C'est les armes à la main que les colons ont conquis l'indépendance. Bunker Hill et Yorktown ont permis aux États-Unis de prendre rang dans le monde comme nation. La seconde guerre contre la Grande-Bretagne, en 1812, a marqué la date de leur évolution de

puissance atlantique en puissance exclusivement américaine. La guerre contre le Mexique leur a permis de compléter leur territoire continental : le traité de Guadelup-
Hidalgo donnait aux États-Unis un littoral étendu sur le
Pacifique et le port superbe de San-Francisco. Douze ans
après, la crise de l'esclavage mit en péril l'existence même
de l'Union, qui ne put être sauvée qu'au prix d'une lutte
sanglante. Les victimes d'Antietam et d'Appomatox ne
sacrifièrent pas inutilement leur vie. L'abolition de l'esclavage n'a pas ruiné le Sud, les haines de l'époque de la
Sécession se sont promptement éteintes, et, quelques
années après la guerre civile, l'Union reconstruite reprenait sa marche un moment interrompue. Par leur développement prodigieux, les États-Unis égalaient bientôt, puis
dépassaient en richesse et en population les nations les
plus importantes du globe. Ils demeuraient cependant une
puissance uniquement américaine, leur ambition était encore limitée au Nouveau Monde, qui paraissait offrir un
champ assez vaste à leur activité. La guerre contre l'Espagne a ouvert une ère nouvelle dans leur histoire ; elle a
marqué l'avènement de l'Union au rang de puissance mondiale. S'il faut croire les hommes d'État américains, ils
ont sincèrement désiré éviter cette guerre, et ils l'ont en-
gagée sans aucune préoccupation d'agrandissement territorial. La libération de Cuba était leur unique but, et, si
les États-Unis, hostiles à l'expansion coloniale, se sont
chargés du sort des Philippines, c'est qu'ils n'ont pu se
dérober à un devoir que leur imposaient les suites de la
guerre. « Nous n'avons pas cherché la guerre, — a dit
M. Mac Kinley, — nous avons toujours souhaité l'éviter,
si elle pouvait l'être, sans porter atteinte aux droits de nos

voisins et aux nôtres (1). » On ne peut espérer faire la
lumière complète sur des événements aussi proches de
nous ; trop de pièces sont encore célées à notre curiosité,
trop de témoins tenus à la discrétion. Les documents
publiés permettent cependant d'aborder le problème. Il
est intéressant de rechercher les causes immédiates de la
guerre hispano-américaine, qui devait avoir de si grandes
conséquences, d'essayer de reconstituer les dernières
phases de la lutte diplomatique entre les deux adversaires
et de voir comment le gouvernement américain a été
amené à revendiquer une part de « ce fardeau de l'homme
blanc », que les puissances européennes semblaient seules,
jusqu'à ce jour, ambitionner.

La question cubaine, qui devait amener la guerre de
1898, est posée pour les États-Unis depuis l'époque de
l'annexion de la Louisiane, en 1803. L'acquisition de ce
territoire, en leur donnant la totalité du bassin du Mississipi, faisait d'eux une puissance riveraine du golfe du
Mexique. Par sa position entre les presqu'îles de la Floride et du Yucatan, par ses ports, dont le plus important,
la Havane, regarde la rive américaine, Cuba est maîtresse
des relations entre l'Océan Atlantique et le golfe du
Mexique et entre ce golfe et la mer des Caraïbes. Elle com_
mande à la fois le golfe et la mer : possession d'une puissance navale riche et hostile, Cuba serait une menace
constante pour les États-Unis. Ce danger inquiéta de
bonne heure leurs hommes d'État. En 1809, Jefferson
voyait dans les embarras de Napoléon, en lutte contre

(1) A Omaha, 12 octobre 1898.

l'Espagne, la possibilité pour les États-Unis d'acquérir Cuba. Ce pouvait être le prix dont l'empereur paierait la cessation, de la part de ceux-ci, de tous rapports avec les colonies espagnoles du Nouveau Monde. Le rêve de Jefferson ne se réalisa pas. Mais Cuba, sous la dépendance de l'impuissante Espagne, ne pouvait causer de graves inquiétudes au gouvernement américain. Un danger subsistait, cependant. Dans un moment de nécessité, le gouvernement espagnol ne pourrait-il faire de l'île le prix d'une transaction politique qui l'eût donnée à la France ou à l'Angleterre? Ce danger sembla près de se réaliser lors de l'intervention de la France dans les affaires d'Espagne, en 1823. A cette occasion, les États-Unis proclamèrent officiellement, pour la première fois, la politique qui devait diriger leur attitude pendant trois quarts de siècle à l'égard de Cuba. « Quelle que puisse être l'issue de la guerre entre ces deux nations européennes [la France et l'Espagne], — écrivait en 1823 John Quincy Adams, secrétaire d'État, au représentant des États-Unis à Madrid (1), — on peut tenir pour certain que la domination de l'Espagne sur les continents américains, nord et sud, est irrévocablement perdue. Cependant, les îles de Cuba et de Porto-Rico restent nominalement sous sa dépendance, et son autorité dans ces îles est encore assez réelle pour qu'elle puisse transférer ses droits sur elles, en même temps que leur possession à d'autres puissances. Leur situation géographique fait de ces îles des dépendances naturelles du continent de l'Amérique du Nord, et l'une d'elles, Cuba, presque en vue de nos rivages, est devenue un objet d'une

____

(1) Mr. Adams, sec. of state, to Mr. Nelson, 28 avril 1823 (Wharton's *International law digest*, vol. I, p. 361-366).

importance capitale pour les intérêts commerciaux et politiques de notre Union. Sa position maîtresse, par rapport au golfe du Mexique et aux mers des Indes occidentales, le caractère de sa population, sa situation à mi-chemin entre notre côte méridionale et l'île de Saint-Domingue, son port vaste et sûr de la Havane, qui fait face à une longue ligne de nos rivages dépourvus d'un avantage analogue, la nature de ses productions et de ses besoins, éléments d'un commerce immensément profitable et mutuellement avantageux, lui donnent, dans l'ensemble de nos intérêts nationaux, une importance avec laquelle celle d'aucun autre pays ne peut être comparée et à peine inférieure à celle qui tient groupés les membres de cette Union. Tels sont, à la vérité, entre les intérêts de cette île et de ce pays, les rapports géographiques, commerciaux, moraux et politiques formés par la nature, destinés à s'accroître avec le temps, et, dès à présent même, presque arrivés à maturité, qu'en essayant de deviner le cours probable des événements pour la courte période d'un demi-siècle, il n'est guère possible de ne pas se convaincre que l'annexion de Cuba à notre République fédérale sera indispensable à la continuation et à l'intégrité de notre Union elle-même. »

Il fallait donc veiller à ce que cette annexion ne fût pas, dans l'avenir, rendue plus difficile par un changement dans le statut politique de Cuba. « Nous ne consentirions à l'occupation de ces îles [Cuba et Porto-Rico], — écrivait à son tour Henry Clay, secrétaire d'État, en 1825, — par aucune puissance européenne autre que l'Espagne, sous quelque circonstance que ce soit (1). » Cuba, pour la sécu-

(1) Henry Clay aux représentants des Etats-Unis en Europe, 25 octobre 1825 (*op. cit.*, vol. I, p. 367).

rité des États-Unis, ne pouvait être qu'espagnole ou américaine. De cette politique, les États-Unis ne se sont jamais départis. En 1852, l'Angleterre et la France ayant proposé au gouvernement américain de se joindre à une déclaration par laquelle les trois puissances s'engageraient à ne jamais exercer une domination exclusive sur Cuba, ce gouvernement refusa de se lier ainsi. « Par une convention de ce genre, — écrivait le secrétaire d'État au ministre américain à Londres, — les Etats-Unis se mettraient dans l'impossibilité de faire une acquisition qui peut avoir lieu sans amener aucun trouble dans les relations étrangères, et qui est dans l'ordre naturel des choses (1). »

De 1845 à 1860, les Américains firent plusieurs tentatives pour acquérir Cuba. Les États du sud, désireux de maintenir leur puissance déclinante dans le Congrès fédéral, réclamaient l'entrée dans l'Union, au titre d'État, de Cuba, esclavagiste comme eux. Pendant plusieurs années, les partisans de l'esclavage cherchèrent à ébranler le pouvoir de la métropole dans l'île et fomentèrent la révolte, mais les Espagnols réussirent à maintenir leur autorité. En désespoir de cause, les Américains offrirent à l'Espagne de lui acheter Cuba. Ils ne furent pas plus heureux, et ils virent, à leur grand étonnement, leurs offres dédaigneusement repoussées.

La guerre civile, les problèmes politiques soulevés par la reconstruction de l'Union, reléguèrent pendant quelques années à l'arrière-plan des préoccupations de l'opinion publique américaine la question de Cuba. Les émeutes qui éclatèrent dans l'île en 1868, ramenèrent sur elle l'atten-

---

(1) Mr. Everett, sec. of state, to Mr. Crampton, 1er et 3 décembre 1852 (*op. cit.*, vol. I, p. 376-377).

tion des États-Unis. Leur sympathie ne pouvait faire défaut aux insurgés cubains, soulevés aux cris de « Cuba libre. » Dans un message de décembre 1868, le président Grant déclara que « le peuple et le gouvernement des États-Unis éprouvaient les mêmes sentiments chaleureux à l'égard du peuple de Cuba, dans leur lutte actuelle, qu'ils avaient manifestés à l'époque des luttes antérieures entre l'Espagne et ses anciennes colonies, à l'égard de ces dernières. » Pendant dix années, les Cubains soutinrent une lutte acharnée contre la métropole, trouvant auprès de la population américaine une sympathie active et chez les autorités une bienveillante insouciance pour les nombreuses expéditions qu'ils organisaient sur le territoire de l'Union. A plusieurs reprises, le gouvernement américain adressa de vives remontrances à l'Espagne, au sujet de la situation existant à Cuba, mais il se garda de toute intervention directe. Il semble que, malgré leur assurance, les États-Unis hésitaient à affronter la puissance espagnole sur mer. La marine de guerre américaine était presque un mythe. Que pouvait-on attendre de quelques navires en fer et de vieux bateaux en bois, que, depuis la guerre de Sécession, on laissait se rouiller ou pourrir dans les ports, dépourvus eux-mêmes de tous travaux militaires capables d'assurer leur défense?

Le pacte du Zanjon mit fin à la guerre de Dix ans. L'émancipation des esclaves, quelques réformes ramenèrent une paix relative dans l'île. Tout à leur prodigieuse expansion économique, les Américains semblèrent se désintéresser de la situation politique faite aux Cubains. Leur commerce avec Cuba se développait, ils achetaient des plantations, acquéraient des intérêts de plus en plus considérables dans l'île ; à la faveur de la paix, ils faisaient la conquête économique de la « Perle des Antilles » et ils attendaient sans trop d'impatience l'heure où, cette conquête achevée, Cuba américanisée, l'Espagne serait obligée de s'incliner devant les faits et d'abandonner à ses nouvelles destinées *la siempre fiel isla de Cuba*, — « la toujours fidèle île de Cuba. »

L'insurrection de 1895 vint modifier la marche prévue des événements. Les insurgés retrouvèrent auprès de la population américaine les mêmes sympathies qu'elle leur avait témoignées lors des précédentes révoltes. La junte cubaine établie à New-York exalta, aidée en cela par la presse, ces sentiments, et elle s'occupa avec activité d'organiser, à l'abri du drapeau étoilé, des expéditions militaires pour venir en aide aux révoltés. Les efforts de l'Espagne pour vaincre la rébellion firent un moment espérer que la tranquillité serait promptement rétablie dans l'île. Ces espérances furent déçues. Après douze mois de lutte, l'insurrection, plus forte qu'à ses débuts, tenait en échec dans les provinces orientales les troupes espagnoles. Le maréchal Martinez Campos, l'heureux vainqueur de la guerre de Dix ans, qui avait été envoyé à la Havane dès le commencement de la révolte sur la foi de ses succès passés, avait perdu la confiance de ses compatriotes, et il résignait son commandement. Le gouvernement espagnol lui donna pour successeur le général Weyler, que ses cruautés inutiles devaient rendre si tristement célèbre.

La continuation de la lutte impressionnait la population américaine. Des voix de plus en plus nombreuses s'élevaient en faveur des rebelles. Dans les premiers mois de 1896, les deux chambres du Congrès votèrent une résolution reconnaissant aux insurgés le caractère de belligérants et décidant que « les bons offices des États-Unis seraient offerts par le président au gouvernement espagnol en vue de la reconnaissance de l'indépendance de Cuba (1). »

Le président, M. Cleveland, refusa de s'associer à une semblable politique. Il jugeait nécessaire le maintien de la souveraineté espagnole dans l'île. Il était peu confiant dans l'aptitude des Cubains à se gouverner eux-mêmes et était opposé à toute idée d'annexion. L'octroi par la métropole d'une large autonomie lui semblait le seul moyen de rendre la paix à Cuba. Le 4 avril, il offrait au gouvernement espagnol la coopération des États-Unis « pour arriver à la pacification immédiate de l'île, sur une base qui, laissant à l'Espagne ses droits de souveraineté, donnera à la population les droits et les pouvoirs de gouvernement local auxquels elle peut raisonnablement prétendre... (2). » Espérant encore vaincre la rébellion, l'Espagne déclina cette offre. Loin de s'améliorer, la situation alla en empirant au cours de 1896. Les États-Unis ne pouvaient demeurer indifférents à la situation troublée de l'île de Cuba : trop d'intérêts en souffraient. C'est à un chiffre de 150 à 250 millions de francs qu'on évaluait la valeur des capitaux américains placés dans l'île, soit en plantations, soit dans des entreprises de chemins de fer, de mines et d'autre nature. Qu'en adviendrait-il si la lutte se prolongeait? Le ralentissement des relations commerciales avec l'île, qui, de 500 millions de francs, avant l'in-

____

(1) Résolution votée par le Sénat le 28 février et par la Chambre des représentants le 6 avril.

(2) Note de M. Richard Olney, secrétaire d'Etat, au gouvernement espagnol, 4 avril 1896.

surrection, étaient déjà réduites de moitié, soulevait également de vives réclamations. Dans son message de décembre 1896, M. Cleveland récapitula les nombreuses raisons qui obligeaient les États-Unis à se préoccuper de l'état politique d'une île aussi voisine de leur rivage et, après avoir rappelé le refus opposé par l'Espagne à son offre d'intervention, il termina par une menace non déguisée à l'adresse de celle-ci : « Quand l'incapacité de l'Espagne à vaincre l'insurrection sera devenue manifeste, quand il sera démontré que sa souveraineté est éteinte à Cuba pour tous les objets de son existence légitime et lorsqu'un effort désespéré pour la rétablir aura dégénéré en une lutte qui ne pourra avoir pour résultats qu'un sacrifice inutile de vies humaines et la destruction de l'objet même du conflit, une situation se présentera où, à nos obligations vis-à-vis de la souveraineté de l'Espagne, se substitueront des obligations plus hautes que nous ne pourrons hésiter à reconnaître et à remplir. »

M. Cleveland s'en tint d'ailleurs à ces menaces. Il laissa à son successeur, qui devait entrer en fonctions le 4 mars 1897, le soin de décider l'attitude des États-Unis. L'élection présidentielle de 1896 avait eu pour résultat le triomphe du parti républicain et de son candidat, M. Mac Kinley. La campagne, très ardente, s'était livrée sur la question monétaire : étalon d'or contre étalon d'argent. De Cuba, on n'avait guère parlé. Les deux partis y avaient cependant fait allusion dans leur programme électoral. Le programme républicain déclarait que « le gouvernement espagnol ayant perdu toute autorité à Cuba et étant incapable de protéger la propriété ou la vie des citoyens américains établis dans l'île ou de remplir ses obligations conventionnelles, le gouvernement des États-Unis doit employer activement son influence et ses bons offices pour rétablir la paix dans l'île et lui donner l'indépendance. » Plus brefs et moins agressifs, les démocrates se bornaient à adresser « leur sympathie au peuple cubain dans sa lutte héroïque pour la liberté et l'indépendance. »

M. Mac Kinley arriva à la présidence sans s'être commis à aucune politique particulière à l'égard de la question cubaine. Il n'y fit aucune allusion directe dans son message inaugural. Loin de donner quelque encouragement aux jingoes, il s'appliqua au contraire à les décourager et il affirma sa complète adhésion à la politique traditionnelle du pays : « Nous poursuivrons une politique étrangère ferme et digne, qui sera juste, impartiale, soucieuse de notre honneur national et insistera toujours et partout sur la reconnaissance des droits légitimes des citoyens américains. Notre diplomatie ne cherchera rien de plus et n'acceptera rien de moins que ce qui nous est dû. Nous ne demandons pas de guerres de conquête ; nous devons éviter la tentation de toute agression territoriale. La guerre ne doit être entreprise qu'après que tous les moyens de paix ont échoué ; la paix est préférable à la guerre dans presque toute circonstance (1). »

La politique du nouveau président s'annonçait donc comme une politique pacifique. Aussi bien, pouvait-il en être autrement ? La réforme douanière et la réforme monétaire, telles étaient les deux mesures qu'avait défendues avec ardeur M. Mac Kinley pendant la campagne élec-

____

(1) Message d'inauguration, 4 mars 1897.

torale. On l'appelait, et de ce surnom il se montrait fier,
« le précurseur de la prospérité ». Réparer les désastres
causés par la crise financière et commerciale de 1893 était
son désir le plus ardent. La guerre ne semblait pas le
moyen indiqué pour y parvenir. La façon dont le président composa son cabinet fut une preuve de la sincérité
de son attitude. Il appela au secrétariat d'État un vétéran
du parti républicain, M. John Sherman. Ce choix d'un
vieillard de plus de soixante-quinze ans, très fatigué, eût
été singulier si le président avait l'intention de s'engager
dans une politique étrangère active et susceptible d'amener
un conflit. M. Sherman s'était toujours plus occupé de
questions financières que de questions extérieures. C'est
comme secrétaire du Trésor, fonctions qu'il avait remplies
de 1877 à 1881 dans l'administration de M. Hayes, qu'il
avait acquis sa réputation. Bien que président, depuis
quelques années, du Comité des relations étrangères au
Sénat, il se jugeait trop âgé pour se faire une nouvelle
renommée dans cet ordre d'idées. Il appartenait, d'ailleurs, à la vieille école des hommes d'État américains,
qui regardaient la politique étrangère comme n'ayant
pour les États-Unis qu'une importance secondaire.
M. Sherman avait abandonné son siège de sénateur à
regret ; il ne s'y était résigné que pour permettre à
M. Marc Hanna, comme lui de l'État d'Ohio, l'homme qui
avait dirigé du côté républicain la campagne de 1896, le
grand électeur de M. Mac Kinley, d'entrer au Sénat. Les
réformes économiques en perspective semblaient devoir
donner dans la nouvelle administration le rôle le plus important au secrétaire du Trésor ; le président confia ce
portefeuille à un homme actif et jeune encore, M. Lyman

B. Gage, partisan résolu d'une revision du tarif et de la réforme monétaire.

Dès le 15 mars, sur la convocation du président, le Congrès se réunissait en session extraordinaire pour élaborer un nouveau tarif douanier. La question cubaine continuait cependant à préoccuper l'opinion publique, et celle-ci n'eût pas permis à l'administration, l'eût-elle voulu, de s'en désintéresser. En mai, les principales maisons de commerce et de banque de New-York, de Boston et de Philadelphie, en relations d'affaires avec Cuba, adressaient au président un mémoire lui exposant les dommages causés au commerce américain par la révolution cubaine et lui demandant, en termes modérés, de prendre les mesures nécessaires pour sauvegarder les intérêts en souffrance. La population était vivement émue aussi par les effets désastreux de la politique de reconcentration inaugurée par le général Weyler à la fin de 1896, et qui fut, à partir du mois de février, appliquée dans l'île entière. En obligeant la population agricole à abandonner les cultures pour se réfugier dans les villes, cette politique augmenta encore la détresse des Cubains. Dans l'impossibilité de travailler, ne recevant des autorités espagnoles que des secours irréguliers et insuffisants, les « reconcentrados » étaient décimés par la maladie et la faim. Parmi eux se trouvaient, au nombre de sept ou huit cents, des citoyens américains. Les consuls des États-Unis demandèrent à leur gouvernement des secours pour leurs nationaux. Le 17 mai, le président adressait un message spécial au Congrès, demandant l'ouverture d'un crédit de 50.000 dollars dans ce but. Le crédit fut voté sans débat. Vers la même époque, M. Mac Kinley envoyait à Cuba un commissaire spécial chargé d'une enquête officieuse sur la situation politique et économique dans l'île. Le 26 juin, le secrétaire d'État remettait au représentant espagnol à Washington une note de protestation contre la politique de reconcentration du général Weyler et la manière dont il dirigeait les hostilités. « Aucun incident, — disait la note, — n'a autant affecté le sentiment du peuple américain et impressionné douloureusement son gouvernement que les ordres de reconcentration du général Weyler... Cette politique a atteint des centaines de citoyens américains que le gouvernement des États-Unis a dû secourir... Le président se voit obligé de protester, au nom du peuple américain et au nom de l'humanité, contre cette imposition délibérée de souffrances à des non-combattants. Le gouvernement américain estime qu'il a le droit de demander qu'une guerre qui se fait presque en vue de ses côtes, et qui affecte si gravement les citoyens américains et leurs intérêts dans toute l'étendue de son territoire, soit au moins conduite selon les lois militaires du monde civilisé (1). »

L'insuccès des armes espagnoles contribuait à augmenter le nombre des partisans des insurgés aux États-Unis. Ils profitèrent de la session extraordinaire pour agiter de nouveau la question au Congrès. Au Sénat, la politique de temporisation du président fut vivement attaquée et la discussion aboutit, le 30 mai, au vote d'une résolution déclarant l'existence d'un état de guerre entre l'Espagne et le gouvernement cubain. A la Chambre, les efforts des jingoes pour discuter la question furent déjoués, grâce à l'habileté et à l'énergie du speaker, M. Reed, — le tsar

______

(1) *Livre rouge espagnol*, n° 29.

Reed, ainsi que l'avait fait surnommer son autorité despo-
tique, — un des membres les plus influents du parti républicain, qui se montra l'adversaire de toute politique belli-
queuse. La population, de son côté, excitée par la presse,
dont une partie, — la triste presse jaune, — trouvait des
bénéfices considérables dans la publication de nouvelles
sensationnelles, souvent fausses ou sciemment exagérées,
se passionnait de plus en plus pour les révolutionnaires
cubains. Si le calme n'était pas promptement rétabli dans
l'île, il était à craindre que le gouvernement américain,
poussé par la pression populaire, se verrait bientôt forcé de
prendre des mesures dangereuses pour la paix. Les instructions données au ministre des États-Unis à Madrid, le
général Woodford (1), au moment où il partit pour rejoindre son poste, en juillet, traduisent cet état d'esprit de
la part du président et son désir de convaincre le gouvernement espagnol des périls de la situation. « Le président,
— disaient les instructions, — pense que le moment est
venu pour le gouvernement des États-Unis de considérer
sérieusement et de décider clairement la nature de son
devoir vis-à-vis de ses voisins et de lui-même, et des
moyens de l'accomplir »; puis, rappelant les préjudices et
les embarras causés aux États-Unis et à leurs citoyens
par la situation existant à Cuba, elles ajoutaient : « On ne
peut raisonnablement espérer qu'une politique de simple
inaction puisse être prolongée avec sécurité... Le gouvernement américain doit sérieusement se demander si le
moment n'est pas arrivé où l'Espagne, de sa propre vo-

(1) Le général Woodford avait été nommé à ce poste le 16 juin. Ce choix
avait été interprété comme une confirmation des désirs pacifiques du
président.

lonté, mue par ses propres intérêts et par des sentiments élevés d'humanité, ne voudra pas mettre fin à cette guerre destructive et faire des propositions d'arrangement honorables pour elle-même et justes à l'égard de sa colonie cubaine... » Le gouvernement américain se déclarait « prêt à assister l'Espagne et à lui prêter ses bons offices dans ce but. » Craignant de se heurter encore à un refus et anxieux d'éviter tout moyen dilatoire, le président enjoignait au ministre de demander au gouvernement espagnol de fixer une date, aussi rapprochée que possible, à laquelle la paix devrait être rétablie à Cuba : « Vous ne déguiserez pas la gravité de la situation, ni ne cacherez la conviction du président que, si ses efforts actuels demeuraient sans résultats, son devoir à l'égard de ses compatriotes nécessitera une prompte décision relativement à la conduite que le temps et les circonstances exceptionnelles peuvent demander (1). »

A son arrivée à Madrid, M. Woodford trouva l'Espagne en deuil. Le 8 août, M. Canovas del Castillo, le président du Conseil, le plus grand peut-être des hommes d'État espagnols contemporains, était mort, assassiné par un anarchiste. Le général Azcarraga, nommé premier ministre, accepta de continuer la politique de son prédécesseur. Le 18 septembre, le ministre des États-Unis avait son premier entretien officiel avec le duc de Tetuan, ministre des Affaires étrangères. Le représentant américain insista sur « l'absolue nécessité » pour les États-Unis de voir une paix durable promptement rétablie à Cuba, et il demanda au gouvernement espagnol de

____

(1) Mr. Sherman to Mr. Woodford, Washington, july 16, 1897 (*Livre rouge américain*, p. 558).

lui donner, avant le 1er novembre, des assurances propres à convaincre les États-Unis que ce résultat serait obtenu dans un court délai : « Autrement, ceux-ci se considére- raient libres de prendre les mesures que leur gouverne- ment jugerait nécessaires pour amener la paix (1). »

Le ministère Azcarraga n'eut pas à faire réponse à cette demande. Mis en minorité à la Chambre, il démissionnait le 29 septembre, et les libéraux, sous la direction de M. Sagasta, succédaient aux conservateurs. Le 23 octobre, le nouveau ministre des Affaires étrangères, M. Gullon, répondait au gouvernement américain. Il reconnaissait les maux causés aux États-Unis par la guerre cubaine, telle qu'elle avait été faite jusqu'alors, mais il ajoutait que l'arrivée des libéraux au pouvoir devait nécessairement amener des modifications dans la conduite de la guerre et des conséquences importantes sur les résultats mêmes de l'insurrection. Le parti libéral était résolu à tenir les enga- gements qu'il avait pris vis-à-vis de Cuba, alors qu'il était dans l'opposition, et à adopter des mesures pour instituer le plus promptement possible un gouvernement autonome dans l'île. Non sans quelque ironie, le ministre répondait à l'offre de coopération des États-Unis en leur demandant d'exercer sur leur territoire « l'énergie et la vi- gilance nécessaires pour empêcher les Cubains de conti- nuer à s'y procurer les ressources qu'ils ont pu en tirer depuis le début de l'insurrection comme d'un inépuisable arsenal... Mettre fin à un pareil état de choses serait l'aide la plus efficace que pourrait rendre le président en vue de

____

(1) Mr. Woodford to Mr. Sherman, San-Sebastian, sept. 20, 1897 (*Livre rouge américain*, p. 565). Le 23, M. Woodford remit au gouvernement espagnol une note conçue dans les mêmes termes : Note of United States to Spain, sept. 23, 1897 (*Ibid.*, p. 568).

la paix (1). » Les premiers actes du ministère Sagasta s'accordaient avec ces déclarations. Le 9 octobre, le général Weyler avait été rappelé, et le général Ramon Blanco, son successeur, avait l'ordre d'abandonner le plus promptement possible la politique de reconcentration. Le 25 novembre, la *Gazette royale* publiait trois décrets relatifs à Cuba. Le premier accordait aux Cubains les garanties assurées aux citoyens espagnols par la Constitution pour l'exercice des droits qu'elle leur reconnaît ; le second étendait à l'île la loi électorale métropolitaine ; le troisième, enfin, organisait le gouvernement autonome promis, qui devait être inauguré le 1er janvier suivant.

La séparation du Congrès, en juillet, après le vote du tarif douanier, avait rendu plus aisée la tâche du président. Sa réunion en décembre, pour la session ordinaire, allait permettre de nouveau aux jingoes de continuer leur lutte contre la politique pacifique de l'administration. Dans son message annuel (2), M. Mac Kinley fit une large place à la question cubaine et discuta longuement les divers moyens proposés pour la résoudre. Il se déclarait opposé à la reconnaissance de l'indépendance de Cuba ou des droits de belligérants aux insurgés, qui n'avaient pas encore réussi à établir une organisation gouvernementale possédant les qualifications essentielles de la souveraineté. Repoussant « l'annexion forcée dont il ne peut être parlé, et qui, suivant notre code de moralité, serait une agression criminelle », le président arrivait au dernier moyen, l'intervention. Cette mesure avait été l'objet, disait-il, « de la plus sérieuse attention de sa part », mais était-ce le

(1) *Livre rouge américain*, p. 582.
(2) Message du 5 décembre 1897.

moment de prendre une telle attitude, alors qu'un changement plein d'espoir venait de se produire dans la politique du gouvernement espagnol vis-à-vis de Cuba ? « L'honnêteté exige d'accorder à l'Espagne le temps nécessaire pour prouver l'efficacité du nouvel ordre de choses auquel elle s'est irrévocablement liée. » Comme son prédécesseur, M. Mac Kinley estimait que l'octroi d'une large autonomie devait satisfaire les Cubains. Ce message fut lu avec plaisir en Espagne. On s'y reprenait à espérer, au reçu de nouvelles meilleures venant de Washington. Le 2 décembre, le ministre d'Espagne écrivait à son gouvernement que « jamais la situation ne lui avait paru aussi bonne ni aussi aisée depuis le mois de mai 1895, et que tous motifs d'irritation avaient disparu (1). » Le 20, le général Woodford remettait une seconde note au gouvernement espagnol. La note témoignait le plaisir du président à voir la nouvelle politique dans laquelle s'engageait le ministère libéral à l'égard de Cuba et sa confiance dans le succès qui devait en résulter, malgré la difficulté de la tâche. Elle se terminait par une promesse, mais une promesse grosse de menaces : « L'Espagne, — concluait le ministre, — peut attendre des États-Unis qu'ils conserveront une attitude bienveillante jusqu'à ce qu'un avenir prochain montre si la condition indispensable d'une paix loyale, juste aux Cubains et à l'Espagne et équitable pour les intérêts américains, si intimement liés au bien-être de l'île, est réalisée (2). »

La détresse de la population cubaine, qui croissait avec la durée de la lutte, excitait aux États-Unis une profonde

(1) *Livre rouge espagnol*, n° 29.
(2) *Livre rouge américain*, p. 647.

15

pitié. Surchargée par les dépenses de la guerre, l'Espagne était incapable des sacrifices nécessaires pour secourir efficacement ses sujets. Le président pensa qu'un devoir de charité s'imposait aux Américains à l'égard de leurs voisins malheureux. Après entente avec le gouvernement espagnol, il adressa, le 24 décembre, un appel à la population des États-Unis, demandant l'envoi de contributions en argent et en nature pour venir en aide aux Cubains. Les dons affluèrent rapidement et un comité de la Croix-Rouge américaine, sous la direction de miss Clara Barton, fut constitué pour en opérer la distribution.

La question cubaine ne pouvait être résolue pacifiquement qu'à la condition que les insurgés acceptassent sans arrière-pensée de faire l'essai de l'autonomie. Malheureusement, encouragés par leurs succès et confiants dans la sympathie que leur témoignait la population américaine, ils refusèrent de se prêter à cette tentative. La junte cubaine de New-York déclara que seul l'abandon par l'Espagne de sa souveraineté sur Cuba pourrait ramener la paix. De l'île même, les nouvelles les moins encourageantes arrivaient au président. Le 28 décembre, le consul général américain à la Havane, M. Fitzhugh Lee, écrivait : « Le sentiment ici et, d'après ce qu'on me dit, dans les autres parties de l'île est très fort contre l'autonomie. Les Cubains désirent une république indépendante, tandis que les Espagnols préféreraient l'annexion aux États-Unis à un gouvernement autonome. »

C'est dans ces conditions difficiles, tandis que les hostilités régnaient dans la presque totalité de l'île et que les reconcentrados étaient décimés par la maladie et la faim, que fut inauguré à la Havane, le 1er janvier 1898,

le nouveau régime politique. Les événements justifièrent
les prédictions des pessimistes. Les insurgés refusèrent
d'entrer en relations avec les partisans de l'autonomie. Un
représentant du gouverneur général, le colonel Joaquin
Ruiz, chargé de faire connaître aux rebelles la nouvelle
politique de la métropole, fut fait prisonnier et lâchement
tué, malgré sa qualité de parlementaire. Les Cubains espagnols et l'élément militaire témoignaient de leur côté une
vive hostilité à l'autonomie. Le 12 janvier, une émeute
éclatait à la Havane aux cris de : « Mort à Blanco ! Mort
à l'autonomie ! Vive Weyler ! » Ces événements amenèrent
une recrudescence de jingoïsme aux États-Unis. On accusait l'administration de se complaire dans une inertie coupable. M. Fitzhugh Lee, en avisant le secrétaire d'État
des troubles survenus à la Havane, émettait la crainte de
voir les Américains menacés, si le gouverneur général ne
pouvait dominer la situation, et il demandait que des navires fussent préparés pour faire une démonstration navale en cas de nécessité (1). Ordre fut donné à l'escadre
de l'Atlantique de se rendre dans les parages de la Floride (2), où se trouvaient déjà quelques navires chargés
d'arrêter les expéditions clandestines armées aux États-
Unis pour venir en aide aux insurgés cubains. Le 24 janvier, après avoir avisé le ministre d'Espagne de son désir
de reprendre les visites amicales des navires de guerre
dans les ports cubains, coutume abandonnée depuis une
assez longue période, le gouvernement américain donna

(1) General Lee to Mr. Day [assistant-secrétaire d'Etat], le 13 janvier 1898 (*Livre rouge américain*, p. 1024).

(2) Le 11 janvier, l'ordre avait été envoyé aux commandants en chef des
diverses escadres de retenir les hommes dont le contrat d'engagement
arrivait à expiration.

l'ordre au cuirassé *le Maine* de se rendre à la Havane. L'Espagne ne put qu'acquiescer à cette demande. En recevant la nouvelle de l'envoi du *Maine*, M. Fitzhugh Lee comprit tout le danger d'une semblable visite, alors que l'émeute grondait encore à la Havane, où l'armée et la population, en grande partie espagnole, témoignaient une vive hostilité aux Américains pour leur sympathie envers les rebelles. Le consul général télégraphia à Washington de retarder de quelques jours l'envoi du *Maine* pour donner à l'agitation le temps de se calmer (1). Ses dépêches arrivèrent trop tard. Le 25, *le Maine* entrait dans le port de la Havane, où il devait achever sa carrière moins d'un mois après dans une catastrophe épouvantable.

Le 1er février, le gouvernement espagnol répondit à la note américaine du 20 décembre. M. Gullon protestait avec énergie contre l'avertissement donné à l'Espagne par les États-Unis qu'ils n'attendraient que pendant un temps raisonnable pour juger du succès ou de l'insuccès de l'autonomie donnée à Cuba avant de décider leur attitude définitive. « L'Espagne ne saurait admettre l'intervention d'une puissance étrangère... Le gouvernement espagnol est convaincu que les États-Unis ne fixeront pas une date pour la fin de l'insurrection cubaine... il ne reste aucune raison ni aucun prétexte pour discuter la durée de cette lutte, qui a un caractère exclusivement domestique..» En terminant, le ministre reconnaissait la peine prise par le gouvernement américain, pendant les dernières années, pour faire observer par sa population les lois de la neutralité, mais il protestait contre l'existence de la junte

---

(1) Dépêches du 24 et du 25 janvier (*Livre rouge américain*, p. 1026).

cubaine de New-York : « organisation composée principalement de Nord-Américains naturalisés... qui violent les lois de leur nouveau pays et abusent de la liberté qui leur est accordée pour conspirer contre le pays de leur naissance (1)... »

Les rapports se tendaient de plus en plus entre les deux gouvernements, soutenus chacun par leurs citoyens, avec une âpreté plus dangereuse de jour en jour. Un regrettable incident vint aggraver encore, au début de février, la mésintelligence croissante entre les deux peuples. Le 8 février, le *New-York Journal* publia le fac-similé d'une lettre attribuée au ministre d'Espagne à Washington, contenant une appréciation des plus froissantes pour les Américains sur le caractère du président. Cette lettre, non datée, écrite vraisemblablement vers le milieu du mois de décembre précédent, était adressée par M. Dupuy de Lome à don Jose Canalejas, qui avait été envoyé aux États-Unis par le ministère Sagasta pour se rendre compte de l'opinion publique, et, de là, était reparti pour Cuba. La lettre adressée à la Havane avait été dérobée par des émissaires des insurgés et communiquée par eux à la presse. M. Dupuy de Lôme déclarait que « le message [du 16 décembre] avait causé une désillusion aux insurgés ; » malgré cela, il le regardait comme mauvais pour l'Espagne. « Il montre, — ajoutait-il, — une fois de plus, ce qu'est M. Mac Kinley : un homme faible et un enchérisseur pour l'admiration de la foule, un vulgaire politicien qui essaie de garder une porte ouverte derrière lui, tout en demeurant en bons termes avec les jingoes de son

____

(1) Señor Gullon to Mr. Woodford, 1ᵉʳ février 1898 (*Ibid.*, p. 658).

parti. » Appréciant ensuite la situation, le ministre d'Espagne disait que seul le succès des armes espagnoles pourrait résoudre la question cubaine. Il conseillait de commencer les négociations avec les États-Unis pour l'élaboration d'un traité de commerce entre eux et Cuba, quand même ce ne devrait être « que pour l'effet, » et il exprimait le désir d'avoir près de lui un homme de quelque importance dont il pourrait se servir pour faire de la propagande auprès des sénateurs et d'autres personnes influentes, dans le but de contrecarrer la junte et d'essayer de regagner à l'Espagne les réfugiés (1). » La publication de cette lettre, dont M. Dupuy de Lôme dut se reconnaître l'auteur, rendit impossible la continuation de son séjour à Washington. Avant que le gouvernement américain eût demandé son rappel, il avait envoyé sa démission à Madrid, où elle fut immédiatement acceptée.

Cet incident n'eut point d'effet apparent sur les relations officielles des deux gouvernements, mais il froissa profondément l'opinion publique américaine. En outre, la dernière partie de la lettre vint confirmer les doutes d'un grand nombre d'hommes politiques et du grand public sur la sincérité de la nouvelle attitude de l'Espagne vis-à-vis de Cuba, et jeta le discrédit sur les négociations commerciales alors en cours. L'explosion de colère qui avait accueilli aux États-Unis la publication de la lettre de M. Dupuy de Lôme eut son contre-coup en Espagne. Les Espagnols croyaient sincèrement que la métropole aurait vaincu depuis longtemps l'insurrection, sans l'appui que celle-ci trouvait aux États-Unis. A l'intransigeance des

____

(1) Translation of letter written by señor don Enrique Dupuy de Lome to señor don José Canalejas (*Livre rouge américain*, p. 1007).

jingoes américains, ils répondirent par une intransigeance égale. Le 12 février, M. Woodford écrivait à M. Sherman : « Les sentiments espagnols deviennent chaque jour plus amers contre les États-Unis... Je crois que le gouvernement ne fera plus de nouvelles concessions et qu'il insistera sur son droit de mettre fin à la rébellion à l'époque qu'il jugera convenable... Dans une conversation, ils me disent qu'ils ont fait tout ce qui était en leur pouvoir et que nous avons le devoir, maintenant, de publier une nouvelle proclamation [de neutralité], d'empêcher les expéditions militaires à destination de Cuba et de dissoudre tout de suite la junte de New-York (1). »

Le gouvernement espagnol avait perdu confiance dans la sincérité des protestations pacifiques du président. La demande de l'autonomie ne lui semblait plus qu'un prétexte pour arracher Cuba à l'Espagne. De son côté, M. Mac Kinley sentait de plus en plus son pouvoir de direction lui échapper. Au Congrès, sa politique soulevait l'ironie et la colère des jingoes, qui lui reprochaient de persister dans une attitude de conciliation dont le mauvais vouloir de l'Espagne rendait l'insuccès certain. Les partisans de l'administration avaient grand'peine à empêcher le vote d'une résolution conjointe reconnaissant l'indépendance de Cuba ou le droit de belligérant aux insurgés. Cette résolution eût pu sans doute être ignorée du président, le droit de reconnaissance d'une nation nouvelle étant une prérogative de l'exécutif ; mais, il se fût alors trouvé en conflit avec le Congrès, et cela à un moment où les républicains avaient la majorité dans les deux

____

(1) *Livre rouge américain*, p. 1011.

chambres. Pour éviter une scission dans son propre parti, le président transigea. D'accord avec lui, les chefs du parti républicain se rallièrent à une résolution qui fut votée à l'unanimité par le Sénat et la Chambre le 14 février, demandant communication de la correspondance des consuls américains relative à la situation des reconcentrados et aux progrès faits par l'autonomie. Dans l'état des esprits, c'était une mesure des plus dangereuses : la publication de ces rapports ne pouvait que fournir un aliment nouveau à la colère populaire contre l'Espagne.

II

La situation allait ainsi, empirant chaque jour, sans que
cependant l'espoir d'une solution pacifique eût encore été
complètement abandonné par aucun des deux pays, lorsqu'un événement terrible vint brusquement menacer la
continuation de la paix. Le 15 février, à neuf heures quarante du soir, le navire *le Maine* était détruit par une
explosion dans le port de la Havane. Dans cette catastrophe, deux officiers et deux cent soixante-quatre hommes
périrent. Le capitaine Sigsbee, commandant du navire,
terminait le télégramme par lequel il annonçait cette dé-
sastreuse nouvelle en disant : « L'opinion publique doit
être suspendue jusqu'à un rapport ultérieur. » C'était trop
demander. Surexcitée depuis longtemps déjà par la
presse jaune, qui ne perdit pas une si belle occasion
d'ajouter à ses méfaits, la population accusa sans hésiter
la traîtrise des Espagnols de la destruction du *Maine*.

Le 17, le président nommait une commission navale
pour rechercher les causes de la catastrophe. Malgré l'as-

surance avec laquelle on déclarait dans les cercles gouvernementaux, à Washington et à Madrid, que l'accident du *Maine* devait être considéré isolément et ne pouvait avoir aucune influence sur la question cubaine et sur les rapports entre les deux pays, on sentait que ce triste événement avait singulièrement aggravé la situation. Tout dépendait de la décision de la Commission d'enquête. Le chargé d'affaires d'Espagne écrivait à son gouvernement, le 25 février : « Si la Commission déclare que la catastrophe est le résultat d'un accident, je crois pouvoir assurer que le péril actuel sera conjuré; si, au contraire, la Commission conclut qu'elle est l'œuvre d'une main criminelle, cela créera une situation de la plus excessive gravité (1). »

Après le premier moment de colère causée par l'explosion du *Maine*, on put constater une atténuation sensible dans la campagne d'excitation menée par les jingoes dans la presse et au Congrès. Ils comprenaient la gravité de la situation. Les rumeurs de guerre prenaient de la consistance. Le 1er mars, on signalait la conclusion à Washington de contrats importants par les administrations de l'armée et de la marine pour l'achat de matériel, et, quelques jours après, on apprenait que les gouvernements américain et espagnol commençaient des négociations dans les pays étrangers pour acquérir des navires de guerre. Une note confidentielle du secrétaire d'État à M. Woodford, datée du 1er mars, montre l'état d'esprit du gouvernement à ce moment critique : « Deux mois se sont écoulés, — écrit M. Sherman, — depuis l'installation à la

____

(1) El encargado de negocios de España al ministro de estado, 25 février 1898. (*Livre rouge espagnol*, a., n° 74.)

Havane du gouvernement autonome de Cuba..., et je suis incapable de discerner les modifications favorables que l'on espérait devoir résulter du changement de l'état de choses... Les témoignages qui me parviennent s'accordent pour constater l'absence de tout succès notable des armes espagnoles [depuis le commencement de l'année]... Le gouvernement autonome de Cuba paraît avoir été étendu de la Havane à un certain nombre des principales villes et des plus importants districts de l'île... Il n'y a aucune raison de douter de la bonne foi du gouvernement espagnol en installant et étendant ainsi, dans des régions limitées, le système de l'autonomie. Tant que son opération est restreinte à une étroite étendue et qu'il est encore dans une période de transition, il peut être prématuré de préjuger jusqu'à quel point il peut fournir un remède aux maux sous lesquels l'administration cubaine a travaillé pendant de nombreuses années... Quant à l'effet de l'offre d'autonomie sur les insurgés qui tiennent la campagne, on doit reconnaître qu'aucun résultat encourageant ne peut être signalé jusqu'ici... D'un autre côté, l'hostilité de l'élément espagnol à Cuba contre toute forme d'autonomie est visible... La condition de l'île au point de vue financier et au point de vue de la production ne s'est pas améliorée. Elle a plutôt empiré. La condition des reconcentrados devient chaque jour plus misérable, tandis que le pouvoir de les secourir... diminue avec l'épuisement des ressources de l'île elle-même. Les autorités reconnaissent leur impuissance à remédier à la situation... Les décrets permettant aux victimes de retourner sur leurs plantations et de reprendre leurs travaux agricoles n'ont eu aucun résultat. Leurs champs sont en friche... et, s'ils retournaient sur leurs propriétés, ils ne pourraient se soutenir jusqu'à la prochaine récolte (1)... »

Aucune instruction ne termine cette note, mais, en la lisant, on devine que le gouvernement américain est arrivé à la conclusion que l'autonomie de Cuba, sous l'autorité espagnole, ne pourra réussir, et que cette solution est insuffisante pour résoudre définitivement le problème cubain. Pouvait-on espérer obtenir de l'Espagne de nouveaux sacrifices ? Devant la perspective d'une guerre avec les États-Unis, se résignerait-elle à abandonner Cuba ? Une lettre de M. Woodford au président, datée du 26 février, montre combien paraissait difficile au représentant des États-Unis la situation du gouvernement espagnol : «... Ils ne peuvent aller plus loin dans la voie des concessions avouées sans être renversés par leur propre peuple ici, en Espagne... Ils désirent la paix, s'ils peuvent la conserver et sauver la dynastie. Ils préfèrent courir les chances de la guerre, avec la perte certaine de Cuba, plutôt que de voir renverser la dynastie... » Le ministre ajoutait cependant : « Bien que je ne pense pas qu'ils puissent nous faire de nouvelles concessions directes et garder le pouvoir, je commence à entrevoir des moyens par lesquels ils peuvent faire des concessions plus étendues à Cuba, par l'intermédiaire du gouvernement insulaire cubain, et, de la sorte, probablement éviter la guerre (2)... »

A quelles concessions faisait allusion M. Woodford ? jusqu'où supposait-il que le gouvernement espagnol con-

---

(1) (Confidential) Mr. Sherman to Mr. Woodford, 1er mars 1898 (*Livre rouge américain*, p. 666-669).

(2) Mr. Woodford to the President, Madrid, 26 février 1898 (*Livre rouge américain*, p. 664).

sentirait à aller? La dépêche le disait, sans doute, mais cette partie intéressante a été supprimée dans le *Livre rouge*.

Le 1er mars, un nouvel incident diplomatique vint montrer l'hésitation de l'Espagne à heurter de front son puissant adversaire. L'attitude du consul général américain à la Havane avait été, depuis le début de l'insurrection, l'objet de critiques de la part des Espagnols ; ils se plaignaient de la sympathie par trop ostensible que cet agent témoignait pour les insurgés. Le 20 janvier, après les troubles de la Havane, M. Gullon avait écrit au ministre d'Espagne à Washington, lui disant de « saisir la première occasion favorable pour appeler l'attention du gouvernement américain sur l'inexactitude des informations du consul Lee et sur la partialité de sa conduite, pour le cas où il deviendrait nécessaire de demander son remplacement (1). » Le 1er mars, M. Moret, ministre des Colonies, dans une conversation privée avec M. Woodford, lui signala comme une des causes de danger, et non la moindre, la conduite de M. Lee : « Le gouvernement espagnol, — dit M. Moret, — ne peut le regarder comme un homme digne de confiance ; ses rapports sont toujours trompeurs et erronés, et le gouvernement insulaire est fort incliné à solliciter son rappel. » A la nouvelle de cette démarche, le secrétaire d'État répondit que « le président n'examinerait aucune proposition ayant en vue le rappel de M. Lee, et qu'une suggestion de ce genre à ce moment serait à tous les points de vue malheureuse... » Le gouvernement espagnol s'inclina ; le 4 mars, M. Woodford télégraphiait : « On ne fera

____

(1) El ministro de estado al ministro plenipot. de S. M. en Washington, Madrid, 20 janvier 1898 (*Livre rouge espagnol*, a., n° 45).

aucune ouverture concernant le rappel du consul général à la Havane (1). »

Le 7 mars, le président réunit à la Maison-Blanche le secrétaire de la marine et les présidents du Comité de la marine et du Comité des appropriations du Sénat et de la Chambre. A la suite de cette réunion, il fut décidé que le jour même un bill ouvrant au gouvernement un crédit de 50 millions de dollars pour la défense nationale serait déposé au Congrès. En présentant ce bill au Sénat, M. Cannon déclara que cette mesure n'était pas prise en vue de la guerre : « Je dis, en pesant mes paroles, que c'est une mesure pacifique. Le gouvernement des États-Unis ne voudrait pas, même si c'était en son pouvoir, empiéter sur les droits d'aucune nation sur la terre. » De son côté, l'administration affirmait que le président n'avait nullement modifié sa politique, mais que son devoir l'obligeait, dans les circonstances présentes, à mettre le pays en état de faire face à toute éventualité. M. Mac Kinley, bien que convaincu, sans doute, de l'imminence de la guerre, de la gravité d'une situation où se heurtait l'orgueil de deux peuples, n'avait pas encore perdu tout espoir de résoudre pacifiquement la question cubaine. Ce vote, qui lui donnait les moyens de parer, en partie au moins, aux insuffisances considérables de la préparation militaire des États-Unis, était aussi un nouvel acte de la politique de pression à l'aide de laquelle il espérait arracher à l'Espagne, sans coup férir, l'abandon de sa souveraineté sur Cuba. Le bill fut adopté à l'unanimité dans les deux Chambres, sans aucune discussion.

(1) Mr. Woodford to the president, 1er mars; Mr. Day to Mr. Woodford, 2 mars; Mr. Woodford to Mr. Day, 4 mars 1898 (*Livre rouge américain*, p. 676).

Les représentants de tous les partis et de toutes les régions de l'Union se bornèrent à prononcer quelques paroles en faveur de la mesure proposée : la nation entière se groupait derrière le président.

Le vote de ce bill, suivant M. Woodford, « étourdit » les Espagnols, mais il ne produisit aucun changement dans l'état de l'opinion publique. Dans une dépêche du 9 mars, le ministre américain rapporte une conversation qu'il avait eue l'avant-veille avec un riche négociant qui lui avait semblé exprimer « le jugement moyen des hommes d'affaires espagnols. » Son interlocuteur lui avait déclaré que « l'Espagne avait fait à l'égard de Cuba tout ce qu'elle pouvait faire ; que la majorité des blancs acceptait l'autonomie ; que le seul espoir de la rébellion était dans l'appui qu'elle recevait des États-Unis et dans l'attente que la guerre finirait par éclater entre l'Espagne et les États-Unis ; que l'Espagne ne vendrait jamais Cuba aux États-Unis : aucun gouvernement ne pourrait faire cela et vivre (1). » Dans les cercles officiels espagnols, le vote du Congrès semble avoir produit un réel découragement ; il enlevait tout espoir dans la réussite de l'essai d'autonomie, car il ne pouvait qu'encourager les rebelles dans leur espérance de l'intervention prochaine des États-Unis et il montrait la détermination de ceux-ci à en finir avec la question de Cuba. La perspective d'une lutte inévitable avec la puissante République du Nouveau Monde aurait-elle raison de la résistance de l'Espagne ? Le 17 mars, M. Woodford écrivait au président : « L'idée de la vente [de Cuba] est aujourd'hui dans l'air à Madrid... Il est pos-

(1) Mr. Woodford to the president, 9 mars 1898 (*Livre rouge américain*, p. 681-685).

sible que vous puissiez acheter Cuba, et telle circonstance peut se présenter où il serait utile pour moi d'être autorisé au moins à discuter la question avec la reine ou avec Moret, si l'un ou l'autre abordait ce sujet (1)... »

Le 18 mars, la question de la paix ou de la guerre fut discutée au Conseil des ministres à Madrid. Les ministres de la Guerre et de la Marine conseillèrent l'action immédiate, mais, après un long débat, le parti de la paix triompha. L'après-midi de ce jour, M. Woodford eut avec M. Moret une entrevue officieuse sur le sujet de Cuba : « Pouvez-vous et voudriez-vous demander à votre président, — dit M. Moret, — de conseiller aux insurgés de déposer les armes et d'accepter l'autonomie ? » Le ministre américain répondit que cette démarche était impossible ; elle ne pouvait être faite qu'à la requête officielle de l'Espagne, et, dans ce cas, celle-ci devrait laisser aux États-Unis une entière liberté d'action. Il suggéra alors l'idée de l'achat de Cuba par son gouvernement, sous une forme déguisée, pour ménager les susceptibilités de l'Espagne. Les divers moyens d'exécution de ce projet furent discutés quelque peu par les deux hommes d'État. M. Moret termina la conversation sur ces mots : « Je ne m'attache pas aux détails. Le moyen convenable peut être trouvé si nous faisons de notre mieux ; je travaillerai avec vous pour la paix et je suis sûr que nous nous entendrons quant aux détails. Ceci doit rester secret, car nous ne parlons pas en notre qualité officielle (2). »

Le lendemain, M. Woodford télégraphiait au président,

(1) Mr. Woodford to the president, 19 mars 1898 (*Ibid.*, p. 685).
(2) Mr. Woodford to the president, Madrid, 18 mars 1898 (*Livre rouge américain*, p. 688-692).

lui demandant de retarder toute décision, « à moins que le rapport sur *le Maine* exige une action immédiate. » Il est convaincu que M. Moret « regarde comme inévitable l'abandon de Cuba et qu'il cherche seulement le moyen de le faire en sauvegardant l'honneur espagnol (1). » Il fallait à tout prix gagner du temps pour surmonter les nombreuses oppositions que rencontrait encore ce projet parmi les hommes publics espagnols et auprès de la reine, et pour y préparer la population. Malheureusement, le président se sentait rapidement débordé. Le retard sagement apporté à la publication des rapports des consuls américains à Cuba, demandée par le Congrès le 14 février, provoquait un vif mécontentement chez les jingoes. Les mesures militaires prises ostensiblement par le gouvernement ne les satisfaisaient pas davantage. Le 14 mars, on annonçait que le Département de la marine avait acheté deux croiseurs brésiliens dont la construction venait d'être achevée en Angleterre. Le même jour, un Comité de la marine commençait à New-York l'examen des navires privés susceptibles d'être utilisés en cas de guerre. Le 16, la flotte réunie depuis le mois de janvier sur les côtes de la Floride était renforcée et on en organisait une seconde à Hampton-Roads. Le 17 mars, M. Proctor, de Vermont, prononça au Sénat un discours qui eut un retentissement considérable. De retour d'un voyage à Cuba, il fit une peinture navrante de ce qu'il avait vu : l'île ravagée, pillée ; la situation des reconcentrados, incapables de retourner dans leurs propriétés, pire que jamais ; l'Espagne maîtresse uniquement dans le rayon que commandaient

______

(1) Mr. Woodford to the president, Madrid, 19 mars 1898 (*Ibid.*, p. 692, 693).

les fusils de ses soldats. Il conclut en déclarant que l'autonomie avait échoué et qu'une seule solution était possible : l'indépendance de Cuba. Le caractère de M. Proctor inspirait le respect et on savait, en outre, qu'avant de parler il avait eu une entrevue avec le président. Prononcé avec calme et sur le ton de la plus grande sincérité, ce discours fit plus d'effet que toutes les déclamations antérieures des jingoes. Il marque une étape nouvelle dans le développement de la question cubaine. La population américaine, dans sa grande majorité, fut dès lors convaincue, comme l'était depuis quelque temps déjà le gouvernement, que seul l'abandon par l'Espagne de Cuba pourrait ramener la paix définitive dans l'île : elle est décidée à faire la guerre, s'il le faut, pour atteindre ce but.

Aux griefs contre l'Espagne, nés de la question cubaine, s'ajoutaient dans l'esprit populaire ceux nés de la colère excitée par l'explosion du *Maine*. Le public attendait avec une impatience anxieuse les résultats de la Commission d'enquête. Son opinion cependant était déjà faite ; il n'admettait pas que ce douloureux événement pût être le simple résultat de la fatalité. Que pouvaient les gens sérieux pour combattre cette conviction anticipée, fortifiée chaque jour par les articles enflammés d'une partie de la presse qui avait perdu tout scrupule et tout sentiment de l'honnêteté ? Le 20 mars, l'assistant-secrétaire d'État, M. Day, annonçait à M. Woodford que, « suivant un renseignement officiel, le Comité d'enquête conclurait à l'unanimité que *le Maine* avait été détruit par une mine sous-marine. » « Ce rapport, — ajoutait-il, — doit être envoyé bientôt au Congrès. » Le seul moyen de conjurer l'effet que la publication du rapport devait produire était d'obtenir de l'Espagne à la fois « pleine réparation pour la perte du *Maine* et la nouvelle d'une paix honorable à Cuba, qui mettra fin à la famine et donnera à la population la possibilité de prendre soin d'elle-même et de rétablir le commerce maintenant entièrement détruit (1). » Mais il fallait que l'Espagne se décidât promptement. M. Day fixait le 15 avril comme la date extrême jusqu'à laquelle le gouvernement américain pouvait attendre. Le 22, M. Woodford avait un entretien personnel avec M. Moret ; il lui exposa la difficulté de la situation et la nécessité d'arriver à un accord. Le lendemain, seconde entrevue, officielle cette fois, avec MM. Gullon et Moret. M. Gullon déclara que, n'ayant pas encore reçu le rapport de la Commission espagnole chargée de faire une enquête sur l'explosion du *Maine*, il ne pouvait répondre sur ce sujet, mais que son gouvernement ferait assurément « tout ce que le droit et la justice exigeraient quand les faits seraient entièrement connus. » Quant à la question cubaine, il demanda pour la régler un délai jusqu'au début de la saison des pluies, — qui commencent le 1er mai, — affirmant sa conviction que le gouvernement insulaire parviendrait à traiter avec les insurgés avant cette date. Le ministre américain refusa d'accéder à ces propositions et remit une note résumant les demandes de son gouvernement. Cette note avait l'allure d'un véritable ultimatum : « Je dois vous aviser que le rapport sur *le Maine* est entre les mains du président. Je ne suis autorisé à vous en faire connaître ni la tendance ni les conclusions, mais je suis autorisé à vous déclarer que si, dans un petit nombre de jours, un accord

(1) Mr. Day to Mr. Woodford, Washington, 20 mars 1898 (*Livre rouge américain*, p. 692).

satisfaisant n'est pas conclu, qui assure une paix immédiate et honorable à Cuba, le président ne pourra pas faire autrement que de soumettre à la décision du Congrès, dans son ensemble, la question des rapports entre l'Espagne et les États-Unis, comprenant aussi le sujet du *Maine*. Je communiquerai aussitôt, par la voie télégraphique, au président toute observation que pourra faire l'Espagne, et j'espère recevoir dans très peu de jours une proposition concrète qui équivaudra à l'établissement immédiat de la paix à Cuba (1). »

Le 25 mars, M. Gullon adressait un mémoire au ministre des États-Unis. Il protestait contre l'envoi du rapport sur *le Maine* au Congrès : « L'équité veut, — disait-il, — que les États-Unis attendent avant d'agir le rapport de la Commission espagnole nommée pour faire une enquête sur le même sujet ; en cas de différend entre les conclusions des deux Commissions, l'arbitrage est le seul moyen capable de mettre les deux partis d'accord. » Pour Cuba, il déclarait que le gouvernement espagnol ne pouvait rien faire sans consulter le Parlement insulaire, dont la réunion était fixée au 4 mai (2). Le même jour, le ministre d'État télégraphiait aux représentants de l'Espagne à l'étranger de demander les bons offices des gouvernements auprès desquels ils étaient accrédités pour obtenir du président des États-Unis qu'il conservât dans la juridiction de l'exécutif tout ce qui se rapportait aux différends

(1) Manifestacion escrita, entregada por el ministro plenipotenciario de los Estados Unidos en la conferencia que celebró el dia 23 de marzo de 1898 con los señores ministros de estado y de Ultramar (*Livre rouge espagnol,* a., n° 91).

(2) Manifestacion escrita entregada por el Sr. ministro de Estado al ministro plenipotenciario de los Estados Unidos, Madrid, 25 mars 1898 (*Livre rouge espagnol,* a., n° 93).

avec l'Espagne, seul moyen d'aboutir à une fin heureuse (1).

La situation du président devenait de plus en plus difficile. On savait que la Commission du *Maine* avait achevé ses travaux depuis le 21. De toutes parts on réclamait la publication de son rapport. L'élément belliqueux sentait croître sa force dans le pays. La population, dans les États de l'ouest surtout, s'irritait contre la lenteur des négociations. Les États-Unis ne pouvaient laisser plus longtemps sans le secourir un peuple luttant pour sa liberté. L'Espagne traîtresse, arriérée, incapable de progrès, devait abandonner toute domination dans le Nouveau Monde ; si elle s'y refusait, il fallait l'en chasser. M. Mac Kinley, cependant, atermoyait, espérant toujours voir l'Espagne céder. Le 24, dans une conférence avec les principaux membres de la Chambre des représentants, il déclara qu'il ferait son possible pour éviter la guerre et il exprima l'espoir d'être encore à même de l'empêcher (2).

Le 25, à minuit, M. Day télégraphiait de nouvelles instructions à M. Woodford : « Le président, — disait-il, — désire la paix, » et il communiquait au ministre les conditions auxquelles elle pourrait être conservée : révocation des ordres de reconcentration et offre aux Cubains du *self government intégral* (3) contre le paiement d'une indemnité raisonnable. Le président accorderait volontiers sa médiation si elle lui était demandée par l'Espagne et

---

(1) *Livre rouge espagnol*, a., nᵒ 95.

(2) *Times* du 25 mars 1898.

(3) A une dépêche de M. Woodford lui demandant ce qu'il entendait au juste par cette expression, M. Day répondait, le 28 : « Le self government intégral avec une indemnité signifierait l'indépendance cubaine. » (*Livre rouge américain*, p. 713.)

par les insurgés (1). Le 27, autre dépêche : « Voyez si ce
qui suit peut être obtenu : 1° un armistice jusqu'au 1er octobre, les négociations pour la paix devant se poursuivre
pendant ce délai entre l'Espagne et les insurgés, par l'intermédiaire du président ; — 2° révocation immédiate de
l'ordre de reconcentration... ; ajouter, s'il est possible, que
si les termes d'une paix satisfaisante n'ont pu être fixés le
1er octobre, le président des États-Unis agira comme arbitre entre l'Espagne et les insurgés (2). »

Le 28 mars, le président envoyait au Congrès le rapport
de la Commission d'enquête sur l'explosion du *Maine*.
Dans le message qui l'accompagnait, il fit simplement
le récit de l'accident et il se borna à reproduire, sans com-
mentaire, les conclusions du rapport : « Le navire, —
disait la Commission, — a été détruit par l'explosion d'une
mine sous-marine, mais aucune preuve n'a été obtenue
permettant de faire peser sur une personne déterminée la
destruction du *Maine*. » Le président terminait en annon-
çant qu'il avait communiqué ce rapport au gouvernement
espagnol et qu'il ne doutait pas que « le sentiment de justice de la nation espagnole lui dicterait une conduite
suggérée par l'honneur et les relations amicales des deux
gouvernements. » Il espérait, en séparant la question du
Maine de celle du Cuba, contrairement à son intention
primitive, gagner du temps et donner à l'Espagne un
dernier délai pour se soumettre à la volonté des États-
Unis. Le message fut reçu avec calme. Grâce aux efforts
des partisans de l'administration, aucun débat ne s'en-

(1) **Mr. Day to Mr. Woodford**, 25 mars 1898 (*Livre rouge américain,*
p. 704).
(2) **Mr. Day to Mr. Woodford**, 27 mars 1898 (*Ibid.*, p. 711).

gagea à son sujet et il fut aussitôt renvoyé par les Chambres à leur Comité des Affaires étrangères. Quant à la presse jaune, son ton était si monté depuis quelque temps qu'il lui était impossible de prendre une attitude plus agressive.

Le même jour où le président envoyait son message au Congrès, M. Woodford remettait un sommaire du rapport de la Commission d'enquête au ministre des Affaires étrangères d'Espagne, et le représentant de l'Espagne à Washington transmettait au secrétaire d'État un extrait du rapport de la Commission espagnole. Celle-ci, en désaccord avec la Commission américaine, déclarait que « l'explosion, dans ses apparences extérieures, prouvait l'absence de tous les phénomènes qui accompagnent toujours nécessairement l'explosion d'une torpille. » Elle faisait remarquer que l'observation du principe de l'exterritorialité « l'avait empêchée de faire dans l'intérieur du navire les recherches qui lui auraient permis de déterminer, au moins hypothétiquement, la cause intérieure du désastre, » et elle exprimait le regret que le refus des États-Unis eût empêché les deux Commissions de coopérer dans leurs travaux (1).

Le 29, le ministre des États-Unis fit part à M. Sagasta, président du Conseil, des conditions auxquelles le président demandait à l'Espagne de souscrire. C'étaient celles indiquées dans la dépêche de M. Day du 27. M. Sagasta répondit que « de grandes difficultés dans la situation intérieure de l'Espagne rendraient presque impossible d'accorder l'armistice. » Cette proposition ne pourrait

______

(1) *Livre rouge américain*, p. 1044.

être considérée que si elle était faite par le Congrès insu-laire. Les Etats-Unis ne pouvaient-ils laisser à l'Espagne les six semaines qui devaient s'écouler avant l'ouverture du parlement cubain ? M. Woodford déclara que « le peuple américain insistait sur la cessation immédiate des hostilités, » qu'il ne pouvait être question d'un nouveau délai, et il demanda une réponse définitive pour le 31 mars au plus tard (1).

Le calme avec lequel le message du président avait été reçu par le Congrès ne fut pas de longue durée. Dès le lendemain, un débat violent s'engageait de nouveau dans les deux Chambres sur la question cubaine. Au Sénat, la politique du président fut l'objet d'acerbes critiques et plusieurs résolutions furent déposées. Le sénateur Allen, d'Illinois, en présenta une reconnaissant l'indépendance de Cuba ; M. Rawlins, d'Utah, demandait que la liberté de Cuba fût reconnue et la guerre déclarée sur-le-champ à l'Espagne ; M. Frye, du Maine, voulait que le Congrès ordonnât au président de contraindre l'Espagne à retirer immédiatement les forces militaires et navales qu'elle avait dans l'île et dans les eaux cubaines. Toutes ces résolutions furent renvoyées au Comité des Affaires étrangères. A la Chambre, le chef de la minorité, M. Bailey, démocrate, représentant de l'Etat du Texas, déposa, le 30 mars, une résolution reconnaissant l'indépendance de Cuba, et il réclama un débat immédiat. Grâce à la décision du speaker, M. Reed, qui réussissait encore à maintenir son autorité sur le parti républicain, la demande de M. Bailey fut repoussée.

(1) Mr. Woodford to the president, 29 mars 1898 (*Livre rouge américain*, p. 718).

Ces débats témoignaient la volonté arrêtée des jingoes de forcer la main au président et de le contraindre
à remettre au Congrès la solution de la question cubaine.
M. Mac Kinley luttait encore pour conserver la discussion
avec l'Espagne sur le terrain diplomatique, mais, chaque
jour, la lutte devenait plus difficile. Dédaigneuse des
lenteurs de la diplomatie, consciente de sa force, la population américaine, bien que, dans la masse, hostile à la
guerre, se révoltait à l'idée qu'une puissance comme l'Espagne osât lui résister. D'autre part, l'indiscipline commençait à se faire sentir dans le parti républicain. Beaucoup de membres du parti redoutaient l'avantage que les
démocrates tireraient auprès des électeurs de leur ténacité
en faveur de l'indépendance cubaine s'ils pouvaient réussir
à arracher au Congrès le vote d'une résolution dans ce
sens. Les chefs : M. Reed, les sénateurs Marc Hanna et
Platt, aussi désireux que M. Mac Kinley d'une solution
pacifique, sentaient l'autorité leur échapper.

Le président attendait avec anxiété la réponse de
l'Espagne à ses demandes. Le 29, M. Woodford lui télégraphiait : « Je crois sincèrement qu'un accord sera atteint
[à l'entrevue du 31], honorable pour l'Espagne, satisfaisant pour les Etats-Unis, équitable pour Cuba... » M. Day
lui répondait le même jour : « Il est de la plus haute
importance que la conférence ne soit pas remise et qu'un
résultat définitif soit obtenu. L'opinion ici est très excitée. »
Le lendemain, l'assistant-secrétaire d'Etat câblait : « Les
Etats-Unis ne peuvent aider l'Espagne dans l'application
d'aucun système d'autonomie, » et, dans une autre dépêche
envoyée quelques heures plus tard, il exposait la gravité
de la situation à Washington : « ... Les membres les plus

conservateurs du Congrès appréhendent vivement le vote par les deux Chambres d'une résolution en faveur de l'intervention, malgré tous les efforts faits pour s'y opposer. Seule, l'assurance que le président, s'il échoue dans les négociations pacifiques, soumettra dans un délai très court tous les faits au Congrès, empêchera une action immédiate de la part de celui-ci... Nous espérons que vos négociations conduiront à une paix acceptable pour le pays (1). »

Les *Livres rouges* américain et espagnol sont muets sur la somme que le ministre américain était autorisé à offrir à l'Espagne comme indemnité pour l'évacuation de l'île, mais le bruit courait à ce moment à Washington qu'elle pourrait s'élever jusqu'à 200 millions de dollars. Cette somme aurait été mise à la charge de Cuba et les Etats-Unis en auraient garanti le paiement. Les membres de la junte cubaine, il est vrai, la trouvaient trop élevée, et le conseil de celle-ci, M. Horatio S. Rubens, déclarait que les insurgés acceptaient de payer une indemnité, à condition qu'elle ne dépassât pas 100 millions de dollars (2).

Fidèle à ses traditions d'honneur, la malheureuse Espagne demeura insensible aux offres qui lui furent faites. Le 31 mars, le gouvernement espagnol répondit aux Etats-Unis par des contre-propositions : la question du *Maine* serait soumise à l'arbitrage et la pacification de Cuba confiée au Parlement insulaire ; quant à l'armistice, les insurgés devraient en faire la demande au général en chef, qui en fixerait la durée et les conditions. « Le point

(1) *Livre rouge américain,* p. 718 et 721.
(2) The New-York weekly Post, 30 mars 1898.

d'honneur, — télégraphiait M. Woodford au président, — a tout fait échouer. La fierté espagnole ne permet pas au gouvernement de proposer et d'offrir un armistice qu'il désire réellement, parce que les ministres savent qu'un armistice, à présent, c'est la paix assurée pour l'automne prochain. On m'a dit confidentiellement que l'offre de l'armistice par le gouvernement espagnol amènerait la révolution (1)... »

(1) Mr. Woodford to Mr. Day; Mr. Woodford to the President, 3 mars 1898 (*Livre rouge américain*, p. 726 et 727).

III

La réponse du gouvernement espagnol ne donnait pas
satisfaction au président. Les concessions faites étaient
insuffisantes. Tout espoir de solution pacifique du conflit
semblait irrémédiablement perdu. A ce moment, tandis
que les grandes puissances européennes discutaient, sans
parvenir à se mettre d'accord, l'utilité et la forme d'une
intervention collective, le pape fit une tentative person-
nelle pour empêcher la guerre.

Le 2 avril, le ministre d'Espagne près du Vatican télégraphiait à Madrid qu'il avait reçu le jour même la
visite du cardinal Rampolla : « Les nouvelles reçues des
États-Unis, — m'a dit le cardinal de la part de S. S., —
sont très graves. Le président de la République est désireux de régler la question, mais il est entraîné par les
Chambres. La difficulté consiste à trouver quelqu'un qui
puisse demander la suspension des hostilités. Le président paraît très disposé à accepter l'aide du pape, et ce
dernier désire savoir, pour vous être utile : 1° si l'intervention de S. S., demandant l'armistice, est acceptable

pour l'honneur national ; 2° si une intervention serait agréable à S. M. et au gouvernement (1). »

Le ministre d'État répondit que le gouvernement espagnol acceptait l'offre de médiation du pape et qu'il promettait de souscrire à la demande de suspension des hostilités faite par S. S., pourvu que les États-Unis retirassent leur escadre du voisinage de Cuba et de Key-West (2). Le même jour, M. Gullon faisait part à M. Woodford des ouvertures du pape et l'informait de la seule clause que l'Espagne mettait à son acceptation. En transmettant ces nouvelles au président, M. Woodford ajoutait : « Si l'état des esprits à Washington vous permet encore de me donner le temps nécessaire, je suis sûr qu'avant octobre prochain j'aurai obtenu la paix à Cuba... (3). »

L'anxiété n'était pas moins grande à la Maison-Blanche qu'à l'Escurial, mais le président se sentait dominé par la pression de l'opinion publique : celle-ci ne lui permettait plus de faire aucune concession. Le 3 avril, M. Day répondit au ministre à Madrid : « ... La disposition de notre flotte doit nous être laissée. Un armistice, pour être efficace, doit être immédiatement proclamé et accepté par les insurgés. » Il posait ensuite cette grave question : « La paix que vous êtes si confiant d'assurer signifie-t-elle l'indépendance de Cuba? » Le 4, il avisait M. Woodford que le message du président sur la question cubaine serait envoyé au Congrès le surlendemain (4).

(1) El embajador de S. M. cerca de la Santa Sede al ministro de Estado, Roma, 2 avril 1898 (*Livre rouge espagnol*, n° 113).

(2) El ministro de Estado al ambajador de S. M. cerca de la Santa Sede, 3 avril 1898 (*Livre rouge espagnol*, n° 116).

(3) Mr. Woodford to the president, 3 avril 1898 (*Livre rouge américain*, p. 732).

(4) *Livre rouge américain*, 733.

Le même jour (4 avril), le ministre d'Espagne aux États-Unis informait son gouvernement qu'il avait reçu la visite de Mgr Ireland, venu de Saint-Paul à Washington sur l'ordre du pape. Le prélat, qui avait vu le président la veille et le matin même, avait déclaré au ministre que M. Mac-Kinley désirait ardemment la paix, mais que le Congrès voterait certainement l'intervention ou la guerre si le gouvernement espagnol n'aidait pas le président. « L'archevêque m'a exprimé sa conviction absolue que le Congrès voulait la guerre et que le président, qui désirait la paix, serait à la fin obligé de céder. Il nous demande de faire un second effort pour accorder l'armistice sans condition (1) ». Impressionnée par ces conseils désintéressés, la reine régente parut disposée à accepter l'inévitable. Le 5, M. Woodford télégraphiait au président le texte d'une proclamation d'armistice immédiat et pour une durée de six mois. « Si la reine, — demandait-il, — publie cette proclamation avant midi, le 6 avril, la soutiendrez-vous, et pouvez-vous empêcher un acte hostile de la part Congrès (2)? » M. Day répondit que le président ne pourrait que communiquer le fait au Congrès (3).

La simple publication de l'armistice paraissait maintenant insuffisante à l'administration pour calmer l'irritation populaire. Par une malchance extraordinaire, le bon effet que l'on pouvait attendre de l'intervention du pape avait été fortement diminué par une nouvelle venue de Londres, d'après laquelle un ministre espagnol avait

---

(1) El ministro plenipotenciario de S. M. al ministro de Estado, 4 avril 1898 (*Livre rouge espagnol*, n° 117).

(2) Mr. Woodford to the président, 5 avril 1898. (*Livre rouge américain*, p. 734).

(3) Mr. Day to Mr. Woodford, 5 avril 1898, minuit. (*Ibid.*, p. 735).

affirmé que le pape avait agi à la demande du président des États-Unis. Le gouvernement espagnol reconnut sans difficulté l'inexactitude de ce propos (1), mais le démenti vint trop tard : le mal était déjà fait.

A Madrid, le gouvernement recula au dernier moment et l'armistice ne fut pas proclamé. De son côté, le président décida de retarder l'envoi de son message. Le 6 avril, M. Day télégraphiait à M. Woodford : « Le message du président ne sera pas envoyé au Congrès jusqu'à lundi prochain (11), afin de donner au consul général à la Havane le temps qu'il réclame instamment pour assurer le départ des Américains (2) ». Ce délai n'était pas moins nécessaire aux troupes américaines pour achever de se préparer à la tâche qui allait leur incomber. C'était aussi un dernier répit avant d'abandonner tout espoir de paix.

L'appel adressé par l'Espagne aux grandes puissances le 25 mars n'avait eu aucun résultat. Leurs démarches individuelles n'avaient pas empêché l'envoi au Congrès du rapport sur la perte du *Maine*. Cependant, à mesure que croissait la menace du conflit, les puissances s'inquiétaient des résultats considérables que pourrait avoir une victoire des États-Unis. Après de longues hésitations, leurs gouvernements se mirent d'accord sur l'opportunité d'une démarche collective, et, le 6 avril, M. Mac Kinley recevait en corps les ambassadeurs d'Allemagne, d'Autriche-Hongrie, de France, de Grande-Bretagne, d'Italie et de Russie. Les ambassadeurs remirent au président une note adressant « un pressant appel aux sentiments d'humanité et de modération du président et du peuple

(1) *Livre rouge américain*, p. 736.
(2) *Livre rouge américain*, p. 749.

américain dans leurs différends actuels avec l'Espagne... »
La réponse du président fut aussi incolore que la note des
ambassadeurs. Il se borna à déclarer : « qu'il espérait,
comme les puissances, que la paix ne serait pas troublée... (1) ». Pareille démarche ne pouvait avoir et n'eut
aucun résultat.

Ces délais dans l'envoi du message ne faisaient qu'augmenter l'impatience et l'agitation du Congrès. Le 5 avril,
cinq orateurs prirent la parole au Sénat en faveur d'une
déclaration de guerre immédiate. Les chefs du parti républicain voyaient leur autorité preque complètement mé-
connue. Les gens modérés eux-mêmes commençaient à se
laisser aller à l'excitation générale. Aux yeux de ceux qui
conservaient encore leur sang-froid, l'attitude du Congrès
était maintenant plus dangereuse pour la paix que l'obstination de l'Espagne.

A Madrid, le gouvernement hésitait encore à céder :
il redoutait la colère du peuple et craignait une révolution. Cependant, dans les cercles officiels, on ne s'il-
lusionnait pas sur les dangers d'une guerre avec les
États-Unis, qui mettrait en péril non seulement Cuba,
mais bien toutes les colonies espagnoles. Le 8 avril,
M. Woodford écrivait : « La fin est encore très douteuse,
et je travaille plutôt par sentiment du devoir que parce
que j'ai foi dans le succès. Pourtant, il est évident, et cela
me laisse quelque espoir, que le sobre sens de l'Espagne
s'élève lentement mais sûrement ; dans quelques jours, —
si ces quelques jours peuvent être obtenus, — un sentiment public se sera formé qui soutiendra le gouvernement

______

(1) V. le texte de la note et de la réponse, toutes deux très courtes, dans
le *Livre rouge américain*, p. 740 et 741.

espagnol, si ce gouvernement a le courage de faire de suite les choses nécessaires pour la paix (1). »

L'Espagne ne pouvait conserver d'illusion sur l'impossibilité d'obtenir du gouvernement américain un adoucissement à son ultimatum. Le 6 avril, Mgr Ireland fit une nouvelle visite au ministre d'Espagne à Washington pour lui conseiller encore une fois la concession immédiate de l'armistice et lui déclarer qu'il ne fallait pas songer à obtenir, à ce moment, le retrait de l'escadre des États-Unis des eaux cubaines (2). Le 9, les ambassadeurs des grandes puissances à Madrid firent une démarche collective auprès du ministre d'État pour l'engager à accorder l'armistice à la demande du pape (3).

Convaincu de l'inutilité de toute résistance, le gouvernement espagnol se résigna à subir la volonté des États-Unis, mais il ne put se résoudre au sacrifice suprême exigé de lui : l'abandon de Cuba. Le 10 avril, le ministre d'Espagne à Washington remettait au secrétaire d'État un mémorandum au nom de son gouvernement. L'ordre d'accorder un armistice immédiat avait été envoyé à Cuba, où il était publié le jour même ; le général en chef devait en fixer la durée. Le mémorandum déclarait que l'autonomie accordée à Cuba était aussi libérale que celle existant au Canada, et que les Cubains étant représentés aux Cortès jouissaient en outre d'un avantage refusé aux Canadiens. Si donc ils désiraient dans l'avenir quelques réformes nouvelles, leurs représentants pourraient présenter leurs re-

(1) Mr. Woodford to Mr. Sherman, 8 avril 1898 (*Livre rouge américain*, p. 744).

(2) *Livre rouge espagnol*, n° 120.

(3) *Ibid.*, n° 127.

17

vendications au Parlement espagnol, où leurs demandes recevraient certainement satisfaction « dans les limites de la raison et de la souveraineté nationale (1). » Le secrétaire d'État se borna à accuser réception de cette déclaration, ajoutant que, « en envoyant son message le lendemain, le président donnerait connaissance au Congrès de cette dernière communication du gouvernement espagnol (2). »

Le sacrifice de l'Espagne était insuffisant. Elle ne voulait pas détacher de sa couronne royale un des plus beaux fleurons qui l'ornaient encore ; elle se refusait à abaisser son drapeau dans ce Nouveau Monde, où il avait flotté sur des régions si étendues. Mais la population américaine, qui avait fait sienne la question de Cuba, refusait maintenant l'autonomie, si large qu'elle fût : elle avait perdu toute confiance en l'Espagne, et elle la croyait incapable d'appliquer cette forme de gouvernement. Ce qu'elle voulait, c'était « Cuba libre. » L'indépendance de Cuba était devenue le but du président comme de la population et du Congrès. Il n'y avait de désaccord que sur les moyens à employer pour l'obtenir : M. Mac Kinley espérait atteindre son but sans troubler la paix ; dans le Congrès, une majorité de plus en plus grande estimait que les moyens pacifiques avaient échoué et qu'il fallait en appeler à l'*ultima ratio* : la guerre. Les insurgés, d'ailleurs, déclaraient ne vouloir accepter l'armistice que si l'Espagne consentait à évacuer Cuba (3).

(1) Señor Polo de Bernabe to Mr. Sherman, mémorandum, 10 avril 1898 (*Livre rouge américain*, p. 747).

(2) Mr. Day to Mr. Woodford, 10 avril 1898, 6 p. m. (*Livre rouge américain*, p. 749).

(3) *Times*, 12 avril 1898 : extrait d'une lettre de Maximo Gomez au président des Etats-Unis, remise au consul Barker.

Le 11 avril, le président envoyait enfin au Congrès le message sur Cuba, si impatiemment attendu (1). Après un bref résumé de l'histoire des négociations avec l'Espagne depuis le début de sa présidence, il reprenait les propositions faites en son nom au gouvernement espagnol le 27 mars et les contre-propositions de celui-ci jugées inacceptables. « Avec cette dernière tentative en vue de la paix immédiate et sa réception désappointante par l'Espagne, l'Exécutif, — concluait M. Mac Kinley, — est arrivé au bout de ses efforts. » Il examinait ensuite les diverses alternatives qui se présentaient. La reconnaissance de belligérance des Cubains ne pouvait avoir aucun résultat pour la pacification immédiate de l'île. La reconnaissance de la République cubaine était inutile et dangereuse. Inutile : point n'était besoin d'elle pour permettre l'intervention des États-Unis. Dangereuse : quels embarras ne pourraient créer au gouvernement américain des alliés dépourvus d'un gouvernement stable ? Il ne restait donc qu'une solution : l'intervention armée pour mettre fin à la guerre. Celle-ci était amplement justifiée par des motifs d'humanité et par les pertes considérables que faisait éprouver aux citoyens américains la continuation des hostilités à Cuba. « Je demande au Congrès, — disait M. Mac Kinley, — d'autoriser le président à prendre les mesures propres à amener la terminaison complète et définitive des hostilités entre l'Espagne et le peuple de Cuba et à assurer dans l'île l'établissement d'un gouvernement stable, capable de maintenir l'ordre et d'observer ses obligations internationales, d'assurer la paix et la tranquillité

(1) Le même jour, il envoyait au Sénat les extraits des rapports des consuls américains à Cuba réclamés par la résolution du 14 février.

de ses citoyens aussi bien que notre paix et notre tranquillité, et je lui demande de permettre au président d'employer dans ce but les forces militaires et navales des États-Unis. »

Dans un paragraphe supplémentaire, M. Mac Kinley informait le Congrès de la communication que lui avait faite la veille le ministre d'Espagne : « Le dernier décret de la reine régente d'Espagne ordonne au général Blanco, pour préparer et faciliter la paix, de proclamer une suspension des hostilités, dont la durée et les détails ne m'ont pas encore été communiqués. Ce fait recevra, j'en suis sûr, votre équitable et soigneuse attention dans les délibérations solennelles que vous allez entreprendre. Si cette mesure aboutit à un heureux résultat, alors nos aspirations comme peuple chrétien et pacifique seront réalisées. Si elle échoue, ce sera une justification de plus pour la conduite que nous envisageons. »

Le message fut mal accueilli par le parti de la guerre. Ce parti redoutait les intentions pacifiques du président, qui exprimait encore l'espoir d'amener l'Espagne à céder. Les démocrates et nombre de républicains avec eux réclamaient, en outre, la reconnaissance du gouvernement provisoire de Cuba, voulant mettre le pays à l'abri d'une combinaison politique qui aurait pour résultat l'annexion forcée de l'île. Les partisans de la paix furent également déçus : remettre à une assemblée, dominée par la passion, et où la raison ne pouvait plus se faire entendre, la solution de la question cubaine, n'était-ce pas abandonner tout espoir d'éviter un conflit sanglant ?

S'il avait espéré pouvoir modérer le Congrès et continuer à diriger la situation dans la phase nouvelle où il venait de la faire entrer, M. Mac Kinley fut vite détrompé. Le lendemain de la publication du message, un organe jingoe s'écriait triomphalement : « Le président abandonne la direction. » C'était la vérité. La solitude se fit autour de la Maison-Blanche, et, pendant quelques jours, la vie politique se concentra tout entière au Capitole, envahi par une foule passionnée et impatiente de voir proclamer l'ultimatum qui contraindrait l'Espagne à abandonner Cuba. Dès le 12 avril, une discussion nouvelle, plus passionnée encore que les précédentes, s'ouvrait dans les deux Chambres sur la question cubaine (1). Le 16, le Sénat adoptait par 67 voix contre 21 une résolution conjointe reconnaissant la république de Cuba, enjoignant à l'Espagne d'évacuer l'île et chargeant le président d'employer pour l'y contraindre, s'il était nécessaire, les forces militaires et navales des États-Unis. La lutte se concentra alors à la Chambre des représentants, où les partisans de l'administration espéraient faire échouer le vote de la reconnaissance du gouvernement cubain. Le président déclara qu'au cas où une résolution conjointe de cette nature serait adoptée par les deux Chambres, il était décidé à ne pas en tenir compte. On paraissait de nouveau à la veille d'un conflit entre le président et le Congrès. Il fut heureusement évité. Le 17, la résolution du Sénat était repoussée à la Chambre par 172 voix contre 148 : 24 voix de majorité, c'est tout ce qu'avait pu obtenir l'administration, alors que la majorité ordinaire du parti républicain

(1) Le 14, le corps diplomatique se réunit à l'ambassade d'Angleterre. Le projet d'une nouvelle manifestation des puissances fut discuté, mais aucune suite ne lui fut donnée. Une vive discussion a été soulevée dans la presse au début de 1902 au sujet de l'attitude de l'Angleterre et de l'Allemagne à cette occasion.

était de 60 voix. Le 20 avril, enfin, après une séance tumultueuse de quatorze heures, la Chambre et le Sénat réussirent à se mettre d'accord sur un texte qui fut approuvé le même jour par le président. La résolution conjointe adoptée déclarait que « le peuple de l'île de Cuba est, et de droit doit être libre et indépendant » ; elle demandait à l'Espagne d'abandonner sa souveraineté sur l'île et de l'évacuer, et autorisait le président à employer s'il était nécessaire les forces militaires des États-Unis, pour faire exécuter ces résolutions. Elle se terminait par une affirmation de désintéressement au nom des États-Unis : « Les États-Unis répudient toute disposition ou intention d'exercer la souveraineté, la juridiction ou une domination quelconque sur ladite île, excepté pour sa pacification, et affirment leur détermination, lorsque celle-ci sera accomplie, de laisser le gouvernement et la souveraineté (*control*) de l'île à son peuple (1). »

Aussitôt après l'approbation de la résolution par le président, le secrétaire d'Etat en télégraphiait le texte au ministre des États-Unis, lui enjoignant de la communiquer au gouvernement espagnol et de demander à ce dernier son acquiescement à la volonté des États-Unis avant le samedi 23, à midi. M. Woodford ne put remettre l'ultimatum. Avant qu'il eût accompli sa mission, le ministre d'État, prenant les devants, lui notifiait la rupture des relations diplomatiques entre les deux pays.

L'Espagne refusait de s'incliner devant la volonté des États-Unis. La guerre seule pouvait résoudre la question cubaine. Le 22 avril, le président proclamait le blocus des

---

(1) La résolution fut adoptée : au Sénat, par 42 voix contre 35 ; — à la Chambre, par 310 voix contre 6.

ports de la côte septentrionale de Cuba et du port de Cien-fuegos ; le 23, il appelait sous les armes 125.000 volontaires. Le 25, il envoyait au Congrès un message pour recommander l'adoption d'une résolution conjointe déclarant la guerre contre l'Espagne. La résolution fut votée sans débat (1). Deux jours après, les hostilités commençaient.

Le 3 mai, on recevait à Washington la nouvelle de la destruction, par le commodore Dewey, de la flotte espagnole du Pacifique réfugiée dans la baie de Manille.

Cette attaque soudaine contre les Philippines, alors que, disait-on, les État-Unis n'avaient en vue que la libération de Cuba, a fait supposer qu'ils poursuivaient la réalisation d'un plan autrement vaste, et que le gouvernement américain avait délibérément cherché, à la faveur de ses démêlés avec l'Espagne, la création d'un domaine colonial. La conquête des Philippines et l'expulsion de l'Espagne du Nouveau-Monde auraient ainsi été les deux parties d'un même plan.

M. Mac Kinley l'a formellement nié : « Quand Dewey coula les navires espagnols à Manille, ce n'était pas dans le but de s'emparer des Philippines. C'était pour détruire la flotte espagnole, la flotte de la nation contre laquelle nous étions en guerre ; nous pensions que la voie la plus prompte pour terminer les hostilités était de détruire la

(1) Le 25 avril, M. Sherman donnait sa démission de secrétaire d'Etat. Depuis plusieurs mois déjà, le bruit courait que son grand âge ne lui permettait plus de remplir ses devoirs, surtout dans des circonstances aussi difficiles. En réalité, pendant toute la dernière période de la lutte diplomatique avec l'Espagne, c'est l'assistant-secrétaire d'Etat, M. Day, qui avait dirigé les négociations, dans une collaboration étroite avec le président. M. Day fut donc tout naturellement appelé à succéder à M. Sherman.

puissance de l'Espagne. C'est dans ce dessein que nous envoyâmes Dewey (1). »

Est-ce vraiment exact, et n'y avait-il pas dans cet ordre une arrière-pensée ?

La reconstitution de la marine américaine, tombée en décadence après la guerre de Sécession, ne remonte qu'à une quinzaine d'années. Les constructions navales, surtout depuis 1890, ont été nombreuses, mais la marine se plaignait, avec juste raison, de manquer de bases navales en dehors des côtes américaines ; elle n'en avait aucune dans les Antilles, et les deux qu'elle possédait dans le Pacifique, Pearl Harbour et Tutuila (2), étaient à une distance trop considérable l'une de l'autre. Les Américains ambitionnent fort étendre leur influence du côté de la Chine, où ils entrevoient la possibilité d'un grand développement pour leur commerce et de débouchés importants pour leur industrie ; cette raison faisait naturellement désirer à la marine l'acquisition d'un point d'atterrissement dans cette région, et l'on dit que l'escadre asiatique accordait depuis assez longtemps une attention particulière à l'archipel philippin. On ne peut douter que la possibilité d'un conflit avec l'Espagne ait donné à l'administration de la marine l'espoir de réaliser ses vues, malgré l'hostilité que l'opinion publique leur avait témoi-

(1) Mac Kinley à Youngstown, Ohio, 18 octobre 1899.

(2) Par le traité du 17 janvier 1878 avec le gouvernement des îles de Samoa, les Etats-Unis avaient acquis le droit d'établir une station de charbon dans l'île de Tutuila ; cette île est américaine depuis le traité du 14 novembre 1899. Le traité du 6 décembre 1884 avait donné aux Etats-Unis le droit d'installer un dépôt analogue dans l'île d'Oahu, du groupe des Sandwich, qui a été annexé le 6 juillet 1898. Cette dernière annexion, effectuée à la faveur de la guerre contre l'Espagne, était réclamée depuis plusieurs années déjà par les Américains, qui s'étaient emparés du pouvoir dans l'archipel et avaient renversé la dynastie indigène.

gnée jusqu'alors. Il est donc vraisemblable que le gouvernement envisagea, au moment où la guerre parut inévitable, la possibilité d'acquérir, à la faveur de ce conflit, les stations navales dont ses conseillers lui affirmaient la nécessité (1). Le 25 février, le commodore Dewey, qui avait été appelé au commandement de l'escadre asiatique le 1er janvier 1898 (2), était avisé qu'en cas de guerre il aurait à entreprendre des « opérations offensives dans les Philippines. » Un mois plus tard, le navire *le Baltimore* était détaché de l'escadre du Pacifique pour aller renforcer l'escadre de Chine (3). Au début d'avril, le commodore reçut l'ordre de se procurer deux navires auxiliaires pour transporter le charbon et les provisions nécessaires au ravitaillement de la flotte. Enfin, le 24 avril, il recevait le télégramme suivant : « La guerre est commencée entre les États-Unis et l'Espagne. Dirigez-vous immédiatement sur les Philippines. Commencez les opérations de suite, particulièrement contre la flotte espagnole. Vous capturerez les navires ou vous les détruirez. Faites les plus grands efforts (4). »

Le 1er mai, la flotte américaine anéantissait, dans la baie de Manille, l'escadre espagnole, qui ne put que

(1) Un des conseillers les plus influents du gouvernement américain était le capitaine A. T. Mahan, ancien officier de marine, qui avait fait une campagne très vive pour propager ces idées.

(2) Ce n'était pas par hasard que le commodore Dewey commandait l'escadre asiatique lorsque la guerre éclata. On lui avait donné ce commandement à l'automne de 1897, suivant M. Roosevelt, alors sous-secrétaire d'État au département de la marine, « parce qu'on trouva sage à ce moment, d'avoir là un homme qui pût aller à Manille, s'il était nécessaire. » (*Strenuous life*, p. 190).

(3) *Le Baltimore* arriva à Hong-Kong le 22 avril. Le 19 mars, *l'Oregon* était parti de San-Francisco pour aller grossir les forces réunies dans l'Atlantique ; il arriva le 25 mai à Jupiter-Inlet (Floride).

(4) Cité par Richard H. Titherington, *A history of the Spanish war.*

défendre vaillamment l'honneur du drapeau. Dewey restait devant Manille, mais, sans troupes de débarquement, il ne pouvait s'emparer de la ville. Le 3, il télégraphiait à Washington : « Je commande complètement la baie et je peux m'emparer de la ville à tout moment, mais je n'ai pas assez d'hommes pour m'y maintenir... »

Ici se place une question qu'il est impossible d'éclaircir complètement : jusqu'à quel point le gouvernement américain comptait-il sur la coopération des insurgés philippins ? Suivant la déposition de l'amiral Dewey devant le Comité du Sénat pour les Philippines, il s'attendait, d'après les informations que lui avait données le consul américain à Manille, à voir « accourir à son aide, dès les premiers coups de canon, 25 à 30.000 Philippins. » C'est en vue d'utiliser leur concours qu'il autorisa Aguinaldo, le chef de la précédente insurrection, à se rendre de Hong-Kong à Manille sur un de ses navires, mais les Philippins n'étaient pas organisés, et c'est Aguinaldo qui les organisa. On paraît avoir été surpris à Washington par la demande de renforts de Dewey. Aucunes troupes n'étaient prêtes à lui être envoyées, on discuta même plusieurs jours au ministère de la guerre avant d'arrêter le chiffre des renforts, et la première expédition ne partit de San-Francisco que le 25 mai. Elle n'arriva à Manille que le 30 juin (1). L'hésitation dont fit preuve le président au sujet du sort des Philippines, après la défaite de l'Espagne, lors de la discussion du traité de paix, vient à l'appui des faits précédents pour prouver que le gouvernement américain n'avait aucune ligne de conduite arrêtée à l'égard

(1) Le croiseur *Charleston*, qui convoyait l'expédition, s'arrêta en passant, le 20 juin, à l'île de Guam, où il arbora le drapeau américain.

de cet archipel au commencement de la guerre. L'expédition de Dewey semble donc bien n'avoir eu pour but, indépendamment de la destruction de l'escadre espagnole, que de créer aux États-Unis des droits leur permettant de réclamer, à la fin de la guerre, une station navale dans cette partie du Pacifique.

IV

La guerre ne fut pas de longue durée. En dépit de la
vaillance de ses soldats et de ses marins, et malgré le
manque de préparation et les fautes de ses adversaires,
l'Espagne n'éprouva que des défaites. Après la destruction de la flotte de l'amiral Cervera (3 juillet) et la reddi-
tion de Santiago (17 juillet), elle se résigna à traiter. Le
19 juillet, l'ambassadeur d'Espagne à Paris demandait au
ministre des Affaires étrangères la médiation du gouvernement français. Ce dernier accepta, et, le 26, M. Jules
Cambon, notre ambassadeur à Washington, remettait au
président un mémorandum (1) du gouvernement espagnol
demandant la suspension des hostilités et les conditions
de la paix.

Le gouvernement américain ne répondit que le 30. Il
exigeait l'abandon de Cuba par l'Espagne ; la cession aux
États-Unis, à titre d'indemnité de guerre, de Porto-Rico (2)

____

(1) Daté du 22 juillet.

(2) Le 25 juillet, les troupes américaines avaient débarqué dans l'île ;
le même jour, elles s'emparaient de Guarnica et, le 28, Ponce se rendait à
son tour.

et des autres îles espagnoles situées dans les Indes occidentales, et d'une île des Ladrones, au choix des États-Unis. Quant aux Philippines, les Etats-Unis occuperaient et garderaient la ville, la baie et le port de Manille, en attendant la conclusion du traité de paix qui en déterminerait « la souveraineté *(control)*, la disposition et le gouvernement (1). »

Le ministère espagnol accepta, le 7 août, les conditions qui lui étaient imposées, mais, dans son mémorandum à M. Mac Kinley, le ministre des Affaires étrangères faisait remarquer le caractère indéterminé que présentait la note américaine relativement aux Philippines. L'occupation temporaire de Manille ne pouvait avoir lieu en vertu de la conquête, cette place ne s'étant pas rendue, et les Philippines se trouvant encore sous l'autorité de l'Espagne, l'occupation ne pouvait constituer qu'une garantie. En acceptant la troisième condition, le gouvernement espagnol déclarait donc : « Ne pas renoncer à priori à la souveraineté de l'Espagne sur l'archipel, laissant aux négociateurs le soin de s'entendre sur les réformes que la condition de ces possessions et le niveau de culture des indigènes peut rendre désirables (2). »

L'administration américaine refusa d'accepter ces réserves : « Convaincu, — dit M. Mac Kinley, dans son message du 4 décembre 1899, — que la discussion sur ce point ne pouvait être ni pratique ni profitable, je donnai

---

(1) Mr. Day to Duke of Almadovar del Rio, 30 juillet 1898 (*Livre rouge américain*, p. 820). Le duc de Almadovar del Rio avait succédé à M. Gullon comme ministre des Affaires étrangères, à la suite d'une refonte du cabinet faite par M. Sagasta, en mai.

(2) Message of the E. the duke of Almadovar del Rio... to Hon. William R. Day, Madrid, 7 août 1898 (*Livre rouge américain*, p. 822).

l'ordre, qu'afin d'éviter tout malentendu, la question fût immédiatement fermée en proposant la rédaction en un protocole des termes sur la base desquels les négociations pour la paix seraient entreprises. Les vagues suggestions de la note espagnole ne pouvaient être acceptées... »

Le protocole fut remis à M. Cambon le 10 août. Il reproduisait les termes de la note du 30 juillet et contenait, en outre, des stipulations relatives à la nomination des commissaires chargés de régler l'évacuation des Antilles (1). Le 12, le protocole était signé par M. Cambon qui avait reçu pleins pouvoirs du gouvernement espagnol, au nom de l'Espagne et par M. William R. Day au nom des Etats-Unis. Accédant au désir de l'Espagne, ceux-ci consentirent à ce que les négociations finales eussent lieu à Paris. Les commissaires des deux puissances devaient se rencontrer dans cette ville le 1er octobre au plus tard.

Le jour même de la signature du protocole, le gouvernement américain ordonna aux commandants des troupes et de la marine de cesser les hostilités. Le câble reliant les Philippines à Hong-Kong, coupé au mois de mai par Dewey, n'avait pas été rétabli. La dépêche adressée à ce dernier dut être portée par un vapeur ; lorsqu'elle arriva, le drapeau américain flottait sur Manille. Le 7 août, l'amiral avait envoyé un ultimatum au commandant des forces espagnoles, lui enjoignant de rendre la ville dans les quarante-huit heures. L'attaque, fixée d'abord au 9,

______

(1) Protocole of agreement between the United States and Spain, embodying the terms of a basis for the establishment of peace between the two countries. Texte anglais et français (*Livre rouge américain,* p. 828).

fut retardée de quatre jours ; elle eut lieu le 13, et, après une faible résistance, la ville capitula. Le 11 septembre, M. Cambon remettait à M. Day une note du gouvernement espagnol déclarant que l'occupation de Manille devait être considérée comme faite en vertu du protocole du 12 août, et non en vertu de la capitulation du 14, « qui est absolument nulle, ayant été conclue après que les belligérants avaient signé un accord déclarant que les hostilités devaient être suspendues. » Le secrétaire d'Etat répondit le 16 septembre que les Etats-Unis ne pouvaient accepter l'opinion de l'Espagne, suivant laquelle la capitulation de Manille était nulle : « Quant à la nature du droit en vertu duquel les Etats-Unis occupent la ville, la baie et le port de Manille, ce gouvernement pense qu'il importe peu que l'occupation soit considérée comme existant en vertu de l'occupation ou en vertu du protocole, puisque dans l'un et l'autre cas les pouvoirs de l'occupant militaire sont les mêmes (1). »

Le 26 août, le président désigna les membres de la commission de la paix. M. William R. Day abandonnait le secrétariat d'Etat pour diriger à Paris même la fin des négociations (2). Les autres membres étaient les sénateurs Cushman K. Davis, président du Comité des relations étrangères ; Wm. P. Frye, président du Comité du commerce ; Geo. Gray, le seul démocrate figurant dans la commission, membre influent du Comité des relations étrangères, et M. Whitelaw Reid, directeur de la *New-York Tribune*, un des journaux républicains les plus

____

(1) *Livre rouge américain*, p. 813 et 814.
(2) Son successeur au secrétariat d'État fut M. Hay, alors ambassadeur à Londres.

importants ; ce dernier avait représenté les Etats-Unis en France pendant l'administration de M. Harrisson.

Les commissaires espagnols étaient : MM. Eugenio Montero Rio, B. de Abarzuza, J. de Garnica, W. R. de Villa Urrulia et Rafael Cerero.

Dans ses instructions aux commissaires américains, le président disait : « C'est mon désir que pendant les négociations confiées à la commission, le but et l'esprit dans lequel les États-Unis acceptèrent la nécessité de la guerre soient gardés constamment en vue. Nous avons pris les armes uniquement pour obéir aux dictées de l'humanité et pour l'accomplissement de hautes obligations publiques et morales. Nous n'avions aucun désir d'agrandissement, ni aucune ambition de conquête... En réglant les conditions de la paix, nous devons avoir en vue les résultats durables et la réalisation du bien commun dictés par la civilisation, plutôt que des desseins ambitieux. Les termes du protocole ont été fixés d'accord avec ces idées. L'abandon par l'Espagne de l'hémisphère occidental était une impérieuse nécessité. En présentant cette demande, nous remplissions simplement un devoir universellement reconnu... Ce n'est pas manquer de générosité envers notre ennemi d'hier, c'est simplement reconnaître les enseignements de l'histoire, de dire qu'il n'était pas compatible avec une paix durable sur notre propre territoire ou à sa proximité, de laisser le drapeau espagnol flotter de ce côté de l'Océan. Cette leçon des événements et de la raison ne laissait aucune hésitation relativement à Cuba, à Porto-Rico, et aux autres îles appartenant à l'Espagne dans cet hémisphère. Les Philippines sont dans une situation différente. Il n'en est pas moins vrai, cependant, que, sans aucune pensée primitive d'acquisition complète ou même partielle, la présence et le succès de nos armes à Manille nous imposent des obligations auxquelles nous ne pouvons nous soustraire... »

A ces obligations qui incombent à une « grande nation » s'ajoutaient les intérêts commerciaux auxquels la politique américaine ne pouvait rester indifférente. « Il est juste d'employer tous les moyens légitimes pour le développement du commerce américain ; mais nous ne cherchons pas des avantages particuliers en Orient. Ne demandant que la porte ouverte pour nous-mêmes, nous sommes prêts à accorder la porte ouverte aux autres. Les facilités commerciales qui sont naturellement et inévitablement associées à cette nouvelle ouverture dépendent moins de grandes possessions territoriales que d'une taxation commerciale adéquate et de privilèges étendus et égaux. » Le président concluait : « Les États-Unis ne peuvent accepter moins que la cession en plein droit et souveraineté de l'île de Luçon. » Il demandait, en outre, que les navires et marchandises des États-Unis fussent traités dans les ports des Philippines laissés à l'Espagne, de la même façon que les navires et marchandises espagnols, à charge de réciprocité pour ceux-ci dans les ports des Philippines cédés aux États-Unis. Relativement aux Ladrones, les États-Unis avaient décidé de réclamer la plus importante d'entre elles, l'île de Guam (1).

Les conférences commencèrent à Paris le 1er octobre. Dès le début, un désaccord se produisit entre les représentants des deux pays. L'Espagne demandait que la nouvelle

(1) Instructions to the peace commissionners, 16 septembre 1898 (*Livre rouge américain*, p. 904-908).

puissance souveraine des territoires qu'elle allait abandonner fût chargée des dettes et obligations de toute espèce contractées légalement par l'ancienne métropole pour le service de ses colonies. Le gouvernement américain refusa d'accéder à cette demande. Dans une entrevue avec M. Whitelaw Reid, le 26 octobre, l'ambassadeur d'Espagne lui déclara que les commissaires espagnols ne pouvaient abandonner leurs revendications très légitimes relativement au partage de la dette cubaine, et que, si les États-Unis persistaient dans leur prétention, les négociations devraient être rompues. Les ordres formels du président empêchaient toute concession sur ce point, mais M. Reid fit espérer qu'une compensation pourrait être trouvée lorsqu'on discuterait le sort des Philippines, et les Espagnols se soumirent (1).

Avant que les commissaires arrivassent à la discussion du statut des Philippines, les dispositions du gouvernement américain à leur égard s'étaient profondément modifiées. Le général Merritt, qui avait commandé les troupes de l'Union envoyées dans l'archipel, était arrivé à Paris, sur l'ordre du président, au commencement d'octobre. Il venait donner aux représentants américains les renseignements nécessaires pour les aider dans leurs travaux. Suivant le général, dont l'opinion s'accordait avec les instructions présidentielles, les États-Unis ne pouvaient abandonner Luçon : leur retraite serait le signal de l'assassinat des Espagnols et des prêtres et du pillage de leurs biens par les insurgés philippins. Il croyait cependant qu'il y aurait avantage pour les États-Unis à garder l'archipel

(1) Mr. Day to Mr. Adee, Paris, 27 octobre 1898 (*Livre rouge américain*, p. 936).

tout entier. Le consul de Belgique à Manille, à l'opinion duquel le général Merritt disait attacher une grande importance, conseillait aux États-Unis de « prendre tout ou rien. » « Si les îles méridionales étaient laissées à l'Espagne, elles seraient en révolution constante, et les États-Unis auraient aux Philippines une seconde Cuba (1). »

Les renseignements fournis par le général Merritt divisèrent l'opinion des commissaires. MM. Davis, Frye et Reid étaient d'avis que « ce serait une erreur navale, politique et commerciale de diviser l'archipel ; » ils demandèrent au gouvernement d'autoriser la commission à l'acquérir tout entier. M. Gray, au contraire, repoussait toute acquisition, si modeste fût-elle : « Ce serait renverser la politique continentale acceptée par le pays et qui domine notre histoire... L'intérêt et le devoir nous commandent d'abandonner Manille. » M. Day, dont l'opinion offre le plus d'intérêt par la part qu'il avait prise aux négociations préliminaires de la guerre et à la rédaction du protocole, s'opposait à une « demande péremptoire de cession du groupe entier des Philippines. » Une semblable acquisition lui paraissait imprudente : « L'expérience seule peut déterminer le succès de la politique d'expansion coloniale dans laquelle entrent les États-Unis, » il serait donc sage de procéder doucement. L'acquisition de Luçon pouvait nécessiter, peut-être, pour compléter ses avantages stratégiques, celle de quelques îles voisines, Mindanao et Palawan, par exemple, qui commandent l'entrée de la mer de Chine, mais il ne fallait pas dépasser cela. Le danger de voir les autres îles devenir la propriété de grandes

____

(1) Mr. Day to Mr. Hay, 6 octobre 1898 (*Ibid.*, p. 918).

puissances européennes pouvait être évité en stipulant l'interdiction de les aliéner sans le consentement des États-Unis. « Ceci nous permettrait de dominer la situation entière, tout en nous donnant une base d'opérations pour la marine et le commerce en Orient... et en nous permettant d'amoindrir la charge du gouvernement, tout en laissant la perspective d'une expansion ultérieure, si nous le désirions (1). »

C'est à l'opinion de la majorité des commissaires que l'administration, qui avait reçu également des renseignements directs de Manille, se rallia. Le 26 octobre, le secrétaire d'État télégraphiait à M. Day : « Les informations parvenues au président depuis votre départ l'ont convaincu que l'acceptation de Luzon seule, en laissant les autres îles sous la domination espagnole, occasion de disputes futures, ne peut être justifiée par des raisons politiques, commerciales ou humanitaires. Nous devons exiger l'archipel entier ou ne rien demander. La seconde solution étant impossible, c'est la première que nous devons adopter... »

La raison humanitaire était la principale raison qu'invoquait le président pour expliquer sa décision : « ... L'expansion territoriale doit être le moindre de nos soucis ; l'important est de ne pas éluder les obligations morales de notre victoire. Il est avéré que l'autorité de l'Espagne est détruite à jamais dans tout l'archipel. En laisser une partie sous sa faible domination augmenterait nos difficultés et serait contraire aux intérêts de l'humanité. Le sentiment aux États-Unis est presque universel sur ce point,

______

(1) Peace commissionners to Mr. Hay, télégramme du 25 octobre 1898 (*Livre rouge américain*, p. 932-935).

que le peuple des Philippines doit être libéré de la domination espagnole (1). »

Les Philippins ne lui paraissant pas en état d'être livrés sans danger à eux-mêmes, le président ne pouvait voir d'autre solution que l'annexion de l'archipel.

Les intérêts industriels et commerciaux s'étaient agités pendant cette courte période à Washington, pour obtenir cette solution qui leur paraissait plus avantageuse que la proclamation du principe de la porte ouverte, en contradiction, d'ailleurs, avec la politique protectionniste des États-Unis.

Les commissaires américains firent leur demande de cession de la totalité des Philippines à la séance du 31 octobre. Ils revendiquaient l'archipel en vertu du droit de conquête, la destruction de la flotte espagnole le 1er mai ayant, suivant le gouvernement américain, déterminé le sort de Manille, et, par suite, de l'archipel entier. Les commissaires espagnols témoignèrent leur étonnement d'une prétention semblable, contraire, d'après eux, au protocole du 12 août. Ils soutenaient que l'occupation de Manille n'était que provisoire et que la situation politique de l'archipel n'avait pas été préjugée dans cet instrument, qui laissait au contraire aux négociateurs le soin de la déterminer. Le droit de conquête, sur lequel se basait le gouvernement américain, ne pouvait être invoqué, disaient-ils, en la circonstance (2). Il sembla de nouveau, pendant quelques jours, que l'on ne pourrait arriver à s'entendre. Les Espagnols menacèrent de rompre les relations. A Washington, cependant, si on voulait conserver les Philippines, on

(1) *Livre rouge américain*, p. 935.
(2) Mr. Hay. to Mr. Day, 28 octobre 1898. (*Ibid.*, p. 937).

tenait aussi beaucoup à avoir un traité. Le gouvernement américain se résigna donc à faire quelques concessions, et les commissaires furent autorisés à offrir à l'Espagne une indemnité de 20 millions de dollars pour la cession de l'archipel. Les représentants espagnols proposèrent alors de soumettre le différend à un tribunal arbitral. Les Américains déclinèrent la proposition et renouvelèrent leurs offres, en demandant une réponse définitive avant le 28 novembre. C'était un véritable ultimatum. L'Espagne dut s'incliner devant la volonté des vainqueurs, et, le 10 décembre, le traité de paix définitif était signé sur les bases fixées par les États-Unis (1).

Le président avait maintenant à obtenir du Sénat la ratification de ce traité, qui apportait de si profonds changements à la politique de l'Union. Au lendemain de la victoire de Dewey, la question avait été soulevée dans la presse de savoir si les États-Unis devaient ou non s'établir aux Philippines. Beaucoup, dans le public, eussent vu avec joie donner l'ordre à l'escadre américaine, son œuvre accomplie, d'abandonner Manille. Le parti démocrate, qui avait le plus ardemment poussé à la guerre pour la délivrance des Cubains, appréhendait fort la tentation pour le gouvernement de devenir, à l'exemple des États européens, une puissance coloniale. Pourtant, sous l'influence de la victoire, dans l'enthousiasme des succès remportés, l'opinion publique se transforma vite. Le nombre augmenta rapidement de ceux qui voyaient dans les événements récents le signe de la « destinée manifeste » qui doit faire

(1) Treaty of peace between the United States of America and the Kingdom of Spain, signed at Paris, 10 décembre 1898. (*Livre rouge américain,* p. 831).

des États-Unis la première puissance du monde. Devait-on, par un attachement aveugle aux anciennes traditions, par une crainte pusillanime de questions inconnues jusqu'alors, se dérober au devoir qui incombe aux grandes nations de conduire dans la voie du progrès les peuples arriérés, et dédaigner en même temps les résultats avantageux d'une guerre heureuse? C'est la diffusion de ces idées dans le public, leur réussite rapide auprès de lui, qui entraîna la décision de M. Mac Kinley. Dans les discours prononcés durant le voyage qu'il fit à l'automne dans les États du sud et de l'ouest, il parla surtout des obligations nouvelles que la guerre avait imposées au pays : « Notre drapeau a été planté sur les deux hémisphères et il y flotte, symbole de liberté et de justice, de paix et de progrès. Qui l'enlèvera aux populations qu'il abrite sous ses plis protecteurs? Qui osera l'abaisser?... Jusqu'à présent, nous avons accompli notre devoir. Est-ce maintenant, quand les résultats de la victoire sont inscrits dans un traité de paix, que nous nous détournerons timidement des devoirs imposés à notre pays par ses propres actes (1)? »

Le 4 janvier 1899, le président transmit le traité de paix au Sénat. Les débats ayant eu lieu en session exécutive ne sont pas publiés, mais on sait qu'ils furent très vifs ; le résultat même du vote en est la preuve. La Constitution exige, pour la ratification des traités, une majorité égale aux deux tiers des votants. Les républicains n'étaient qu'au nombre de 46 sur 90 sénateurs. Il leur fallait donc, pour faire triompher leur politique, détacher de l'opposition plu-

____

(1) M. Mac Kinley à Atlanta, Géorgie, 15 décembre 1898.

sieurs de leurs adversaires. Parmi ceux-ci, un grand nombre étaient sans doute opposés à l'annexion, mais beaucoup trouvaient impossible de refuser la ratification du traité. M. Bryan, le chef des démocrates, leur candidat à l'élection présidentielle de 1896 et leur candidat désigné à celle de 1900, déclara que mieux valait accepter le traité : « Le Congrès pourrait ensuite régler suivant sa volonté le sort des Philippines. » Son attitude décida du vote. Le 6 février, le Sénat adoptait le traité par 57 voix contre 27, une de plus seulement que le chiffre exigé par la Constitution : deux républicains votèrent avec l'opposition, mais dix démocrates et trois populistes vinrent grossir la majorité (1). Le 2 mars, la Chambre des représentants votait le crédit de 20 millions de dollars stipulé comme indemnité à l'Espagne. Le 11 avril, les ratifications étaient échangées à Washington.

(1) Six sénateurs ne prirent pas part au vote.

APPENDICES

APPENDICES

TRAITÉ CLAYTON-BULWER

*entre les États-Unis et la Grande-Bretagne,
conclu à Washington le 19 avril 1850;
ratifications échangées à Washington le 4 juillet 1850.*

« Les États-Unis d'Amérique et S. M. britannique, désireux
de consolider les relations d'amitié qui existent si heureusement entre eux, en mettant et fixant dans une convention leurs
vues et intentions à l'égard de tous moyens de communication
par canal susceptible d'être construit entre les océans Atlantique et Pacifique par la rivière de San Juan et par l'un ou
l'autre des lacs du Nicaragua ou Managua, ou par les deux,
à un port ou place sur l'Océan pacifique... Les dits plénipotentiaires... se sont mis d'accord sur les articles suivants :

ARTICLE 1er. — Les gouvernements des États-Unis et de la
Grande-Bretagne déclarent que ni l'un ni l'autre n'établira
ou ne conservera pour lui-même une domination [*control*]
exclusive sur ledit canal; agréant qu'aucun n'élèvera jamais
ou n'entretiendra de fortifications commandant le canal, ou

dans son voisinage, ou n'occuperont, fortifieront, ne colo-
niseront, n'assumeront, ni n'exerceront aucune domination
[*dominion*] sur Nicaragua, Costa-Rica, la côte Mosquito, ou
quelque partie de l'Amérique centrale ; ni ne feront usage
d'aucune protection que l'un ou l'autre donne ou peut donner,
ou d'aucune alliance que l'un ou l'autre a ou peut avoir avec un
État ou un peuple, dans le but d'élever ou d'entretenir de semblables fortifications, ou d'occuper, fortifier, ou coloniser Nicaragua, Costa-Rica, la côte Mosquito, ou quelque autre partie de
l'Amérique centrale, ou d'assumer ou exercer aucune domination sur eux ; ni les États-Unis ni la Grande-Bretagne ne prendront avantage d'aucune intimité, ou n'emploieront aucune
alliance, rapport ou influence que l'un ou l'autre peut posséder
avec aucun État ou gouvernement à travers le territoire duquel
ledit canal peut passer, dans le but d'acquérir ou de prendre,
directement ou indirectement, pour les citoyens ou les sujets
de l'un d'eux, aucuns droits ou avantages à l'égard du commerce
ou de la navigation à travers ledit canal qui ne seront pas offerts
aux mêmes conditions aux citoyens ou sujets de l'autre.

ART. 2. — Les vaisseaux des États-Unis ou de la Grande-Bretagne traversant ledit canal, en cas de guerre entre les parties
contractantes, seront exempts de blocus, détention ou capture
par l'un ou l'autre des belligérants ; et cette clause s'étendra à
telle distance à partir des deux extrémités dudit canal qu'il peut
être dans l'avenir trouvé utile de fixer.

. . . .

ART. 5. — Les parties contractantes s'engagent en outre,
quand ledit canal sera achevé, à le protéger contre toute interruption, saisie ou confiscation injuste, et à en garantir la neutralité, de telle sorte que ledit canal puisse toujours être ouvert
et libre et le capital y engagé en sécurité. Néanmoins, les gouvernements des États-Unis et de Grande-Bretagne, en accordant
leur protection à la construction dudit canal, et en garantissant
sa neutralité et sa sécurité lorsqu'il sera achevé, entendent toujours que cette garantie et cette protection sont accordées con-
ditionnellement, et peuvent être retirées par les deux gouverne-

ments, ou par l'un ou l'autre des gouvernements, si les deux gouvernements ou l'un d'eux jugeaient que les personnes ou la Compagnie entreprenant ou exploitant ledit canal adopte ou établit des règles concernant le trafic contraire à l'esprit ou à l'intention de cette convention, soit en faisant des discriminations déloyales [*unfair*] en faveur du commerce de l'une des parties contractantes au détriment du commerce de l'autre, ou en imposant des exigences oppressives ou des péages déraisonnables sur les passagers, vaisseaux, marchandises ou autres articles. Aucune des deux parties cependant, ne retirera ladite protection ou garantie sans en avoir au préalable informé l'autre, six mois à l'avance.

ART. 6. — Les parties contractantes s'engagent à inviter les États avec lequel elles ont l'une ou l'autre, ou avec lesquels l'une d'elles a des relations amicales, à prendre avec elles des engagements analogues à ceux qu'elles ont conclus entre elles, afin que tous les autres États puissent participer à l'honneur et aux avantages d'avoir contribué à une œuvre d'un intérêt et d'une importance aussi généraux que le canal projeté...

. . . .

ART. 8. — Les gouvernements des États-Unis et de la Grande-Bretagne désirant, en faisant cette convention, non seulement accomplir un objet particulier, mais aussi établir un principe général, conviennent d'étendre leur protection, au moyen de traités [*by treaty stipulations*], à toutes autres voies de communications possibles, canal ou chemin de fer, à travers l'isthme qui unit l'Amérique du Nord et du Sud, et spécialement aux communications interocéaniques, si elles étaient trouvées possibles, soit par canal ou par chemin de fer, que l'on propose actuellement d'établir par la route de Tehuantepec ou de Panama. En accordant cependant leur protection commune à tels canaux et chemins de fer comme ceux spécifiés dans cet article, les États-Unis et la Grande-Bretagne entendent toujours que les parties les construisant ou les possédant n'imposeront sur eux aucunes autres charges ou conditions de trafic que celles que lesdits gouvernements approuveront comme justes et équitables, et que lesdits canaux ou chemins de fer, étant ouverts aux citoyens et sujets des États-Unis et de la Grande-Bretagne à des conditions égales, seront aussi ouverts aux mêmes conditions aux citoyens et sujets des autres États qui voudront accorder [à ces dits canaux ou chemins de fer] la même protection que les États-Unis et la Grande-Bretagne s'engagent à leur donner ».

TRAITÉ HAY-PAUNCEFOTE

entre les États-Unis et la Grande-Bretagne,
conclu à Washington le 18 novembre 1901 ;
ratifications échangées à Washington le 16 décembre 1901.

« S. M. Édouard VII, Roi du Royaume-Uni de Grande-Bretagne et d'Irlande, et des Dominions anglaises au delà des mers, et Empereur de l'Inde, et les États-Unis d'Amérique, étant désireux de faciliter la construction d'un canal maritime pour joindre les océans Atlantique et Pacifique, par toute route pouvant être jugée possible, et, à cette fin, pour retirer toute objection susceptible de s'élever de la convention du 19 avril 1850, communément appelée traité Clayton-Bulwer, relativement à la construction d'un semblable canal sous les auspices du gouvernement des États-Unis d'Amérique, sans altérer le « principe général » de neutralisation établi dans l'article 8 de cette convention, ont dans ce but nommé comme plénipotentiaires... qui ont adopté les articles suivants :

Article premier. — Les Hautes Parties contractantes conviennent que le présent traité remplacera la convention précédemment mentionnée, du 19 avril 1850.

Art. 2. — Il est convenu que le canal peut être construit sous les auspices du gouvernement des États-Unis, soit directement à ses frais, ou par un don ou prêt d'argent à des individus ou à des corporations, ou au moyen de la souscription ou de l'achat de part ou d'actions, et que, sous réserve des clauses du présent traité, ledit gouvernement aura et jouira de tous les droits incidents à une telle construction, aussi bien que du droit exclusif de pourvoir aux règlements et à l'administration du canal.

Art. 3. — Les États-Unis adoptent, comme base de la neutralisation du canal, les règles suivantes, telles qu'elles sont substantiellement contenues dans la convention de Constantinople, signée le 29 octobre 1888, pour la libre navigation du canal de Suez, c'est-à-dire :

1° Le canal sera libre et ouvert aux vaisseaux de commerce et de guerre de toutes les nations observant ces règles, à des conditions d'entière égalité, de telle sorte qu'il n'y aura aucune discrimination contre aucune de ces nations, ou ses citoyens ou sujets, à l'égard des conditions ou charges de trafic, ou autrement. Les conditions et charges de trafic seront justes et équitables.

2° Le canal ne sera jamais bloqué, ni aucun droit de guerre ne sera exercé, ni aucun acte d'hostilité commis dans ses limites. Les États-Unis cependant auront la liberté de maintenir le long du canal les forces de police militaire qui peuvent être nécessaires pour le protéger contre tout désordre.

3° Les navires de guerre d'un belligérant ne se ravitailleront ni ne prendront aucun ravitaillement, excepté ce qui peut leur être strictement nécessaire, et le transit de ces vaisseaux à travers le canal sera effectué avec le moins de délai possible, d'accord avec les règlements en vigueur, et avec seulement les relâches pouvant résulter des nécessités du service.

Les prises seront à tous égards soumises aux mêmes règles que les vaisseaux de guerre des belligérants.

4° Aucun belligérant n'embarquera ou ne débarquera de troupes, munitions de guerre ou matériaux ayant un caractère militaire, excepté en cas d'empêchement dans le transit, et dans ce cas le transit sera requis avec toute la promptitude possible.

5° Les clauses de cet article s'appliqueront aux eaux adjacentes au canal, dans une étendue de 3 milles nautiques à partir de chacune de ses extrémités. Les navires de guerre d'un belligérant ne resteront pas dans ces eaux plus de vingt-quatre heures consécutives [at any time] excepté en cas de détresse, et dans ce cas ils partiront aussitôt que possible ; mais un navire de guerre d'un belligérant ne partira pas pendant les vingt-quatre heures qui suivront le départ d'un navire de guerre de l'autre belligérant.

6° Les outillages, les établissements, les constructions et tous les matériaux nécessaires à la construction, à la conservation et à l'exploitation du canal seront réputés en faire partie, en ce qui concerne ce traité, et en temps de guerre, comme en temps de paix, ils jouiront d'une immunité complète à l'égard des attaques de la part des belligérants, et des actes calculés pour amoindrir leur utilité comme partie du canal.

Art. 4. — Il est entendu qu'aucun changement de souveraineté territoriale ou des relations internationales du pays ou des pays traversés par le canal ci-dessus mentionné n'affectera le principe général de neutralisation ou les obligations des Hautes Parties contractantes résultant du présent traité.

Art. 5. — Le présent traité sera ratifié par Sa Majesté britannique et par le Président des États-Unis, par et avec l'avis et le consentement du Sénat américain ; et les ratifications seront échangées à Washington ou à Londres le plus tôt possible dans les six mois à dater d'aujourd'hui ».

TRAITÉ HAY-BUNAU VARILLA

*entre les États-Unis et la République de Panama,
conclu à Washington, le 18 novembre 1903,
ratifications échangées à Washington, le 26 février 1904.*

Les États-Unis d'Amérique et la République de Panama, désireux d'assurer la construction d'un canal de navigation [a ship canal] à travers l'isthme de Panama pour joindre les océans Atlantique et Pacifique, et le Congrès des États-Unis d'Amérique ayant voté une loi approuvée le 28 juin 1902, en vue de cet objet, par laquelle le Président des États-Unis est autorisé à acquérir dans un délai raisonnable la domination [control] du territoire nécessaire de la République de Colombie, et la souveraineté [sovereignty] dudit territoire appartenant actuellement à la République de Panama, les Hautes Parties Contractantes ont résolu de conclure une convention dans ce but et ont nommé comme plénipotentiaires : le Président des États-Unis d'Amérique, John Hay, secrétaire d'Etat, et le gouvernement de la République de Panama, Philippe Bunau-Varilla, envoyé extraordinaire et ministre plénipotentiaire de la République de Panama, spécialement nommé dans ce but par ledit gouvernement, qui, après s'être communiqué mutuellement leurs pleins pouvoirs respectifs, trouvés en bonne et due forme, ont accepté et conclu les articles suivants :

Article 1er. — Les États-Unis garantissent et maintiendront l'indépendance de la République de Panama.

Art. 2. — La République de Panama concède [grants] aux États-Unis à perpétuité l'usage, l'occupation et la domination d'une zone de territoire et des terres sous l'eau pour la construction, l'entretien, l'exploitation, le bon état sanitaire et la protection du canal projeté, de la largeur de dix milles s'étendant à la distance de cinq milles de chaque côté de la ligne médiane de la route dudit canal : ladite zone commençant dans la mer des Caraïbes à trois milles marins au delà de la limite des moyennes basses-eaux et s'étendant à travers l'isthme de Panama dans l'océan Pacifique à une distance de trois milles marins de la limite des moyennes basses-eaux, avec la clause que les villes de Panama et de Colon et les ports adjacents desdites villes, qui sont compris dans les limites de la zone ci-dessus décrite, ne seront pas compris dans cette concession. La République de Panama concède en outre aux États-Unis à perpétuité l'usage, l'occupation et la domination de toutes autres terres et eaux en dehors de la zone ci-dessus décrite, qui peuvent être nécessaires et utiles pour la construction, l'entretien, l'exploitation, le bon état sanitaire et la protection de ladite entreprise. — La République de Panama concède de plus de la même manière aux États-Unis à perpétuité toutes les îles dans les limites de la zone ci-dessus décrite et en outre le groupe de petites îles situées dans la baie de Panama, nommées Perico, Naos, Culebra et Flamenco.

Art. 3. — La République de Panama concède aux États-Unis tous les droits, pouvoir et autorité dans la zone mentionnée et décrite dans l'article 2 de cet accord et dans les limites de toutes les terres et eaux accessoires mentionnées et décrites dans ledit article 2, que les États-Unis posséderaient et exerceraient s'ils étaient les souverains du territoire dans lequel lesdites terres et eaux sont situées, à l'entière exclusion de l'exercice par la République de Panama d'aucun de ces droits, pouvoir ou autorité souverains.

Art. 4. — Comme droits subsidiaires aux concessions ci-dessus, la République de Panama cède à perpétuité aux États-Unis le droit d'employer les rivières, cours d'eau, lacs et autres étendues d'eau dans ses limites pour la navigation, l'approvisionnement d'eau ou de force motrice ou tout autre objet, autant que l'usage desdites rivières, cours d'eau, lacs et autres étendues d'eau peut être nécessaire et utile pour la construction, l'entretien, l'exploitation, le bon état sanitaire et la protection du canal.

ART. 5. — La République de Panama concède aux États-Unis à perpétuité un monopole pour la construction, l'entretien et l'exploitation de tout système de communication au moyen d'un canal ou d'un chemin de fer à travers son territoire entre la mer des Caraïbes et l'océan Pacifique.

ART. 6. — Les concessions contenues dans le présent traité n'affecteront en aucune manière les titres ou les droits des possesseurs de terres privées ou les propriétaires de propriétés privées dans ladite zone ou sur quelque portion des terres ou eaux concédées aux États-Unis par les clauses de quelque article dudit traité, ni ne porteront atteinte aux droits de passage sur les routes publiques passant à travers ladite zone ou sur lesdites terres ou eaux, à moins que les dits droits de passage ou droits privés ne soient en conflit avec les droits concédés par le présent traité aux États-Unis, auquel cas les droits des États-Unis seront supérieurs. Tous les dommages causés aux propriétaires de terres privées ou d'une propriété privée de quelque espèce en raison des concessions contenues dans le présent traité ou en raison des opérations des États-Unis, de leurs agents ou de leurs employés, ou en raison de la construction, de l'entretien, de l'exploitation, du bon état sanitaire et de la protection du canal ou des travaux hygiéniques et de protection prévus par le présent traité, seront estimés et réglés par une Commission mixte nommée par les gouvernements des États-Unis et de la République de Panama, dont les décisions relatives à ces dommages seront définitives. Les indemnités fixées pour les dommages seront payées uniquement par les États-Unis. Aucune partie des travaux sur ledit canal ou sur

le chemin de fer de Panama ou sur aucune des entreprises
accessoires ne sera empêchée, retardée ou gênée par ou durant
les procédures nécessaires pour déterminer ces dommages.
L'estimation desdites terres privées et la fixation des dommages
qu'elles auront subis seront basées sur leur valeur avant la
date de la présente convention.

ART. 7. — La République de Panama concède aux États-
Unis dans les limites des villes de Panama et de Colon et leurs
ports adjacents et dans le territoire adjacent le droit d'acquérir, par achat ou par l'exercice du droit de domaine éminent,
toutes terres, constructions, droits d'eau, ou autres propriétés
nécessaires et utiles pour la construction, l'entretien, l'exploitation et la protection du canal et de tous travaux sanitaires,
tels que la canalisation des eaux d'égout et la distribution de
l'eau dans lesdites villes de Panama et de Colon, qui, au jugement des États-Unis, peuvent être nécessaires et utiles pour la
construction, l'entretien, l'exploitation, le bon état sanitaire et
la protection du canal et du chemin de fer. Tous les travaux
sanitaires, de canalisation des eaux d'égout et distribution de
l'eau dans les villes de Panama et de Colon, seront exécutés
aux frais des États-Unis, et le gouvernement des États-Unis,
ses agents ou représentants seront autorisés à imposer et à
percevoir des taxes pour l'eau et les égouts suffisantes pour
pourvoir au payement de l'intérêt et de l'amortissement du
principal du coût desdits travaux dans une période de cinquante ans, et à l'expiration dudit terme de cinquante ans le
système des égouts et celui de la distribution d'eau feront retour
aux villes de Panama et de Colon respectivement et deviendront
leur propriété, et l'usage de l'eau sera libre pour les habitants
de Panama et de Colon, sauf les terres qui pourront être nécessaires pour l'exploitation et l'entretien desdits systèmes
d'égouts et de distribution de l'eau. — La République de Panama consent que les villes de Panama et de Colon se con-
forment à perpétuité aux ordonnances sanitaires d'un caractère préventif ou curatif, prescrites par les États-Unis et, au cas
où le gouvernement de Panama serait incapable ou négligerait -

son devoir de faire observer, par les villes de Panama et de Colon, la soumission aux ordonnances sanitaires des États-Unis, la République de Panama donne aux États-Unis le droit et l'autorité pour les faire appliquer. — Les mêmes droits et autorité sont donnés aux États-Unis pour le maintien de l'ordre public dans les villes de Panama et de Colon et les territoires et ports adjacents à ces villes au cas où la République de Panama ne serait pas, suivant le jugement des États-Unis, capable d'assurer cet ordre.

Art. 8. — La République de Panama concède aux États-Unis tous les droits qu'elle possède ou qu'elle peut acquérir par la suite à la propriété de la Compagnie nouvelle du canal de Panama et de la Compagnie du chemin de fer de Panama comme un résultat du transfert de la souveraineté de la République de Colombie à la République de Panama sur l'isthme de Panama, et autorise la Compagnie nouvelle de Panama à vendre et à transférer aux États-Unis ses droits, privilèges, propriétés et concessions ainsi que le chemin de fer de Panama et toutes les actions ou parts d'actions de cette Compagnie; mais les terres publiques situées en dehors de la zone décrite dans l'article 2 du présent traité, comprises actuellement dans la concession des deux dites entreprises et non nécessaires à la construction ou à l'exploitation du canal, feront retour à la République de Panama, excepté toutes propriétés possédées actuellement par lesdites Compagnies, ou en leur possession, situées dans Panama ou Colon, ou leurs ports ou leurs points terminaux.

Art. 9. — Les États-Unis déclarent que les ports à chaque entrée du canal et les eaux dudit, et la République de Panama déclare que les villes de Panama et de Colon seront libres en tout temps, en sorte qu'il ne sera imposé ou perçu aucun péage de douane, ni taxes de tonnage, ancrage, de phare, de quai, de pilote ou de quarantaine ou aucunes autres charges ou taxes d'aucune espèce sur aucuns vaisseaux utilisant le canal ou franchissant le canal ou appartenant aux États-Unis, ou employés par eux, directement ou indirectement, pour la construction, l'entretien, l'exploitation, le bon état sanitaire et la protection du canal ou des travaux accessoires, ou sur la cargaison, les officiers, l'équipage ou les passagers de ces vaisseaux, à l'exception des péages et taxes qui peuvent être imposés par les États-Unis pour l'usage du canal et des autres travaux, et à l'exception aussi des péages et charges imposés par la République de Panama sur les marchandises destinées à être introduites pour la consommation dans le reste de la République de Panama, ainsi que sur les vaisseaux touchant aux ports de Colon et de Panama et ne franchissant pas le canal. — Le gouvernement de la République de Panama aura le droit d'établir dans les ports et dans les villes de Panama et de Colon les maisons et gardes qu'il peut juger nécessaires pour percevoir les droits sur les importations destinées aux autres portions de la République de Panama et pour empêcher la contrebande. Les États-Unis auront le droit de faire usage des villes et ports de Panama et de Colon comme de lieux d'ancrage, et pour faire des réparations; pour charger, décharger, déposer ou transférer d'un navire dans un autre les cargaisons en transit ou destinées au service du canal ou pour tous autres travaux dépendant du canal.

Art. 10. — La République de Panama convient qu'il ne sera imposé aucunes taxes, nationales, municipales, départementales ou de quelque autre nature, sur le canal, les chemins de fer et travaux auxiliaires, remorqueurs et autres navires employés au service du canal, magasins, ateliers, bureaux, logements pour les ouvriers, manufactures de toute espèce, entrepôts, quais, machineries et autres ouvrages, propriétés et effets appartenant au canal, au chemin de fer et aux entreprises auxiliaires, ou à leurs fonctionnaires ou employés, situés à l'intérieur des villes de Panama et Colon, et qu'il ne sera imposé ni contributions ni charges ayant un caractère personnel de quelque espèce sur les fonctionnaires, employés, ouvriers et autres individus au service du canal et du chemin de fer et des entreprises auxiliaires.

Art. 11. — Les États-Unis conviennent que les dépêches officielles du gouvernement de la République de Panama seront transmises sur toutes les lignes télégraphiques et téléphoniques établies pour les besoins du canal et employées pour les affaires publiques et privées moyennant des taxes qui ne seront pas plus élevées que celles demandées aux fonctionnaires au service des États-Unis.

ART. 12. — Le gouvernement de la République de Panama autorisera l'immigration et le libre accès aux terres et ateliers du canal et de ses entreprises auxiliaires à tous les employés et ouvriers de quelque nationalité que ce soit venant sous contrat pour travailler ou venant chercher du travail ou ayant des rapports d'une nature quelconque avec ledit canal et ses entreprises auxiliaires, avec leurs familles respectives, et toutes lesdites personnes seront libres et exemptes du service militaire vis-à-vis de la République de Panama.

ART. 13. — Les États-Unis pourront importer en tout temps dans la zone et dans les terres auxiliaires, libres de droits de douane, impôts, taxes, ou autres charges, et sans aucune restriction, tous vaisseaux, dragues, machines à vapeur, voitures, machines, outils, explosifs, matériel, approvisionnements et autres articles nécessaires et utiles à la construction, à l'entretien, à l'exploitation, au bon état sanitaire, et à la protection du canal et des travaux auxiliaires, et tous médicaments, vêtements, provisions et autres choses nécessaires et utiles pour les officiers, employés, ouvriers et travailleurs au service des États-Unis et pour leurs familles. Si quelques-uns desdits articles sont destinés à être employés en dehors de la zone et des terres auxiliaires concédées aux États-Unis et dans le territoire de la République, ils seront soumis aux mêmes droits d'importation ou d'une autre nature que les articles similaires importés sous les lois de la République de Panama.

ART. 14. — Comme prix ou compensation pour les droits, pouvoirs et privilèges concédés dans la présente convention par la République de Panama aux États-Unis, le gouvernement des États-Unis convient de payer à la République de Panama la somme de dix millions de dollars ($ 10.000.000) en monnaie d'or des États-Unis lors de l'échange des ratifications de ladite convention et aussi de faire un payement annuel pendant la durée de la convention de deux cent cinquante mille dollars ($ 250.000) en même monnaie d'or, commençant neuf ans après la date précitée. — Les clauses de cet article s'ajouteront à tous les autres avantages assurés à la République de Panama par la présente convention. — Mais aucun délai ou différence d'opinion sur cet article ou quelque autre clause du traité n'affecteront ou n'interrompront la pleine opération et le plein effet de ladite convention à tous autres égards.

Art. 15. — La Commission mixte prévue dans l'article 6 sera établie comme suit. Le Président des États-Unis désignera deux personnes et le Président de la République de Panama en désignera deux également, et ces personnes chercheront à arriver à une décision ; mais en cas de désaccord entre les membres de la Commission (dans le cas où ils seraient divisés également quant à la conclusion), un arbitre sera nommé par les deux gouvernements, lequel rendra la décision. Dans le cas de mort, d'absence ou d'incapacité d'un Commissaire ou de l'arbitre, ou au cas où il omettrait, déclinerait ou cesserait d'agir, sa place sera remplie par la nomination d'une autre personne, de la manière indiquée ci-dessus. Toutes les décisions rendues par la majorité de la Commission ou par l'arbitre seront définitives.

Art. 16. — Les deux gouvernements prendront dans un accord ultérieur les mesures nécessaires pour la poursuite, la capture, l'emprisonnement, la détention et la remise dans la zone et les terres auxiliaires aux autorités de la République de Panama des personnes accusées de crimes, félonies ou délits en dehors de ladite zone et pour la poursuite, la capture, l'emprisonnement, la détention et la remise en dehors de ladite zone aux autorités des États-Unis des personnes accusées de crimes, félonies et délits dans ladite zone et les terres auxiliaires.

Art. 17. — La République de Panama concède aux États-Unis l'usage de tous les ports de la République ouverts au commerce comme places de refuge pour tous les vaisseaux employés dans l'entreprise du canal, et pour tous les vaisseaux passant ou ayant en vue le passage à travers le canal qui peuvent être en détresse et être amenés à chercher refuge dans lesdits ports. Ces vaisseaux seront exemptés de tous droits d'ancrage et de tonnage de la part de la République de Panama.

ART. 18. — Le canal, une fois construit, et ses entrées seront neutres à perpétuité, et seront ouverts dans les conditions prévues par la section I de l'article 3 du traité conclu entre les gouvernements des États-Unis et de la Grande-Bretagne le 18 novembre 1901, et en conformité avec toutes les stipulations de ce traité.

ART. 19. — Le gouvernement de la République de Panama aura le droit de transporter sur le canal ses vaisseaux et ses troupes et munitions de guerre dans lesdits vaisseaux en tout temps sans payer de charges d'aucune espèce. L'exemption doit être étendue au chemin de fer auxiliaire pour le transport des personnes au service de la République de Panama, ou de la force de police chargée de la préservation de l'ordre public en dehors de la zone, aussi bien qu'à leurs bagages, munitions de guerre et approvisionnements.

ART. 20. — Si, en vertu de quelque traité existant ayant trait au territoire de l'isthme de Panama, dont les obligations pèseront sur ou seront assumées par la République de Panama, il peut y avoir quelque privilège ou concession en faveur du gouvernement ou des citoyens et sujets d'une tierce puissance relatif à un moyen de communication interocéanique qui dans quelques-uns de ses termes peut être incompatible avec les termes de la présente convention, la République de Panama convient d'annuler ou de modifier dûment ledit traité, et dans ce but elle donnera à ladite tierce puissance la notification requise dans le délai de quatre mois de la date de la présente convention, et dans le cas de l'existence d'un traité ne contenant aucune clause permettant de le modifier ou de l'annuler, la République de Panama convient de procurer sa modification ou son annulation dans une forme telle qu'il n'existera aucun conflit avec les stipulations de la présente convention.

ART. 21. — Les droits et privilèges concédés par la République de Panama aux États-Unis dans les articles précédents sont entendus comme libres de tous liens, dettes, responsabilités, concessions ou privilèges antérieurs à l'égard d'autres gouvernements, corporations, syndicats ou individus; en conséquence, s'il s'élève des réclamations à ce sujet, les réclamants s'adresseront au gouvernement de la République de Panama et non aux États-Unis pour toute indemnité ou tout compromis qui pourront être nécessaires.

Art. 22. — La République de Panama, y renonçant, concède aux États-Unis la participation à laquelle elle pouvait prétendre dans les bénéfices à venir du canal en vertu de l'article 15 du contrat fait avec Lucien N.-B. Wyse, possédé maintenant par la Compagnie nouvelle du canal de Panama, ainsi que tous autres droits ou prétentions d'un caractère pécuniaire en vertu de ladite concession, ou en vertu de la concession faite à la Compagnie du chemin de fer de Panama, ou en vertu de toute extension ou modification desdites. Y renonçant, elle concède et confirme de même aux États-Unis, à présent et pour l'avenir, tous les droits et propriétés réservés dans lesdites concessions qui autrement appartiendraient à Panama à l'expiration ou avant l'expiration des termes de quatre-vingt-dix-neuf ans des concessions faites à la partie ou possédés par les Compagnies mentionnées ci-dessus, et tous droits, titres et intérêts qu'elle a maintenant ou qu'elle pourrait avoir dans l'avenir dans les ou par rapport aux terres, canal, travaux, propriétés et droits tenus par lesdites Compagnies sous lesdites concessions ou autrement, et acquis ou devant être acquis par les États-Unis de ou par l'intermédiaire de la Compagnie nouvelle du canal de Panama, y compris toutes propriétés et tous droits qui pourraient, dans l'avenir, par laps de temps, dédit ou autrement, revenir à la République de Panama en vertu de tous contrats ou concessions avec ledit Wyse, la Compagnie universelle du canal de Panama, la Compagnie du chemin de fer de Panama, et la Compagnie nouvelle du canal de Panama. — Les droits et propriétés précités seront et sont libres et déchargés de tout intérêt présent ou futur ou de toutes revendications de la part de Panama, et le titre des États-Unis après la consommation de l'achat qu'entendent faire les États-Unis à la Compagnie nouvelle du canal de Panama sera absolu, en ce qui concerne la République de Panama, excepté tous les droits de la République spécifiquement assurés par le présent traité.

Art. 23. — S'il devenait nécessaire à un moment quelconque d'employer la force armée pour la sûreté ou la protection du canal, ou des navires en faisant usage, ou du chemin de fer et des travaux auxiliaires, les États-Unis auront le droit, en tout temps et à leur discrétion, d'employer leur police et leurs forces terrestres et navales ou d'établir des fortifications dans ce but.

Art. 24. — Aucun changement dans le gouvernement ou dans les lois et traités de la République de Panama n'affectera, sans le consentement des États-Unis, les droits concédés aux États-Unis par la présente convention, ou par tout autre traité conclu entre les deux pays existant actuellement ou pouvant exister dans l'avenir touchant l'objet de la présente convention. — Si, dans l'avenir, la République de Panama devenait membre de quelque autre gouvernement ou entrait dans une Union ou une Confédération d'États, de telle sorte que sa souveraineté ou son indépendance se fondrait dans ce gouvernement, cette Union ou Confédération, les droits reconnus aux États-Unis par la présente convention ne seront à aucun égard amoindris ou mis en danger.

Art. 25. — Pour le meilleur accomplissement des engagements de la présente convention et en vue de la protection efficace du canal et de la préservation de sa neutralité, le gouvernement de la République de Panama vendra ou louera aux États-Unis les terrains nécessaires et suffisants pour établir des stations navales ou de charbon sur sa côte du Pacifique et sur sa côte occidentale de la mer des Caraïbes, à des points qui seront fixés d'accord avec le Président des États-Unis.

Art. 26. — La présente convention, après avoir été signée par les plénipotentiaires des Parties Contractantes, sera ratifiée par les gouvernements respectifs, et les ratifications seront échangées à Washington à la date la plus proche possible.

En foi de quoi, les plénipotentiaires respectifs ont signé la présente convention en duplicata et y ont apposé leurs sceaux respectifs.

Fait dans la ville de Washington, le 18 novembre de l'année de Notre-Seigneur mil neuf cent trois.

TRAITÉ DE PAIX ENTRE LES ÉTATS-UNIS ET L'ESPAGNE

*conclu à Paris le 10 décembre 1898,
ratifications échangées à Washington le 11 avril 1899.*

Les États-Unis d'Amérique et S. M. la Reine-régente d'Espagne, au nom de son auguste fils don Alphonse XIII, désirant mettre fin à l'état de guerre existant actuellement entre les deux pays, ont à cette fin nommé comme plénipotentiaires...

ARTICLE PREMIER. — L'Espagne abandonne toute revendication et tout titre de souveraineté sur Cuba.

Et, comme l'île, après son évacuation par l'Espagne, doit être occupée par les États-Unis, les États-Unis, tant que cette occupation durera, assumeront et rempliront les obligations qui pourront résulter du fait de cette occupation, en vertu des règles du droit international, pour la protection de la vie et de la propriété.

ART. 2. — L'Espagne cède aux États-Unis l'île de Porto-Rico et les autres îles actuellement sous la souveraineté espagnole, dans les Indes occidentales, et l'île de Guam dans les Mariannes ou Ladrones.

ART. 3. — L'Espagne cède aux États-Unis l'archipel connu sous le nom d'îles Philippines, et comprenant les îles situées entre les lignes suivantes...

Les États-Unis paieront à l'Espagne la somme de 20 millions

de dollars, dans les trois mois qui suivront l'échange des ratifications du présent traité.

Art. 4. — Les États-Unis, pendant une période de dix ans, à dater de l'échange des ratifications du présent traité, admettront les marchandises et les navires espagnols dans les ports des Philippines aux mêmes conditions que les marchandises et les navires des États-Unis.

. . . .

Art. 9. — ... Les droits civils et le statut politique des habitants natifs des territoires cédés par le présent traité aux États-Unis seront déterminés par le Congrès.

Art. 10. — Les habitants des territoires sur lesquels l'Espagne abandonne et cède sa souveraineté seront assurés du libre exercice de leur religion.

BIBLIOGRAPHIE

LE CANAL INTEROCÉANIQUE

Lindley Miller Keasbey, associate professor of political science, Bryn Mawr College : *The Nicaragua canal and the Monroe doctrine*, a political history of isthmus transit, with special reference to the Nicaragua canal project and the attitude of the United States government thereto, 1 vol. in-8°, 622 p., 1896.

Archibald-Ross Colquhoun : *The key of the Pacific : the Nicaragua canal*, 1 vol. in-8°, 1895, 443 pp.

M. John B. Henderson. jr, *American diplomatic questions*, 1 vol. in-8°, 1901, (*The interoceanic canal problem*, p. 65-201).

M. John H. Latané : *The diplomatic relations of the United States and Spanish America*, 1 vol. in-18, 1900 (*The proposed central american canal*, p. 176-220).

Correspondence in relation to the proposed interoceanic canal between the Atlantic and Pacific Oceans, the Clayton-Bulwer treaty and the Monroe doctrine, Washington, government printing office, 1885. 1 vol. in-18, 367 p. (Nous la désignons par l'abréviation *Coll. correspondence*).

Report of the Isthmian canal Commission, 1899-1901 (nous le désignons par l'abréviation *Canal Com.*).

Francis Wharton : *A digest of the international law of the United States*, 3 vol. in-8°, 2° édit., 1887.

A compilation of the messages and papers of the presidents 1799-1896, 1 vol. in-8° (désigné par le mot *Messages*). Publication faite par ordre du Congrès, sous la direction de M. James D. Richardson, représentant de l'État de Tennessee.

Treaties and conventions concluded between the United States of America and other powers since July 1776, Washington, government printing office, 1889.

LA GUERRE HISPANO-AMÉRICAINE

Documents publiés par le gouvernement américain :

Papers relating to the foreign relations of the United States, 1898, parus en 1901 (pp. 558-1085).

Documents publiés par le gouvernement espagnol :

Negociaciones generales con los Estados Unidos desde 10 de abril de 1896 hasta la declaracion de guerra, 1898.

Negociaciones diplomaticas desde el principio de la guerra con los Estados Unidos hasta la firma del protocolo de Washington, 1898.

Conferencia de Paris y tratado de paz de 10 de diciembre de 1898, 1899:

Documents publiés par le ministère des Affaires étrangères de France, livre jaune :

Négociations pour la paix entre l'Espagne et les États-Unis, 1898.

TABLE DES MATIÈRES

ÉMILE COLIN, IMPRIMERIE DE LAGNY (S.-&-M.)

LIBRAIRIE ORIENTALE ET AMÉRICAINE

E. J. P. BURON

Avocat au Barreau du Manitoba.
Ancien Élève de l'École Normale supérieure.

Les Richesses du Canada, Préface de M. Gabriel Hanotaux, de l'Académie française. Un volume in-8°, broché **7 50**

Première partie : **Les Provinces de l'Est.** — I. Topographie. — II. Richesses minières. — III. Le fer. — IV. La baie d'Hudson; Nouveau Brunswick; Ontario. — V. Le nickel. — VI. Le corindon. — VII. Le sucre de betterave. — VIII. Le bois. — IX. Nomenclature des bois canadiens; l'ameublement. — X. Les produits chimiques. — XI. La chasse; les fourrures; la pêche. — XII. Les pêcheries. — XIII. Terre-Neuve. — XIV. Le radium. — XV. L'industrie laitière. — XVI. Industries diverses; automobiles. — XVII. Ciment; brique. — XVIII. L'élevage du cheval.

Deuxième partie : **Les Provinces du Centre.** — I. Les prairies du Centre. — II. La grande culture. — III. L'avenir du blé au Canada. — IV. L'élevage en grand. — V. Le lin. — VI. La spéculation colonisatrice. — VII. Les institutions de crédit. — VIII. Le crédit foncier hypothécaire. — IX. Les sociétés de trust ou de fidéicommis. — X. Comment les colons peuvent s'établir en villages homogènes. — XI. Les pêcheries; les bois; le gaz d'éclairage. — XII. L'industrie des chemins de fer.

Troisième partie : **La région montagneuse de l'Ouest.** — I. Les mines. — II. Législation minière. — III. La houille. — IV. Le pétrole. — V. Pêcheries. — VI. Les bois. — VII. Les fruits. — VIII. La faune. — IX. Le Yukon.

Quatrième partie : **Renseignements pratiques.** — I. Concession gratuite de terrain. — II. L'élevage; coût de la subsistance au Canada. — III. La température du Canada. — IV. Comparaison des mesures françaises et canadiennes. — V. Statistiques canadiennes. — VI. Lois minières du Canada. — VII. Sources de renseignements. — Conclusion.

Bᵒⁿ M. DE VILLIERS DU TERRAGE

Les dernières années de la Louisiane française.

Un volume grand in-8°, broché, avec 64 illustrations tirées d'archives ou de collections privées, et 4 cartes. . . . . . . **15 »**

Ouvrage couronné par l'Institut.

HENRI CORDIER

Professeur à l'École des Langues Orientales.
Ancien Président de la Commission Centrale
de la Société de Géographie.

Aperçu sur l'Histoire de l'Asie, en général, et de la Chine en particulier. Conférence faite en Anglais, à Saint-Louis, au Congrès des Arts et des Sciences à l'occasion de l'Exposition internationale. Brochure in-8° . . . . **3 »**

9327. — Paris. — Imp. Hemmerlé et Cⁱᵉ.